RETOUR A BERLIN

Journal d'Allemagne 1997

Du même auteur

Le Vertige allemand, Olivier Orban, 1985.

BRIGITTE SAUZAY

RETOUR A BERLIN

Journal d'Allemagne 1997

PLON

ISBN : 2.259.18545.2

INTRODUCTION

En quoi l'intégration de l'est de l'Allemagne change la relation franco-allemande ? Contrairement à une idée parfois complaisamment admise, l'unité ne va pas de soi.

Comment retrouver l'Allemagne à la fin du vingtième siècle ? Comment et pourquoi aller à la recherche de ce temps perdu, enfoui sous le passé récent, sous ce vingtième siècle terrible, ensanglanté par deux idéologies qu'elle a enfantées ?

Parce que l'Allemagne désormais unifiée doit chercher à rétablir sa continuité, en plongeant ses racines profondément dans l'histoire. Le défi est d'offrir une identité assez vaste à la fraction de son peuple qui connut un destin différent un demi-siècle durant, afin, en outre, de proposer une identité enfin solide et stable à l'Europe.

Pourquoi chercher cette continuité dans le quotidien ? Pourquoi tenter de l'explorer, de la saisir dans un Journal ? Pourquoi y sous-entendre du sens ? Peut-être à cause d'un souvenir personnel, subjectif, comme tout ce livre.

Je me revois un été, fraîchement rentrée d'Allemagne, à 20 ans, poussant du pied une balançoire sur laquelle je lisais : Madame de Staël, bien sûr. Elle décrivait un pommier, à Leipzig, dont les branches dépassaient d'un mur et dont les fruits cependant étaient respectés par les passants.

En un éclair m'apparurent les parapluies de l'université de Fribourg où j'étudiais. Les jours de neige, les étudiants les mettaient à sécher en corolles dans le grand hall de l'université en arrivant et chacun les retrouvait après les cours.

Ce parallèle me laissa interdite. Y avait-il donc des lignes de fond dans les peuples qui ne changent pas ? Y a-t-il une biographie intellectuelle propre à chaque nation qui les détermine et irrigue le quotidien ? Je me remis à lire d'arrache-pied, espérant trouver des raisons, des indices, des échos de choses vécues ou pensées qui m'aideraient à comprendre mes amis allemands.

Je ne suis pas sûre qu'aujourd'hui les parapluies soient aussi en sécurité, ouverts en corolles dans les halls des universités allemandes ; peut-être le monde a-t-il plus changé ces 30 dernières années qu'entre Madame de Staël et sa lectrice de 20 ans à la fin des années 60 sous les platanes de Provence. Mais je pense que la chose vaut encore d'être tentée : raconter le quotidien pour tâcher de découvrir ce qui le modèle.

L'enjeu n'est plus le même. Il n'est plus intellectuel. Il ne s'agit pas de présenter aux Français un peuple voisin, qui les fasse réfléchir sur leurs propres défauts et manquements. L'enjeu est devenu plus proche et concret : l'Allemagne et la France vont devoir cohabiter. Leur relation a déjà changé le monde en édifiant l'Europe et en contribuant ainsi à l'effondrement du bloc communiste. Aujourd'hui, avec l'euro et sans l'Est, il s'agit de vivre ensemble. Comment le faire si les deux peuples continuent à aussi peu se connaître ? Comment être à l'abri de surprises — en général mauvaises — s'ils ignorent ce qui tisse leur quotidien ?

Ces modestes aperçus toujours partiels, ces bavardages et réflexions un peu erratiques, cette vision toujours très subjective de la vie en Allemagne sont un effort pour créer une familiarité ; ce sont des dîners pris en commun par procuration, la tentative de créer un début de vie de famille européenne.

2 janvier

J'ai laissé Noël passer lentement comme en Allemagne. Je me suis laissée aller dans ce sirop doré de miel, de flammes de bougies, de pain d'épice, d'encens, de rubans dorés et de papier brillant.

J'ai bien regretté de ne pas avoir comme là-bas, après Noël, « le deuxième jour de Noël » pour jour férié officiel.

En fait, ici, le temps ne s'est pas vraiment arrêté, frayant un intermède « entre les années », consacré à la *Besinnung*, au retour sur soi, aux bonnes résolutions, à la réflexion sur le passé et l'avenir, à la méditation sur « Dieu et le Monde » dans le silence intérieur.

Non, ici, c'était seulement la « trêve des confiseurs ».

4 janvier

Un fait divers secoue l'Allemagne.

Justement le soir de Noël, qu'on appelle la « Sainte Soirée », à la messe de minuit, dans une petite église du côté de Francfort, une femme s'est suicidée.

Sous son manteau, deux grenades qu'elle a déclenchées — emmenant ses deux voisines dans la mort.

C'est Pierrot le Fou ; en plus triste.

6 janvier

Curieusement, la galette des Rois est une des seules traditions qui, bien ancrée chez nous, n'existe plus en Allemagne, pays des traditions. Pourtant, l'Épiphanie, qu'on appelle la fête des Rois, joue un certain rôle — en tout cas en politique. Traditionnellement, le parti libéral FDP tient un grand congrès le 6 janvier, dénommé le « congrès de l'Épiphanie » (*Dreikönigstreffen*). Difficile d'imaginer qu'un parti politique en France intègre ainsi un fait religieux.

Imagine-t-on l'UDF avoir un congrès de l'Assomption ?

7 janvier

Toujours l'Épiphanie.

Dans pratiquement tous les journaux allemands aujourd'hui on voit un grand chancelier tout souriant avec des petites jeunes filles timides qui portent une couronne de l'Épiphanie.

Le chancelier reprend le travail après la pause de Noël. L'Allemagne sort de son assoupissement. Le temps reprend son cours. Et la première obligation officielle du chef du gouvernement dans la nouvelle année consiste à recevoir 180 *Sternsinger*, chanteurs à l'étoile. Ce sont les délégués des 500 000 enfants qui pendant quelques semaines vont chantant de maison en maison récolter des dons à l'intention des pays en voie de développement. Cette année, le but déclaré est de « vêtir les enfants de l'Équateur » ainsi que d'aider une école à Sarajevo. Ils sont organisés par l'association de la Jeunesse catholique allemande, aidés par 80 000 volontaires. A la réception à la Chancellerie, ils se sont entendu dire qu'ils étaient les « champions du monde de l'aide au tiers-monde ». Et, de fait, on s'attend à 50 millions de DM de dons.

La générosité allemande dans ce genre d'exercices dépasse de loin celle d'autres pays. Il semble que l'on se sente vraiment responsable du monde entier et l'on donne « du pain pour le monde », des « médicaments pour le monde » avec un entrain que l'on ne peut qu'envier ici.

Le président de la République française, lui, va découper la galette des Rois.

9 janvier

Je pars pour l'Institut de Genshagen ce matin et je prends le vol Paris-Berlin. Pourquoi le spectacle de la salle d'embarquement paraît-il aussi irréel ? — en tout cas inusité.

A côté de moi, deux Noirs dont la beauté frappe semblent droit sortis d'une équipe de basket américaine. Dans un coin de la salle, un Asiatique, visiblement en manque de sommeil, a dû souffrir d'une erreur d'Air France ; le personnel s'affaire autour de lui en anglais ; plus loin se tient un petit groupe de yuppies américains en Church Consul et des branchés allemands en Doc Martens, boucle d'oreille à l'oreille droite ; plus tard, sur l'échelle de coupée devant moi une femme traîne quatre sacs en plastique sur le point de crever ; elle arbore une coiffure afro d'un roux flambant neuf et cherche désespérément sa carte d'embarquement...

Tout ceci n'a rien à voir avec le Paris-Munich de 8 heures ou le Paris-Francfort de 7 heures peuplés d'hommes d'affaires en costume gris, auxquels je suis habituée. On dirait une fausse liste de passagers fabriquée pour une série américaine. Avec pareil assemblage de passagers, le scénariste ne sera pas à court d'idées.

Ou bien est-ce tout simplement l'effet Berlin ?

10 janvier

Géologie de l'Allemagne de l'Est

Mais Genshagen n'est vraiment pas Berlin...

Situé à une vingtaine de kilomètres seulement au sud de Berlin, dans le Brandebourg, c'est déjà l'Allemagne de l'Est profonde.

L'Allemagne de l'Est a ceci de particulier que le rouleau compresseur du succès économique ne l'a pas encore nivelée — de sorte que les strates de l'histoire y sont encore à vif. S'y promener est déroutant, on croit regarder une coupe des différents sédiments laissés par ses flots.

Ce qui saute immédiatement aux yeux, c'est la présence de la Seconde Guerre mondiale. Autant dans le monde occidental, elle est gommée, lissée, les destructions y sont réparées ou occultées — elle est devenue une notion abstraite ; autant en Allemagne de l'Est elle est encore physiquement présente. Jusqu'à donner parfois l'impression qu'elle vient juste de s'arrêter. Les terrains vagues, les ruines non déblayées vous surprennent çà et là, vous renvoyant cinquante ans en arrière, et l'on comprend mieux que la logomachie du pouvoir communiste y ait sans cesse fait référence.

Ensuite, les routes n'ont pas été élargies, les chaussées pavées n'ont pas été bitumées, les buildings n'ont pas poussé jusqu'au ciel, les magasins ont gardé leur aspect bon enfant, à dimension humaine, et les publicités n'existent pratiquement pas ; bref, l'Europe des années 50 s'y est fossilisée (aujourd'hui débarrassée des Lénine, Marx, Engels et autres incitations au bonheur communiste en lettres blanches sur grand calicot rouge). Mais à cette particularité s'ajoute une autre caractéristique qui donne à l'Allemagne de l'Est sa profondeur géologique : toutes ces régions à l'est de l'Elbe, qui la composaient en grande partie, étaient elles-mêmes restées intouchées depuis bien longtemps. Depuis des siècles elles avaient survécu à la modernisation. On pourrait presque dire que le régime féodal s'y était perpétué. La petite histoire raconte d'ailleurs qu'Alexis de Tocqueville voulait s'y rendre pour étudier, de visu, une société d'Ancien Régime lorsqu'il tomba malade, et dut séjourner à Bonn où il écrivit son *Traité sur la Constitution prussienne*.

Le vingtième siècle n'y avait pas apporté grand changement jusqu'à la guerre. Les descriptions du mode de vie dans les romans, dans les livres de souvenirs, rappellent l'atmosphère patriarcale des romans de Mme de Ségur — mais on est en 1930.

Dans ces régions on trouve, encore rassemblés dans un même lieu, le château, l'église, la maison du pasteur, la maison de l'intendant, les communs et à quelque distance les maisons de paysans, pour, à dix kilomètres de là, retrouver le même ensemble : château, église, village, etc.

Le livre de Marion Dönhoff témoigne d'ailleurs parfaitement de cet état de choses. Écrit quelques années avant la chute du mur *Namen, die keiner mehr nennt* (« Ces noms que personne ne prononce plus ») décrit la vie dans les contrées les plus extrêmes de ce qui avait été l'Allemagne : la Prusse-Orientale, à proximité de Königsberg, dans ces régions qui, vers les années 80, à force d'être inatteignables, avaient fini par perdre toute réalité, par ne plus être même jamais évoquées.

On suit l'écoulement des jours, l'amoncellement des nuages à Berlin, le coup de tonnerre de la guerre, puis les années de plus en plus difficiles et, lorsque, enfin elle fuit, devant l'avancée des Russes, dans le « trek » classique (cette suite de chariots recouverts de toiles de bâche dans lesquels avait été entassé à la hâte ce que l'on essayait d'emporter), elle emmène dans le convoi qu'elle dirige, elle, la châtelaine de Friedrichstein, « ses gens », « ses paysans », de château en château, de chez les Dohna jusque chez les Lehndorf, à travers tout l'est de l'Allemagne jusqu'au havre de sécurité qu'est l'Ouest. Sur tous ces territoires, depuis le Niemen, que les Allemands appellent Memel, jusqu'à l'Elbe en passant par les plaines de l'Oder, la Mazurie, la Poméranie, la Silésie, etc., l'absence de révolution avait laissé subsister ces structures.

De fait, le *Patronatsrecht* s'était pratiquement maintenu jusqu'en 1918 et encore dans les années 30 le pasteur était nommé alternativement par le consistoire et par la « paroisse » (c'est-à-dire sous l'influence du propriétaire des terres, le *Gutsherr* ou le *Junker*). Jusqu'en 1848, la justice avait été rendue d'après le principe de la *Patrimonialgerichtsbarkeit*, c'est-à-dire là aussi par le *Gutsherr* — en tout cas pour les litiges de première instance. Il en restait des traces. Et quant au médecin, le plus proche étant en ville, le rôle de dispensateur des premiers soins était échu à la dame du domaine, souvent une Frau Baronin quelconque car la grande majorité de ces familles était d'ascendance noble (on trouvait des exceptions notables à la règle, surtout en Prusse, où un certain nombre de domaines étaient aux mains des roturiers — et une certaine tension entre les deux catégories de propriétaires terriens n'était jamais exclue).

Financièrement, leur situation était plutôt médiocre : les seuls à avoir vraiment une fortune la tenaient d'actions dans l'industrie et étaient devenus des *Agrarkapitalisten*. Avant la guerre, grands admirateurs de Hindenburg plutôt que de Hitler, ils avaient bénéficié de la *Osthilfe* pour moderniser leurs terres, aide qui souvent les gagna au nouveau régime.

A lire les innombrables livres sur cette époque qui s'étaient mis à fleurir dans les années 80, ceux qui avaient connu ce mode de vie semblent avoir emporté avec eux une nostalgie aussi inguérissable que Talleyrand déniant à quiconque n'avait pas connu la France avant 1789 toute idée de la douceur de vivre.

Les vastes espaces, les lacs, la lenteur de la vie, le froid rigoureux de l'hiver, tous ces éléments composaient un cadre qui n'a pas disparu aujourd'hui. Seulement, on le redécouvre « cassé », démembré. Dans la plupart des villages de l'ancienne RDA, les Russes ont rasé, soit le château, soit l'église, selon leurs besoins ; s'ils s'installaient dans les châteaux, conscients de faire une révolution sociale, ils faisaient subir à ces demeures tous les outrages : tableaux crevés, livres brûlés, meubles brisés... Et puis, ces fureurs passées, leurs successeurs les communistes allemands d'Ulbricht, s'ils ne se débarrassaient pas à leur tour de ces témoignages du temps passé à la dynamite, faisaient pousser un parterre de fleurs en forme d'étoile rouge — manifestement ils avaient une prédilection pour le fuchsia —, bétonnaient le parc pour y garer les voitures au pied du *Gutshaus* transformé en institution pédagogique, recouvraient tout de linoléum et installaient un chauffage central — au lignite — dont ils faisaient passer la cheminée devant le balcon du salon.

C'est dans cet état que l'on retrouve la plupart des demeures de la RDA épargnées par les soubresauts de la guerre, c'est-à-dire celles qui n'étaient ni assez proches de Berlin pour être bombardées par les Américains ni n'ont été dynamitées par les nouveaux arrivants. Parmi les rescapées, une des plus étonnantes est Wiesenburg.

Transformée en école de russe pour l'élite de la nation, Wiesenburg, énorme bâtisse de style composite est aujourd'hui vide, comme le sont nombre de ses homologues pourtant moins gigantesques, plus logeables, mais dont l'entretien est devenu trop lourd pour notre époque. Mal soignée déjà depuis une cinquantaine d'années, la propriété continue aujourd'hui de se déliter ; mais s'y promener est fascinant. Devant les yeux du voyageur français s'étale un paysage qui ne doit pas être très différent de ce qu'il fut au Moyen Age. Dans une petite salle sont réunies toutes les photos qui témoignent de la splendeur ancienne de Wiesenburg : grands vergers, énormes potagers, étables, écuries, porcheries, basses-cours, innombrables communs, granges, bûchers, greniers, laiterie, distillerie, cuviers, forge ; le tout rappellerait plutôt un petit Cluny. Et tout cela a continué à fonctionner après-guerre, « sauvé » par la RDA qui l'a transformé en LPG (Collectif agricole) mais en aucun cas ne survivra au système compliqué des subventions de la PAC de l'Union européenne. On a déjà arraché les vergers.

Ces terrains qui ont traversé les siècles, encore presque imprégnés de l'esprit de l'*Ostkolonisierung* des Chevaliers teutoniques seront bientôt morcelés ; ici une zone industrielle, là un lotissement. Ainsi va l'Europe ; mais qui est sensible au charme du passé devrait aller le voir — vite — se survivre encore à lui-même dans ces lieux qu'ont épargnés révolutions et modernisations drastiques depuis des siècles et que le vingt et unième va définitivement rattraper.

11 janvier

Depuis l'automne, on ne peut ouvrir un journal allemand sans trouver soit des articles, soit des lettres de lecteurs sur le sujet de la « déclaration germano-tchèque ». Plus de cinquante ans après la Deuxième Guerre mondiale, plus de sept ans après la chute du Mur de Berlin, le sujet n'est toujours pas clos.

Les deux pays cherchent une base sur laquelle établir une « réconciliation ».

L'histoire est connue : en 1938, Hitler envahit et dépèce la Tchécoslovaquie ; en 1945, les Tchèques expulsent les populations allemandes des Sudètes : à peu près trois millions d'Allemands qui avaient toujours vécu en symbiose avec les Tchèques dans l'Empire habsbourgeois, puis, après 1918, en Tchécoslovaquie.

Depuis, ils se querellent. Du moins, les associations (*Landsmannschaften*), porte-parole des Allemands des Sudètes, revendiquent, et essaient d'obtenir des droits de recours pour leurs biens perdus. Et les Tchèques, de même, veulent obtenir des indemnisations pour les torts qui leur ont été causés.

Les deux veulent que l'autre présente des excuses.

Aujourd'hui, je tombe sur deux très longues lettres de lecteurs expliquant avec force détail que l'entrée de Hitler en Tchécoslovaquie en 1938 ne s'est accompagnée d'aucune expulsion de Tchèques hors du territoire sudète. « Seuls 200 000 Tchèques ont fui volontairement la région. Ce n'est donc en aucun point comparable avec l'expulsion de 3 millions d'Allemands qui habitaient là depuis 800 ans. »

Ce genre de comparaison et de calcul, extrêmement détaillé géographiquement et historiquement, se retrouve partout ; on lit ainsi sous la plume d'un Allemand des Sudètes : « Il faut remarquer qu'en 1938, au moment de l'entrée de l'armée de Hitler, 11 647 antifascistes allemands, 7 325 juifs et 1 000 "divers" ont fui à l'étranger... Il y a eu aussi des cas dans lesquels les Tchèques ont effectivement été incités par des autorités allemandes à quitter le territoire annexé au Reich ; mais il ne s'agissait pas de mesures arbitraires puisqu'elles étaient prévues dans le traité entre le Reich allemand et la République tchécoslovaque sur les questions de nationalité, valable à partir du 26 novembre 1938. Le paragraphe 12 de ce traité prévoyait que l'on puisse emporter les biens mobiliers ; quant aux biens immobiliers, ils n'ont pas été expropriés à proprement parler puisque les loyers continuaient d'être payés et versés à une banque tchèque à la fin de chaque mois (!) etc. »

Tel est le ton général de la discussion — la plupart des Allemands des Sudètes se sont établis après leur expulsion de l'autre côté de la frontière, en Bavière. Ils sont en majorité électeurs de la CSU.

13 janvier

Depuis que je publie un peu ce que je pense sur l'Allemagne, j'ai ce qu'on appelle des « réactions » du public.

C'est merveilleux de découvrir à Amsterdam un professeur qui vous a lue et qui adore « le deuxième chapitre ».

C'est aussi amusant de recevoir — ce qui m'arrive régulièrement — des coupures de presse allemande de la part d'une vieille personne — manifestement de l'Est — que je déchiffre mal parce qu'elle écrit encore un peu Sütterlin, l'écriture gothique utilisée jusqu'en 1941.

Elle a une prédilection pour les gros titres sanglants : « Roi de la saucisse trouvé mort dans son coffre, lardé de coups de couteau ! Vengeance de la mafia de la viande ? » (*Bild Zeitung*) ; mais elle m'envoie aussi des articles de la presse — plutôt de droite — lorsqu'il s'agit de déplorer la situation en Allemagne : « Pauvre Allemagne, les valeurs ne sont plus ce qu'elles étaient ». Dans cette optique, la déclaration du chancelier Kohl : « L'Allemagne devient un *Freizeitpark* (un parc de loisirs) » l'a beaucoup inspirée.

Et enfin je reçois toutes les choses méchantes que la presse en général, depuis le libéral *die Zeit* jusqu'à *die Welt* à droite en passant par la *Frankfurter Rundschau* de gauche, peut dire sur la France. C'est instructif.

Ils nous appellent toujours « Die Grande Nation », terme qu'aucun Français n'emploierait et qui évoque pour nous de vagues réminiscences du « Grand Siècle », les homélies de Bossuet, Fénelon, Bourdaloue — ou peut-être encore quelques relents de Michelet. Bien sûr, eux l'emploient dans un sens aimablement ironique, pour sous-entendre que nous n'avons plus de grand que l'idée que nous nous faisons de nous-mêmes... D'ailleurs, une certaine nostalgie de grandeur chez nous est perceptible à l'extérieur, ne seraitce que dans nos Grand Louvre, Grande Arche, Très Grande Bibliothèque, alors que les Allemands ont laissé tomber *Grossberlin* qui rappelle de mauvais souvenirs.

En termes plus ou moins choisis, par allusions plus ou moins fines, transparentes ou voilées selon les différents médias, les reproches sont toujours les mêmes : la Grande Nation est un Rambo colonial attardé qui adore se donner de l'importance en allant traîner ses guêtres et son sabre dans les lieux exotiques (Zaïre, etc.). Ses velléités d'indépendance vis-à-vis de l'Amérique témoignent d'une incapacité totale de saisir les vrais enjeux du monde moderne, globalisé et économisé. Et tout cela, bien sûr, avec l'arrogance française, qui ne trouve même plus à s'illustrer dans sa fameuse culture devenue culture de musée, uniquement préservatrice du patrimoine, sans vraie créativité.

Bon... bien sûr...

Pourtant, Médecins sans Frontières a bien pris pied en Allemagne, les politiques allemands nous ont soutenu dans l'affaire du GATT et les Allemands viennent en troupes compactes visiter Paris à Pâques.

En fait, le plus gênant dans ces critiques, est qu'elles emboîtent le pas des critiques anglo-saxonnes ; comme s'il n'y avait qu'une vérité médiatique globalisée ; pour moi, elles manquent d'un sentiment de complicité intra-européenne.

Garzweiler — 12 janvier

Il n'y a pas que la déclaration germano-tchèque qui agite l'opinion et l'Allemagne étant un pays fédéral, tout se passe à plusieurs niveaux. D'où l'aspect répétitif des moindres discussions. Traitées au niveau du Bund, traitées — différemment — dans les différents

Länder qui, depuis la Réunification, sont devenus plus nombreux (seize), traitées au sein des partis, renvoyées à la Cour constitutionnelle de Karlsruhe dès lors qu'on n'arrive pas à se mettre d'accord, toutes les questions qui agitent la société ont un aspect Hydre de Lerne.

Cela vaut particulièrement pour les questions économiques et sociales qui sont celles que préfèrent les Allemands : les premières pages des journaux sont toujours pleines de discussions détaillées voire ésotériques sur la réforme fiscale, la réforme des retraites et la réforme de la Sécurité sociale. Mais ces jours-ci on trouve aussi un autre problème : Garzweiler. Plus précisément Garzweiler II.

Garzweiler est une pomme de discorde au sein du gouvernement de coalition rouge-vert de Rhénanie-Westphalie. Les intérêts en jeu sont importants. Il s'agirait dans cette deuxième tranche de projets de raser plusieurs villages entre Düsseldorf et Cologne pour laisser le champ libre à d'énormes excavateurs : il y a sous ces villages un gisement de 1,3 milliard de tonnes de lignite.

L'exploitation à ciel ouvert devrait commencer en 2006. La SPD tient absolument au projet qui devrait assurer 8 860 emplois pendant cinquante ans ; les Verts sont contre. Le conflit a été porté devant la Cour constitutionnelle de Rhénanie du Nord-Westphalie à Münster.

Les Églises s'en mêlent. L'évêque d'Aix-la-Chapelle a récemment laissé entendre que le projet avait une « mauvaise compatibilité sociale ».

Les 7 500 habitants concernés, bien entendu, se font prier pour abandonner leurs maisons, même si on leur promet des villages tout neufs à l'identique, cimetières et pierres tombales comprises.

La filiale de RWE, Rheinbraun, voudrait pouvoir commencer l'exploitation en 1998. Un millier d'habitants sont déjà partis : des jeunes qui, avec la manne de RWE, sont allés chercher fortune ailleurs... Ils ne verront pas l'arrivée des machines géantes.

Et tout cela pour du... lignite. L'Allemagne, c'est aussi cela.

16 janvier

Tschibo a racheté Eduscho.

Les torréfacteurs de Hambourg ont gagné contre ceux de Brême. Tous deux faisaient partie du paysage allemand comme les stands de riz au lait à la cannelle.

Petites boutiques rutilantes, on y prenait son café debout en bavardant ; un des endroits vraiment conviviaux de la ville allemande. Surtout quand il fait froid.

Pourvu que Tschibo ne rationalise pas le nombre des boutiques. Même si maintenant celles qui resteraient peuvent ouvrir plus tard puisque les horaires d'ouverture des magasins ont été libéralisés (après des années de discussion) ; ce serait trop triste.

18 janvier

On s'approche d'un dénouement dans la question germano-tchèque. Des textes circulent. Les diplomates ont presque fini leur navette. Les Allemands des Sudètes envoient de plus en plus de lettres aux journaux, les autres ont l'air de les lire avec une certaine indifférence.

20 janvier

Bundesrepublik versus Hollywood

Une lettre fait beaucoup de bruit ces jours-ci. C'est celle que vient d'adresser la fine fleur de Hollywood au chancelier Kohl.

Hollywood (Dustin Hoffman, Goldie Hawn, John Travolta, etc.) s'émeut du sort réservé à l'Église de scientologie en Allemagne.

Cette secte n'a, à vrai dire, bonne réputation nulle part en Europe ; elle semble par trop mêler les intérêts du ciel et de la terre et surtout trop subordonner les premiers aux seconds en utilisant des moyens passablement coercitifs.

Mais elle a un succès particulier en Allemagne car les Allemands ont, de tout temps, eu un faible pour les sectes, les questions ésotériques, les phénomènes paranormaux, l'astrologie ; ils adorent les livres détaillés traitant de l'influence de la lune sur la plantation des salades et la coupe des cheveux ; ce sont aussi des fervents de l'anthroposophie grâce à laquelle ils ont quelques excellentes écoles...

Comme, d'autre part, les Allemands sont des gens organisés, ils ont cherché à mettre fin aux abus de l'Église scientologique en Allemagne par des moyens juridiques qui ne soient pas « arbitraires » — et qui forcément ne sont pas discrets. Cela a rappelé les histoires « d'interdiction professionnelle » imposée aux fonctionnaires dont la fidélité à la Constitution était mise en doute, à la pire époque de la hantise du communisme.

Hollywood a poussé des cris et a retrouvé des souvenirs manifestement toujours frais : « Cela rappelle l'Allemagne de 1936..., autrefois les juifs, aujourd'hui les scientologues... » assène la lettre.

L'élite économique et politique ouest-allemande est manifestement agacée par cette Amérique qui n'est pas « la sienne » — presque ulcérée de sentir cette défiance des milieux du « show-biz », eux qui ont l'habitude d'être loués et encouragés par les milieux politiques ; et les Allemands de l'Est, qui n'ont connu ni Hollywood, ni secte, ni interdiction professionnelle, trouvent toute l'histoire superflue.

21 janvier

Enfin, voilà la fameuse déclaration germano-tchèque officiellement signée par le chancelier et par Vaclav Klaus ainsi que par les ministres des Affaires étrangères.

Après que les mots ont été pesés au trébuchet, les Allemands « déplorent la souffrance et les injustices infligées au peuple tchèque par les crimes nazis commis par les Allemands, “et sont également” conscients du fait que la politique de terreur national-socialiste a contribué à préparer le terrain à la fuite, à l'expulsion par la force et au déplacement forcé après la guerre ».

En parallèle, la partie tchèque déplore « la souffrance infligée aux innocents au cours de l'expulsion et en particulier les excès qui ont été commis. Elle déplore en outre que la loi n° 115 du 8 mai 1945 ait permis de considérer ces excès comme non contraires au droit si bien que ces actes n'ont pas été punis ».

Pour les questions de propriété, on est arrivé au compromis suivant :

« Les deux parties déclarent qu'elles ne feront pas peser sur leurs relations le poids des questions politiques et juridiques résultant du passé. »

Enfin, l'on crée un fonds germano-tchèque de l'avenir.

La lecture détaillée de la déclaration est très intéressante : qui connaît un peu le sujet y sent toutes les tensions sous-jacentes : la grogne des Tchèques, la mauvaise volonté des associations d'Allemands des Sudètes.

Si vous vous étonnez de cette attitude en Allemagne (en France, il faut croire que personne ne sait vraiment qu'il y a eu une déclaration germano-tchèque ou que ceux qui le savent ne l'ont guère lue), vous rencontrez plusieurs genres de réactions.

Les uns vous diront de ne pas accorder

d'importance aux lubies des paysans « bavarois » (puisqu'une grande partie des Allemands des Sudètes se sont donc installés en Bavière), connus pour être entêtés. Les autres, en haussant toujours les épaules, vous diront : « Combats du passé ! Quelle importance ! Demain l'Europe ! Il faut *"überwinden"* les frontières de toute façon, les surmonter, quelle importance dans une Europe des régions ? C'est cette dernière qui intéresse les Tchèques et c'est pour cela qu'ils signent ces balivernes d'Allemands des Sudètes. »

Un petit nombre vous dira même que la mise en parallèle de deux injustices, celle commise par les Allemands à l'encontre des Tchèques en 1938, et celle commise par les Tchèques à l'encontre des Allemands en 1945 ne relève que de l'équité car l'expulsion des Allemands des régions des Sudètes a été une « purification ethnique » et qui pourrait aujourd'hui, après l'exemple yougoslave, soutenir le bien-fondé moral d'une telle entreprise ? Ne pas s'élever contre cette purification ethnique de 1945 serait même un exemple détestable pour la jeunesse « qui ne saurait plus où est le Droit ».

A Dieu ne plaise !

Mais un dernier petit groupe fait la grimace, s'étonne de voir l'indifférence, feinte ou non, témoignée aux revendications des Allemands des Sudètes comme s'il s'agissait de caprices inoffensifs et trouve très désagréable que l'on tolère cette façon qu'ont les associations des Allemands des Sudètes de refuser de « tirer un trait sur le passé », de s'abstenir de dire clairement qu'ils abandonnent toute prétention à leurs biens abandonnés en Tchécoslovaquie, bref de vouloir « faire tache d'huile » à leur frontière.

Quoi qu'il en soit, l'Union européenne s'est « félicitée » de la signature de l'accord et, du moins, il a le mérite d'exister.

22 janvier

Une chose ne cessera jamais de me désorienter en Allemagne : le fait que les Allemands, qui sont de grands lecteurs — d'après les statistiques, ils lisent et achètent plus de livres par an que les Français — ne lisent guère leur propre littérature.

Les listes de best-sellers le montrent régulièrement. Celle de *die Welt* du 10 janvier 1997 m'avait particulièrement frappée, sur 15 titres, 2 auteurs allemands seulement. Mais celle que le numéro spécial du *Spiegel* a fait paraître hier, et qui est un résumé des 50 dernières années, exemplifie et confirme cette tendance. Sur 15 titres cités seuls 5 sont des œuvres d'auteurs allemands. Après le premier, *L'Histoire sans fin* de Michael Ende, il faut arriver à la neuvième place pour retrouver un ouvrage allemand : c'est la fameuse *Leçon d'allemand* de Siegfried Lenz. (Le classement s'opère d'après le nombre de semaines de présence en tête de la liste des best-sellers.) Ensuite on retrouve la chanteuse Hildegarde Knef avec son livre de souvenirs *A cheval donné (on ne regarde pas la bouche)* et enfin, bons derniers, à nouveau Lenz et Günter Grass avec *Le Turbot*. Ni Böll, ni aucun autre qui faisaient partie du fameux groupe des 47 dont le *Spiegel* publie une photo attendrissante à la page précédente : Enzensberger, Walser, Hildesheimer, Andersch, Jens, etc.

Paradent en tête Federico Garcia Marquez, Umberto Eco, Isabelle Allende, Gaarder avec *Le Monde de Sophie* ou encore Benoîte Groult à la cinquième place (elle a tenu 59 semaines) avec *Les Vaisseaux du cœur*.

Cette « globalisation » de la lecture allemande est très étonnante pour un Français qui lit, à huis clos — les listes de best-sellers le prouvent tous les jours — de 80 % à 90 % de titres français.

D'ailleurs, d'après les gens qui connaissent bien l'édition sous ses aspects internationaux, il semble que ce soit une particularité française. Le palmarès français est en règle générale très spécifique, et en rupture par rapport à celui relativement uniforme des autres pays européens.

Cette constatation recoupe les raisons pour lesquelles l'Allemagne n'a pas spontanément fait sienne l'exception culturelle au cours des négociations du GATT.

Il a fallu que la diplomatie française déploie de grands efforts pour obtenir son adhésion.

« Mais qu'ont les Français contre les films américains ? Pourquoi introduire de la bureaucratie et des quotas dans le domaine culturel ?... Voilà encore le protectionnisme français, leur indécrottable colbertisme ! — et si les gens préfèrent les films américains aux films européens, c'est un fait contre lequel on ne peut aller... et de toute façon c'est le sens de l'histoire, de la division internationale croissante du travail, l'industrie du cinéma va à Hollywood, c'est une délocalisation comme une autre ; qui a du talent n'a qu'à aller à Hollywood. » Voilà ce qu'on entend.

Et que les Américains prétendent réglementer la manière dont nous subventionnons notre industrie cinématographique (au titre de la distorsion de la concurrence) ne dérange guère.

Les Américains sont de toute façon moralement les chevaliers blancs du libre-échange ; sans peur et sans reproche ; ils ferraillent pour un monde libre de toute entrave au commerce.

Et, pensent les Allemands, le commerce n'est-il pas l'alpha et l'oméga de notre prospérité — voire la base sur laquelle repose la paix (qui s'appelle maintenant de plus en plus sécurité) — et donc notre liberté ?

Et d'autre part, qu'un peuple, qu'une culture puissent souffrir de ne pas avoir de représentation de soi ne paraît pas une évidence ; tellement les Allemands ont eu longtemps envie de tout sauf de se regarder dans la glace... Mais cela c'est une autre histoire.

Il faut admirer la diplomatie française... et aussi constater qu'elle a quand même trouvé des oreilles pour l'écouter.

25 janvier

Bien sûr, dans les villes, ce n'est plus le cas ; dans la campagne berlinoise qui, séquelle du Mur, commence si abruptement une fois passées les dernières habitations, non plus ; mais dans les régions plus rurales et catholiques comme la Sarre où j'étais il y a quelques jours, les maisons s'ornent à nouveau de signes cabalistiques, tracés à la craie au-dessus du seuil et qui iront en s'effaçant jusqu'à l'année prochaine : K+M+B+97. La maison s'est mise cette année encore sous la protection des Rois mages « Kaspar, Melchior et Balthazar ».

Les Allemands et la Nation

C'est là que j'ai dîné avec les W... Lui fait partie de cette gauche allemande dont un des protagonistes les plus connus est Oskar Lafontaine et semble persuadé que l'idée de nation est totalement obsolète. Pour les intellectuels de cette tendance il s'agit, de fait, de « dépasser » la nation, de créer une Europe « régionale » en accentuant l'autonomie des Länder, en créant de grands ensembles comme celui de Saarluxlor (Sarre, Luxembourg, Lorraine) ou celui « des 3 pays » (Alsace, région de Bâle, Forêt-Noire). Bien entendu, leur désir de jeter la Nation par-dessus bord est fondé en grande partie sur l'idée que l'État-Nation a été la cause de tous nos maux depuis le XIXe, et que le nationalisme a été la cause de tous nos péchés. Le fait que l'Allemagne ait été une « nation tardive », tard venue dans le concert des Nations, et, par là, dérangeante avec sa vigueur toute neuve, leur paraît un fait aggravant et une bonne raison pour qu'elle soit une « non-nation précoce » — qu'elle ouvre la voie vers un monde d'où ce genre de confrontations aura été évacué.

Pour ce faire, le plus efficace est de s'orienter vers un système où les décisions économiques prennent le pas sur la politique, où ce qui est bon pour l'économique est bon pour la politique. On comprend que sur cette toile de fond — qui n'est pas celle de toute la gauche allemande, Willy Brandt s'était élevé contre elle avec vigueur — l'enthousiasme n'ait pas été grand au moment de la réunification. Reconstituer une nation allemande n'était pas une priorité ; et d'ailleurs quelle nation ? Celle des frontières de 1937 ? Une Allemagne agrandie seulement de l'ancienne zone d'occupation — de l'URSS, l'ancienne RDA ? Finalement, celle-ci avait-elle vraiment une évidence, une légitimité plus grande que celle-là ?

Pourquoi « un peuple », « *ein Volk* » comme le criaient les manifestants à Leipzig, Dresde, etc. ? Ce concept n'avait-il pas fait assez de mal ? Ce qui avait été fait « *im Namen des deutschen Volkes* » au nom du peuple allemand avait-il laissé de si bons souvenirs ? Pourquoi retourner vers des concepts du passé que, finalement, on avait plus ou moins laissés derrière soi ?

A cela se mêlait l'idée quelque peu ambiguë qu'en quarante ans les deux pays étaient devenus étrangers l'un à l'autre, et que la RDA avait développé des spécificités dignes d'être conservées... Alors...

Évidemment c'était extrêmement difficile à saisir pour un Français. D'autant que le concept de Nation développé par la droite et qui — comme on l'a vu — a mené lui à la Réunification plus rapidement que quiconque s'y attendait, ne coïncide pas vraiment avec le concept français.

A moins, d'ailleurs, que dans aucun des cas, ni à droite ni à gauche, ni à l'est ni à l'ouest, le concept de nation, le désir de créer une communauté n'ait joué de véritable rôle et qu'il se soit agi simplement d'un glissement normal vers le centre de gravité, vers l'argent, la stabilité, la consommation facile, la liberté d'entreprendre, vers tout ce qui, bien ou mal, avait donné en cinquante ans un tel poids à la République fédérale, déjà plus étendue et plus peuplée, et intégrée de surcroît dans un système d'alliances occidental... A moins, donc, que les craintes de voir l'Allemagne glisser vers l'Est aient toujours été vaines ; qu'il ait suffi d'un affaiblissement du gendarme soviétique pour que le faible aille au fort, le pauvre au riche.

Quoi qu'il en soit, il était difficile de comprendre l'attitude des Allemands, si l'on était, soi-même, un Français classique, nourri ou non de Braudel. Relire l'introduction de *L'Identité de la France* équivaut à une profession de foi, à un résumé de tout ce que la nation est pour un Français et n'est guère pour un Allemand.

Braudel commence son œuvre par une phrase inouïe pour un Allemand. Il déclare d'entrée de jeu : « J'aime la France. » Voilà qui ne passera jamais les lèvres d'un intellectuel allemand qui, pas plus qu'il ne peut « aimer » son pays ne peut l'imaginer « heureux » — une Allemagne, heureuse, aimée, est pour lui un non-concept. Braudel continue en affirmant une conviction qui, elle, est bien peu partagée par la population allemande en général ; il affirme que l'on ne peut comprendre, saisir, le présent de la nation qu'en ayant recours au passé : « Si le passé est séparé du présent par des obstacles, des collines, des montagnes, des cassures, des différences, il a pour le rejoindre, ses routes, ses chemins, ses infiltrations : il flotte autour de nous, méconnu et insinuant, et sans trop le savoir, nous y sommes englués... Il amène ses marées, ce sont ces flux profonds du passé... qui se jettent dans le temps présent, comme les fleuves dans la mer. »

Comment les Allemands accepteraient-ils de se voir « englués » dans le passé, d'être un produit du passé, eux à qui on a expliqué sur tous les tons après la guerre que le drame du nazisme ne s'expliquait que par ce long cheminement intellectuel qui de Luther a mené à Bismarck pour aboutir à Hitler ; eux pour qui « l'heure zéro », l'immédiate après-guerre, la « rééducation » américaine à la démocratie semblent avoir sonné une sorte de nouveau départ, de renaissance *ex nihilo* ; eux qui sont si souvent persuadés que la République de Bonn n'ayant rien à voir avec la République de Weimar, les Allemands de l'après-guerre n'ont rien à voir avec ceux des années 30. Pour eux tout phénomène sociologique a une explication avant tout économique, logique, politique, rarement historique et jamais psychologique. Tellement ils détestent un certain genre d'introspection. Ils ne détestent pas le nombrilisme, ils ne dédaignent pas se prendre en pitié, s'accusant d'ailleurs eux-mêmes de *Larmoyanz*, mais ont horreur de se regarder eux-mêmes longuement dans un miroir ; ils craindraient des surprises, tant l'image qu'ils ont d'eux-mêmes est construite et volontariste. Et, justement pour les Français, une nation « ne peut être qu'au prix de se chercher elle-même sans fin, de se transformer dans le sens de son évolution logique, de s'identifier au meilleur, à l'essentiel de soi, conséquemment de se reconnaître au vu d'image de marque, de mots de passe connus des initiés. Se reconnaître à mille tests, croyances, discours, alibis, vaste inconscient sans rivages, obscures confluences, idéologies, mythes, fantasmes »...

C'est le « vaste inconscient », les « obscures confluences » que les Allemands ont perdus, que Hitler leur a volé. Comment conjuguer aujourd'hui l'adjectif « allemand » avec idéologies, mythes, fantasmes ? Plus qu'une nation orpheline, ils sont une nation sans ombre, ils l'ont par malheur vendue au diable, comme Peter Schlemihl la sienne et c'est cela qu'ils n'aiment pas voir dans la glace, cette absence.

Les Français ont d'autres angoisses mais ont encore une image d'eux-mêmes avec leurs signes de reconnaissance.

Les Allemands, eux, manquent de ces « mots de passe ». Ils ont bien sûr des « mots ailés » ; des bribes de poèmes, des extraits de drames classiques, des lambeaux de Brecht ou des scies publicitaires (*Neckerman macht's möglich*) ou des proverbes (ne remets jamais au lendemain ce que tu peux faire le jour même) ; mais la variété des systèmes d'éducation due à l'autonomie des Länder, le fait que les *curricula* d'histoire aient été longtemps négligés, qu'on n'apprenne pas de manière systématique la littérature allemande à l'école privent les Allemands de ce *fundus* familier que les Français commencent à perdre, mais qui jusque là leur permettait d'avoir ce merveilleux sentiment de familiarité nationale basée sur la présence dans l'esprit de tout élève doté du baccalauréat d'une cinquantaine de phrases que l'un pouvait commencer et l'autre terminer sans coup férir : « Vérité au-delà... » par exemple ou « le cœur a ses raisons... ». Elles s'étendaient ces phrases, des fabliaux du Moyen Age (appris en 6e) jusqu'à Sartre (en terminale) et couraient ainsi d'Ysengrin à Gargantua, du petit Lyré à « quand vous serez bien vieille » en passant par les amitiés choisies « parce que c'était lui... *cogito ergo sum* » et l'infiniment petit. « Mais qu'allait-il faire dans cette galère » suivait alors et menait à « Rodrigue, as-tu du cœur ? » et à voir le soleil se lever et se coucher « sans que jamais Titus puisse voir Bérénice ». Puis on découvrait le contrat social et on écrasait l'infâme, on se demandait comment l'on pouvait être persan, on mariait Figaro et on enterrait un roi ; il fallait attendre que ce siècle ait deux ans pour plaindre Eugénie Grandet, Madame Bovary et Gervaise et enfin s'attendrir devant la petite veste de ratine rouge de Julien Sorel. Entre-temps, les objets inanimés avaient trouvé une âme, on pouvait ne pas être sérieux sous les tilleuls et *Le Bateau ivre* permettait enfin d'aborder essoufflé, haletant, aux rives du XXe siècle. Nous étions devenus « le résultat vivant de ce que l'interminable passé a déposé patiemment par couches successives... un résidu, un amalgame, des additions, des mélanges ». Mais surtout, nous en étions conscients. Nous avions absorbé la France, du moins nous en avions absorbé peu ou prou les rêves et les cauchemars. Et nous avions avec elle un rapport d'ordre privé.

Ce sont probablement entre autres raisons la familiarité, l'homogénéité et la cohérence de ce bagage culturel qui donnaient aux Français des années 60-70, cette assurance plutôt tranquille.

Elle s'appuyait sur une autre particularité de la société, là encore, moins développée en Allemagne : l'importance du cinéma en tant que forme d'expression. Les dialogues : « ... atmosphère ! atmosphère ! » « bizarre, bizarre... » ou « t'as de beaux yeux tu sais... » servaient de références cachées ; on les retrouvait, détournés, dans des titres de journaux, des publicités, des déclarations d'hommes politiques. Bien que le cinéma se soit « globalisé », cette manière de *private joke* au niveau national perdure. Force est de constater que l'Allemagne, elle, avec son système fédéral, plutôt que des *private jokes* nationales, a des *private jokes* au niveau des Länder. La même observation vaut pour les chansons. Que l'Assemblée ne soit pas un cactus n'a guère d'équivalent en Allemagne, à moins d'une citation biblique.

Bref, en un mot, le rapport du Français moyen à sa communauté nationale est infiniment plus intériorisé et plus charnel que celui de la gauche allemande chez qui généralement la nation a fait son temps et s'étiole, désincarnée.

Le paradoxe est que la droite allemande, elle, a de la nation un concept plutôt trop incarné pour le goût français. Pour les hommes politiques, la nation s'incarne tout simplement, concrètement dans ses différentes composantes ethniques. Ils parlent sans hésitation des « tribus » qui composent l'Allemagne. La nation « dans ses tribus » (*in ihren Stämmen*) disent-ils (comme l'Église parle du Christ « dans sa gloire »). Le concept ne leur paraît pas le moins du monde relever d'une époque révolue, et le rejet que son emploi suscite en France, où le terme est réservé aux organisations sociales archaïques, leur paraîtrait incongru. En Bavière par exemple, on parle couramment des « trois tribus », les Bavarois, les Souabes et les Franconiens qui la composaient et auxquelles s'ajoute maintenant la tribu des Allemands des Sudètes, puisque deux millions d'entre eux sont venus s'installer en Bavière après les accords de Postdam de 1945. D'où l'évocation rituelle des « quatre tribus » pour parler du Land de Bavière.

A bien y réfléchir, cette assimilation de la nation au peuple et ses tribus est compréhensible dans un pays où le lien au territoire a toujours été aussi flou.

Pour l'écolier français, la France est une accumulation de terroirs qui s'est faite au cours des siècles. Les grands moments de la composition de ce puzzle lui sont restés en mémoire : l'Aquitaine chaude, capiteuse, parce que Louis VII a épousé Aliénor d'Aquitaine (et pourquoi a-t-il eu la folie de répudier sa femme ?). La Bretagne, marine, salée, ventée, celte, parce que Louis XII épouse Anne de Bretagne. La Provence, sèche, lumineuse, odorante, elle, se vante de s'être donnée à la France en 1481 après la mort du roi René. Sans parler de la Savoie, ou de l'Alsace-Lorraine.

Rien de comparable en Allemagne où les empereurs élus se voyaient dans l'obligation d'aller chercher leur couronne à Rome. « Avez-vous remarqué, me dit souvent un ami historien, combien, comparés aux Capétiens, les empereurs du Saint-Empire ont eu des règnes courts ? Je suis sûr que le voyage à Rome les épuisait. La traversée des Alpes à cette époque, vous imaginez ! » En tout cas, cela les distrayait de cette tâche d'unité nationale, puisqu'il a fallu attendre les Prussiens pour que l'Allemagne se fasse. Sinon, le seul lien qui unissait tous ces territoires « allemands » était, de fait, ce peuple qui parlait allemand, à qui Luther s'adressait, dans sa lettre « à la nation allemande » ou que l'on retrouve dans l'appellation allemande du Saint-Empire : « *das heilige römische Reich deutscher Nation* ». Ce que les rois ont fait en France, le peuple a dû le faire à sa manière en Allemagne. Du fait que l'Allemagne ne soit donc pas un territoire découle tout naturellement que la nationalité allemande ne ressorte pas du droit du sol, *jus soli*, mais du droit du sang, *jus sanguinis*. Voilà d'ailleurs des centaines d'années que cette différence complique les relations entre la France et l'Allemagne (il n'est que de se rappeler Mommsen et Fustel de Coulanges) sauf qu'aujourd'hui il s'agit dans le cadre de l'Union européenne de faire vivre les deux pays côte à côte.

Sur la base de cette conception ethnique qui lui paraît si évidente, la droite allemande est, bien entendu, le lieu où l'on essaye de redonner un sens, de racheter son ombre à la nation, de la rétablir dans ses mythes et ses fantasmes. Et la gauche risque de se voir ainsi confisquée la nation, alors même que depuis la réunification, l'entreprise est devenue plus facile, s'acheminant vers un processus de normalisation. Les hordes de touristes allemands qui se précipitent au Kyffhäuser, endroit nouvellement accessible puisque situé en Thuringe, envoient tous à leurs amis la carte postale représentant Frédéric Barberousse qui est supposé y dormir d'un sommeil magique puisque, comme le dit le poème dûment imprimé en bas de la carte : « il se tient caché dans son château ; il n'est pas mort ; il a emporté avec lui sous terre la splendeur du Reich et il la rétablira lorsque son temps sera venu, quand les corbeaux ne voleront plus au-dessus de la montagne ».

Mais, dira-t-on, entre ces conceptions si différentes de la nation, entre la droite et la gauche, que fait l'Allemagne ? Elle répond en présentant la palette la plus variée de réponses à la question, mais surtout elle se réfugie sur un terrain neutre ; à droite et à gauche, dans toutes les couches de la population, au moins une chose est considérée comme sûre, fiable, rassurante, idéologiquement neutre et donc non dangereuse : véritable point de ralliement de l'identité allemande, symbole de la nation, le deutsche Mark sert de panache blanc — ou plutôt pour être juste, l'économie sociale de marché.

1er février

La vague de froid n'a pas épargné l'Allemagne et mon correspondant qui écrit Sütterlin s'est fait un devoir de m'envoyer toutes les histoires terribles de SDF morts de froid sur un banc de square ou de jeunes filles retrouvées gelées dans un lit de ruisseau au matin de la Saint-Sylvestre.

Pas plus qu'à ses 4 millions et demi de chômeurs, l'Allemagne ne s'habitue à ses 300 000 SDF.

2 février

Il ne fait pas chaud à Berlin aujourd'hui mais dans ce qui sera le nouveau quartier gouvernemental, la bonne humeur règne. Le chancelier est attendu pour donner le premier coup de pelle au chantier de la nouvelle chancellerie.

4 février

Centième anniversaire de la naissance d'Erhard

Depuis quelques jours on voit partout des photos d'Erhard fumant son cigare. Le père de l'économie sociale de marché est à l'honneur. Toute l'Allemagne se souvient du père du « miracle économique » qui d'ailleurs s'élevait contre ce terme, jugeant que plutôt que d'un miracle, il s'agissait « de l'effort de tout un peuple ».

Son allure rassurante n'avait jamais suscité de manifestations de culte mais aujourd'hui que l'Allemagne se voit devant des temps nouveaux : remplacement du DM par l'euro, questions lancinantes sur la compétitivité du site allemand (Standort Deutschland), chômage, sa figure devient mythique et son règne prend des allures d'âge d'or.

6 février

A propos d'Erhard : Adenauer

Parmi les documents figurant dans l'exemplaire spécial du *Spiegel* une lettre manuscrite d'Adenauer m'a frappée. Elle date de 1966 et est écrite en Sütterlin. Autant dire illisible pour tout Français — et à vrai dire même pour la plus grande partie des Allemands — puisqu'on a cessé d'écrire Sütterlin en 1941.

Un de mes amis se souvenait du jour où en classe le maître leur a annoncé le changement d'écriture. C'était nécessaire, expliquait-il, parce que l'Allemagne devenait *Weltmacht* : « puissance mondiale ».

7 février

Gros titre de la *Frankfurter Allgemeine Zeitung* : « Écroulement du marché de l'emploi : 4,6 millions de chômeurs »...

Et puis hier c'était la *Weiberfastnacht*, le carnaval des femmes. Là où on le fête, c'est-à-dire dans la Rhénanie principalement, elles prennent le pouvoir, ou plutôt les maires le leur remettent ; ce qui leur permet, comme les photos des journaux le montrent abondamment, de saluer leur peuple du balcon de la mairie, déguisées en mégères et armées de grands ciseaux.

Dans les entreprises, en général, ces jours-là les femmes ne viennent quand même pas déguisées mais, dans la bonne humeur générale et sans que personne ne rougisse, elles coupent les cravates. Je me souviens de l'air médusé et peiné d'un délégué italien en visite dans une grande entreprise au sud de l'Allemagne lorsque la sienne, fort élégante, subit le même sort. Il avait pourtant été averti de porter un rebut mais, ne prenant pas le danger au sérieux, n'avait pu s'y résoudre.

8 février

Il y a tous les genres de carnaval dans le sud de l'Allemagne. Beaucoup ont une forte propension au grotesque, pour lequel, en bonne Française, j'ai peu de goût. J'ai toujours observé avec étonnement, voire avec un certain malaise, l'absence de réticences à s'enlaidir chez mes amies de l'université lorsque nous partions pour ces fêtes.

Mais il y a un carnaval qui a énormément de charme, c'est celui de la Forêt-Noire, de Fribourg-en-Brisgau en particulier où le déguisement traditionnel remonte au Moyen Age. Il s'agit d'une sorte de tunique recouvrant tout le corps, y compris la tête, de petites lattes de bois auxquelles sont parfois attachées des clochettes. Une sorte de Papageno. Voir surgir une de ces silhouettes dans le brouillard du petit matin d'après les fêtes, au détour d'une ruelle de la vieille ville, procure toujours une émotion un peu magique.

Ce même sentiment de merveilleux, on le retrouve au Carnaval de Bâle qui se déroule de nuit et où les différentes confréries se croisent et se recroisent dans la ville plongée pour l'occasion dans l'obscurité totale. Seules les lumières des bougies que portent sur leur tête les joueurs de fifre et de tambour jettent des ombres vacillantes et les sons aigrelets finissent par mettre toute la ville en transe, évoquant la magie obscure du joueur de flûte de Hamelin mais avec le vin chaud et les saucisses pour contrepoids.

Pour se faire une idée de l'organisation que demandent ces festivals, il suffit de savoir qu'à Bâle, ce sont plus de 12 000 personnes qui cette nuit-là ont pris une part active à cette fête que l'on prépare toute l'année.

Maintenant que je suis surtout dans l'est de l'Allemagne, où toutes ces traditions de carnaval ont disparu, je les regrette un peu.

10 février

Derniers échos de la controverse qui a animé la presse cet automne et, pour la première fois depuis le référendum français sur l'Europe, induit un véritable dialogue des médias entre la France et l'Allemagne. Helmut Schmidt, Giscard d'Estaing et Hans Tietmeyer avaient mené d'âpres débats sur l'euro dans la presse tant française qu'allemande, les premiers reprochant au troisième une sorte de monomanie financière, un monétarisme exacerbé et dangereux pour l'équilibre européen ; de même Pierre Bourdieu et Emmanuel Todd dans les journaux reprochaient à l'Allemagne une tendance économiste — et aujourd'hui le sociologue Ralf Dahrendorf, émigré en Grande-Bretagne, publie un article dans la presse allemande où il reproche aux Allemands « de confondre leurs préjugés économiques avec la raison ».

Au moins les idées ont-elles traversé les frontières — et parfois à front renversé. Mais ce sont des discussions très « occidentales ».

11 février

Tous les journaux allemands parlent de la victoire du FN à Vitrolles.

Pour eux, la raison principale — et circonstance atténuante — de ce succès de l'extrême droite est : « le choc des civilisations » dans une région où il y a une « présence concomitante de nombreux pieds-noirs et de nombreux immigrés d'Afrique du Nord en situation régulière ou irrégulière ».

Bien sûr, ils évoquent aussi le chômage et une délinquance que les municipalités n'arrivent pas à contrôler. Mais ils pensent à leurs spectres des années trente.

13 février

Hubertusstockjagdschloß

De ce court séjour dans la Schorfheide, hier, ne me reste que cette vilaine carte postale. Sur la photo d'une espèce de petit château « de genre » s'étale en lettres jaunes l'inscription : « *Hubertusstockjagdschloß* ».

Il s'agit bien du rendez-vous de chasse des Hohenzollern ou plutôt de ce qui en reste, après les vicissitudes des guerres et de la RDA, remodelé pour les besoins du tourisme de la moderne Bundesrepublik.

Je n'y étais pas venue hier par hasard. J'avais lu dans un livre de von Krockow que le château avait été transformé en hôtel ; Christian von Krockow est le barde contemporain de l'Allemagne de l'Est qui fait revivre pour ses compatriotes le passé de ces régions avec autant de charme que de savoir (et dont les livres s'arrachent). L'idée d'y déjeuner était d'autant plus tentante que je me souvenais, moi, très bien d'avoir entendu parler de ce château une bonne quinzaine d'années auparavant quand E. Honecker, chef de l'État est-allemand ou plutôt « Président du Conseil d'État » y avait reçu Helmut Schmidt. J'avais été sidérée à l'époque par l'avalanche d'articles en pleines pages dans la presse ouest-allemande décrivant avec la plus grande minutie la région de la Schorfheide, le lac de Werbellin, cartes détaillées à l'appui. Le ton des articles était impressionnant pour un Français : on y sentait une telle nostalgie réprimée — en premier lieu bien sûr dans des journaux conservateurs comme *die Welt*. La presse du week-end particulièrement s'en était donné à cœur joie.

Nous y étions donc. Il régnait cette atmosphère soignée et un peu pompeuse qui donne souvent en Allemagne une atmosphère de banlieue à ce qui devrait être la campagne. Le château de campagne a son charme certain mais le château de banlieue ?

Curieuse, je m'étais précipitée sur les photos et

gravures qui ornaient la réception. J'avais eu droit à tous les garde-chasse, garde-forestiers, à tous les trophées, à toutes les photos de « sonnerie » du gibier en fin de partie de chasse, mais au troisième *Leibjäger*[1] de Frédéric-Guillaume IV, au quatrième trophée de Guillaume II, n'y tenant plus, je me dirigeai vers la réception. Prudente malgré tout face à la jeune femme très blonde à l'air un peu sévère qui recevait les clients, je m'approchai en me raclant la gorge et usai de mon plus joli accent français : « Excusez-moi, je cherche des photos ; est-ce que je me trompe ou est-ce le lieu où Honecker venait de temps en temps chasser et où il a reçu Helmut Schmidt ? »

Mais las, la neutralité que mon accent était censé susciter pour permettre d'aborder ce sujet que je sentais difficile ne suffit pas. Évitant de me regarder, la gardienne des lieux m'asséna d'un ton définitif : « Ce n'est pas le genre de souvenir auquel nous tenons » et se détourna rapidement. J'essayai désespérément de rétablir le contact entre les peuples en lui expliquant que, pour les Français, l'Histoire... nous avions eu bien pire... la Révolution... Peine perdue. J'allai m'asseoir.

Mais après le déjeuner, perdue pour perdue dans l'esprit de la jeune femme, je décidai d'aller jusqu'au bout de la réprobation. « Dites-moi, lui dis-je, Göring venait chasser par ici aussi ; combien de temps faut-il en voiture jusqu'à sa maison, Karinhall ? Peut-on la visiter ?

— Ce n'est pas la peine de chercher, il n'y a plus rien à voir », fut la réponse, admirablement contrôlée.

Ceci dit, elle avait raison. Les SS ont fait sauter Karinhall au printemps 1945. Il ne reste pas pierre sur pierre de cet endroit mythique qui a tellement frappé l'imagination des contemporains. Göring avait fait élever à la mémoire de sa première épouse, d'origine suédoise, Karin, une sorte de monument gothique, où

1. Le *Leibarzt* est le médecin personnel, le *Leibwächter* est le garde du corps et le *Leibjäger* est le chasseur personnel.

il résidait avec sa deuxième épouse et où il entassait une foule hétéroclite et merveilleuse d'objets d'art venus de tous les coins d'Europe de par la grâce de la Wehrmacht. Krockow rapporte des descriptions de témoins qui se souviennent des torchères le long des couloirs de Karinhall, des trophées, des bois et des hures ; de Mme Göring en long vêtement blanc grattant distraitement la tête de jeunes lionceaux et scrutant l'horizon lointain, la main en visière au-dessus d'un regard impérieux. Michel Tournier a amplement utilisé cette veine dans ses romans et Jean François-Poncet quand il raconte ses souvenirs se rappelle de la vue qu'il avait sur les immenses rails des modèles réduits de chemin de fer, la passion du maître des lieux, depuis les genoux de celui-ci.

La jeune femme a-t-elle raison de ne plus rien vouloir savoir ? Qu'Erich Honecker ait passé dix ans dans les geôles de Göring, dont l'a délivré l'Armée rouge en 1945, cela complique-t-il tellement les choses qu'elle préfère tourner la page sans regarder en arrière ?

Finalement, la seule constante qui transcende cette histoire de la Schorfheide est la chasse. Quel que soit le régime, on chasse toujours de la même façon dans la Schorfheide, réserve à juste titre célèbre dans toute l'Europe pour l'abondance de son gibier soigneusement conservé par des traditions immuables ; Guillaume II, Otto Braun, Göring ou Honecker ont dû tous entendre ce mot magique des chasses allemandes, féodales aujourd'hui comme hier : *Waidmanns Heil*. En tout cas, les hommes d'affaires invités par le ministre-président du Brandebourg, Manfred Stolpe, l'apprécient beaucoup.

14 février

Encore un de ces mots intraduisibles qui ont réapparu dans la question des Sudètes : *Heimatrecht*.

Une fois la déclaration signée, Waigel a tiré la

conclusion que tout était bien ainsi et qu'il fallait à l'avenir tendre à une situation où chacun puisse récupérer son *Heimatrecht*, son droit à la *Heimat*, à la petite patrie, à la terre de ses aïeux, au village de son enfance, à la maison qui nous a vu naître, que sais-je...

Un concept totalement apolitique.

15 février

Pourquoi, me dit un ami poméranien (lui était de l'autre côté de l'Oder-Neisse, resté définitivement polonais) les Allemands des Sudètes font-ils un tel cirque (*ein solches Theater*) ? Alors qu'ils n'étaient même pas *Reichsdeutsche*, dans les frontières de 1937 ; alors que nous, nous étions à l'intérieur des frontières de 1937.

Nous acceptons bien que la guerre causée par Hitler soit aussi la cause de la perte de notre *Heimat*. Pourquoi donc pas eux ?

17 février

J'ai une amie allemande au téléphone. Sa voix tremblerait presque.

Elle a commis l'imprudence d'épouser un Français (qui, de plus, sait mal l'allemand). Comble de malheur, il fait des affaires en Allemagne et s'est avisé de lui demander de l'aide sur quelques contrats.

Elle n'est pas juriste : elle vient d'écrire une très jolie thèse sur Hessel, cet écrivain, protagoniste allemand de *Jules et Jim*, le film de Truffaut.

A l'appareil, elle me demande de bien vouloir expliquer à son mari qu'au contraire de ce qu'il semble croire, elle n'est pas demeurée — seulement, le langage juridique en Allemagne est encore plus éloigné du langage courant que chez nous.

Je fais de mon mieux pour expliquer cette idiosyncrasie allemande à son mari.

Hélas, je ne suis pas sûre de l'avoir vraiment convaincu. Tellement il est difficile de concevoir que les choses puissent être différentes ailleurs.

18 février

Goldhagen

Aujourd'hui, en ouvrant le journal à Paris, je repense à Hubertusstockjagdschloß, au nom impossible à prononcer, à l'aspect si provincial et perdu de toutes ces régions pourtant maintenant si proches de Berlin et je me demande comment elles réagissent à l'irruption dans leur vie d'un produit, lui, typiquement et exclusivement occidental : le livre de Goldhagen dont il est justement question dans les pages que j'ai sous les yeux.

Le succès de ce livre est extraordinaire. Goldhagen fait une véritable tournée de star dans les universités européennes. Partout, des foules se pressent pour l'écouter parler des « bourreaux volontaires de Hitler », et surtout en Allemagne. Elles l'écoutent expliquer que l'antisémitisme allemand était particulièrement « éliminationniste », que c'était tout le peuple allemand qui rêvait d'exterminer les juifs et que Hitler et les nazis n'ont été qu'une sorte de catalyseur de cette volonté d'extermination.

Le livre est passionnant : de la première à la dernière page, il donne à voir avec une foule de détails la machinerie nazie, sa perversité ; il fait vivre chaque scène mieux qu'un roman. On suit l'holocauste page après page fasciné par l'horreur ; il est presque impossible de s'en arracher.

Est-ce le talent de conteur de l'auteur qui explique l'engouement du public ?

Les historiens, eux, sont unanimes à considérer que le livre n'apporte rien de nouveau à la recherche sur le sujet. Surtout, comme le remarque François Furet dans l'article que je lis, le livre décrit mais n'explique rien. Aucun effort pour replacer les choses dans un contexte politique qui puisse donner des clefs, se plaint Rudolf von Thadden : pas de réflexion sur le rôle de la guerre ; Auschwitz par exemple n'aurait pas été possible dans les années 30 sans le durcissement provoqué par la brutalité de la guerre ; pas de réflexion sur les fondements de l'antisémitisme allemand : angoisses identitaires d'un peuple devenu trop tard une nation, habitué par la séparation entre catholiques et protestants à la ségrégation religieuse et incapable d'intégrer des identités étrangères sans agressivité névrotique, etc. Non, il semble que les jeunes nés après les années 60, qui sont le public le plus enthousiaste de Goldhagen, réagissent à ce livre suivant un seul critère : l'indignation morale, la consternation, l'individualisation.

Ma jeune fille au pair, elle, préfère ne pas lire le livre ; je la comprends bien : comment supporter de regarder se dérouler ce drame, sous tous ses innombrables épisodes et facettes (Goldhagen ne nous épargne rien), quand on est réduit à ses propres forces d'individu sans l'aide de grandes structures explicatives historiques et politiques. Il y a de quoi devenir fou ; ou alors il faut le lire comme le font certains de ses amis, comme une catharsis du genre de celles qu'ils vont chercher dans les films d'horreur que leur génération affectionne tant.

En tout cas, je remarque avec plaisir que c'est en France que le livre de Goldhagen a le moins de succès. François Furet remarque que, si Goldhagen a raison de poser la question du « mystère de l'Holocauste, de la raison pour laquelle des milliers d'hommes, citoyens d'un des pays les plus civilisés du monde, ont assassiné avec tant de sang-froid et de cruauté des millions de juifs », il n'y répond en aucune manière. Et Alfred Grosser refuse toute explication ou mise en cause collective.

Moi, je me demande bien ce que les habitants de

Ludwigsfelde, la petite ville à côté de Genshagen, ressentent ; eux n'avaient jamais été confrontés avec ces problèmes puisqu'ils étaient par définition du « bon côté de l'histoire », protégés par « le progrès de l'histoire ». Cruel réveil.

22 février

Kuzendorf

Ce n'est pas loin de Genshagen ; ni d'ailleurs de la nouvelle zone commerciale *Brandenburger Park* avec son signe Mac Donalds qui flotte fièrement dans l'air vif et pâle de la Marche de Brandebourg à une dizaine de kilomètres au sud de Berlin. De fait, il est même facile d'imaginer, avant-guerre, les châtelains de Genshagen allant rendre visite à ceux de Kerzendorf. A cheval, c'est une affaire de dix minutes et l'on aperçoit la lanterne du toit de Genshagen de très loin dans ce paysage si plat, qui domine les arbres des longues allées.

Mais l'inverse n'est pas vrai. Rien ne sert de repère pour aller à Kerzendorf ; car de Kerzendorf, il ne reste plus rien.

Je connaissais l'histoire de Kerzendorf par un livre de Lally Horstmann, *Pas de raison de pleurer*. L'auteur, une jeune Berlinoise, était mariée à un diplomate esthète, qui quitta le service diplomatique en 1933 — entre autres parce que sa femme Lally était partiellement d'origine juive — et qui refusa toujours de divorcer ou de s'exiler. Dans ce livre de souvenirs, elle décrit non seulement les dernières années de la guerre — beaucoup l'ont fait comme elle et, dans ce style, Missie Wassiltchikov dans ses *Journaux d'une jeune fille de Berlin* est peut-être plus intéressante- mais elle décrit aussi, ce qui est passionnant parce que beaucoup plus rare, les premières années de l'après-guerre.

La vie au jour le jour sous l'occupation russe,

l'évidence qui s'installe : les alliés occidentaux n'occuperont que quelques secteurs à l'intérieur de Berlin, la décision de rester quand même en dehors de Berlin, à la merci de l'arbitraire russe, pour ne pas abandonner un mode de vie, un paysage, des collections précieusement cachées avant-guerre et qu'on espère toujours retrouver — même si les bombardements alliés ont déjà transformé le château en ruines et si les chars russes ont tellement transformé le paysage que les caches ont disparu dans ce relief bouleversé...

Leurs relations avec les commandants russes installés dans le village près de Ludwigsfelde varient ; leur étiquette d'« ennemis de classe » devient de plus en plus difficile à supporter ; ils sont régulièrement rançonnés, surtout la nuit, par des bandes de soldats dont la conduite est tolérée par des supérieurs qui ferment les yeux ; se procurer de la nourriture est un souci constant et majeur... mais ils restent. Jusqu'au jour où le mari de Lally disparaît, arrêté « pour un interrogatoire » dont il ne reviendra pas. Il faudra plusieurs années à Lally Horstmann qui, du coup, quitte la future RDA, pour apprendre que son mari est mort probablement de faim et d'épuisement — sa santé était déjà chancelante — dans un camp de concentration nazi recyclé par les Russes ; ce qui fut le cas pour beaucoup de ces camps.

A Ravensbrück, il n'était qu'à quelques kilomètres d'elle mais même les bonnes relations qu'avait le couple avec certains officiers américains ne suffirent pas à faire pression sur les Russes pour obtenir une libération.

Il avait mauvaise réputation ; il s'était montré trop peu coopératif avec Hitler pour que les Russes lui fassent confiance. En règle générale, avoir résisté pendant le IIIe Reich n'était pas toujours une raison suffisante pour échapper à l'arrrestation ou à l'expropriation. Aux yeux des commissaires politiques, l'appartenance de classe comptait plus que la résistance.

Voilà donc l'histoire qui m'attirait à Kerzendorf ; et que j'aie bien connu la petite-fille de Lally lorsqu'elle faisait ses études à Freiburg im Breisgau ajoutait au charme du pèlerinage. Elle avait hérité beaucoup de la grâce de sa grand-mère, de cette grâce qui avait manifestement séduit R.-M. Rilke, si l'on en croit leur correspondance au sanatorium de Val-Mont en 1926, et je gardais un souvenir doré des fêtes qui avaient accompagné son mariage dans une propriété près de Trèves, où l'on faisait du vin, dans l'Allemagne du début des années 70.

Genshagen et notre travail à l'institut me ramenaient sur les traces de ce passé. Après avoir tourné sur la gauche dans une petite route communale, nous sommes arrivés dans un village, Kerzendorf, dont il restait l'église, quelques maisons et une zone assez vaste de ce que les Allemands de l'Est appellent des « datchas », c'est-à-dire des jardins ouvriers sur lesquels est érigée une cabane. Deux piliers en pierre ouvragée se dressaient, dans lesquels était sertie une grille rouillée battant à tous vents. Nous nous sommes garés et dans le désordre de ce terrain vague, nous avons essayé de reconstituer le passé. Nous étions montés sur une petite élévation qui nous permettait d'avoir un aperçu plus vaste... jusqu'à ce que l'évidence nous apparaisse : nous étions sur ou plutôt dans le château — dans ce qui en restait : les arbres avaient poussé sur ce petit tumulus de ruines depuis une quarantaine d'années, l'herbe avait tout recouvert, mais à droite dans une sorte de fossé, on distinguait très clairement du carrelage de cuisine... ce petit terrain de jeu pour enfants avec les deux buts de football avait dû être le début du parc ; et à gauche, là, ces maisons devaient être les anciens communs. Nous avons gardé le silence quelques minutes devant cette démonstration de force de la nature. En regardant bien les « datchas » à droite, on voyait entre les cabanes, ici une ravissante colonne néoclassique, là, une Vénus plus poignante que toutes les ruines d'Hubert Robert, les faunes de Verlaine, Musset, Rimbaud ou Lamartine, encadrée qu'elle était par des rangs de carottes.

Je voulus aller plus près mais la RDA veillait encore sous la forme d'un vieux panneau rouillé qui, dans le style inimitable de cet ex-pays disait : « *Unbegfugten ist das Betreten, Befahren und die bildliche Darstellung verboten. Zuwiderhandlungen werden bestraft* », soit : « Il est interdit de pénétrer à pied ou en voiture et de procéder à toute représentation graphique. Les contrevenants seront punis. » Et de toute façon, le propriétaire de la datcha à la Vénus avait mis une barrière. Je n'ai vu Vénus que de dos.

Avant de partir, nous avons voulu jeter un dernier coup d'œil sur l'ensemble, depuis la grille d'entrée mais en nous approchant, nous avons buté sur un autre type d'obstacle. Deux énormes camions flambant neufs, de ce genre de monstres qui traversent maintenant l'Europe d'ouest en est, attendant 48 heures aux frontières à Francfort-sur-l'Oder, avant de reprendre leur chemin vers les contrées orientales, avaient choisi le lieu pour parking. L'un d'eux s'ornait de deux superbes drapeaux allemands, finement dessinés et coloriés noir, rouge, or, mais entre ces deux déclarations de patriotisme s'étalait : « King of the Road ».

Lally Horstmann a écrit un joli livre mais elle n'a pas tout à fait raison : il y a quand même de quoi pleurer.

28 février

George Forestier

A voir la photo, il a un air très convenable : on dirait le père de famille d'une série américaine familiale des années 50. Pourtant, le poète George Forestier, né en

1921 en Alsace près de Colmar, fils d'un Français et d'une Allemande, a une vie mouvementée derrière lui.

A vingt ans, engagé volontaire dans la Wehrmacht, il est tout de suite envoyé sur le front russe mais termine cependant sa guerre en captivité américaine ; il arrive à s'enfuir en France et s'engage aussitôt dans la Légion étrangère avec laquelle il part pour l'Indochine.

En 1951, on perd ses traces. Ses derniers poèmes seront retrouvés dans un vieux cahier (tendu sans un mot à un camarade avant de partir pour une action particulièrement risquée...).

Ses vers ont énormément de succès dans l'Allemagne des années 50 :

J'écris ma douleur
sur la poussière des routes
de l'Oural
à la Sierra Nevada
de Yokohama
au Kilimandjaro,
une harpe de
fils télégraphiques.

La deuxième strophe va du désert de Gobi à celui du Sahara et jusqu'à Hawaii. Ce n'est pas si mal, et il y a tout ce qui fait rêver dans l'Allemagne de l'époque : les lointains, les mercenaires perdus de l'ancienne Wehrmacht, la douleur sentimentale, le tout saupoudré d'un peu d'atmosphère française cascadeuse, *riskant* ; en particulier le délicieux goût de l'aventure de la Légion étrangère. (Le dernier point reste aujourd'hui valable. La Légion étrangère, dans laquelle on retrouve d'ailleurs un grand nombre d'Allemands, fascine toujours.)

Le seul ennui dans cette belle histoire c'est que, on l'aura compris, George Forestier était un imposteur.

Né Karl Krämer, il avait bien été sur le front russe mais blessé avait terminé la guerre comme *Oberbannführer* de la jeunesse hitlérienne — après quoi il travaille dans une maison d'édition, ce qui n'était pas une mauvaise idée pour publier des vers. La supercherie découverte, Krämer continua de publier — plutôt des essais — dont on ne parla pas beaucoup.

Il est mort en 1987 et a laissé suffisamment de souvenirs pour qu'on se souvienne de lui pour le dixième anniversaire de sa mort.

24 février

Aujourd'hui, le journal du matin à la télévision a présenté un petit reportage très enlevé sur les nouvelles stations de ski en Bohème, plus précisément dans le Erzgebirge, la partie nord des Sudètes. Moins chères, moins surpeuplées, ces nouvelles stations, modestes mais accueillantes, avaient l'air très sympathiques. Et puis on y sentait les Allemands tellement chez eux.

Il y a des logiques géographiques inéluctables.

25 février

La jeune fille de Tübingen était venue me voir.

Elle écrivait un mémoire sur un petit livre que j'avais publié il y a déjà quelque temps. Elle était charmante.

Aujourd'hui arrive son mémoire. De la première à la dernière ligne, elle vilipende mon pauvre livre. Rien ne trouve grâce à ses yeux. Enfin, elle conclut :

« Tout comme Mme de Staël, Mme Sauzay n'a rien compris à l'Allemagne. »

Elle doit avoir vingt et un ans.

Partagée entre l'envie de rire et de hausser les épaules, malgré tout flattée de la comparaison, j'essaie d'imaginer l'élève de maîtrise en France décrétant : « Tout comme F. Sieburg[1], M. X n'a rien compris à la France ». Impossible.

1. *Dieu est-il français ?*

Il n'y a que l'éducation allemande qui donne cette liberté, cette assurance et cette certitude d'être arrivé à la vérité.

En fait, dans cette optique, il suffirait presque de chercher pour trouver. Qui a cherché avec honnêteté, et surtout « objectivité », est assuré d'arriver à un résultat qui peut revendiquer d'être vrai.

L'authenticité de la quête garantit la véracité du résultat.

Bien sûr, cette capacité de jeter un regard neuf sur tout, de regarder au fond des choses sans *a priori* est admirable. C'est probablement une des grandes forces de la pensée allemande — cela peut également être très drôle, comme aujourd'hui.

Mais il est sûr aussi que par comparaison l'éducation française, avec sa peur du ridicule, son respect des valeurs établies, surtout intellectuelles, sent un peu le renfermé.

26 février

Un nouveau sujet préoccupe Bonn. Il y a pourtant déjà eu, en 95 et 96, des transports de « Castor » mais cette année l'atmosphère a changé. Les choses ont empiré. Peut-être est-ce le nom de Gorleben ? Ce nom mythique, synonyme de résistance au nucléaire cristallisa la « protestation » des années 80.

On croyait les choses apaisées, on s'attendait à des manifestations de commande, des discours de circonstance des Verts, et subitement l'opinion publique s'enflamme parce que six containers de déchets nucléaires traités à La Hague en France et en Bavière vont être acheminés en Basse-Saxe dans la région de Hanovre pour être stockés à Gorleben.

(Gorleben est à une dizaine de kms de l'ancienne frontière de la RDA. Qu'en pensaient et qu'en pensent les Allemands de l'Est ? C'est curieusement peu explicité.)

27 février

Première nouvelle aux informations sur toutes les chaînes allemandes, les manifestations en France contre la loi Debré.

Tout ce qui tourne autour du concept de l'« étranger » est tellement différent — et en général mal appréhendé d'un pays à l'autre — que les informations restent très vagues.

Comment les Turcs de Berlin peuvent-ils bien réagir à ces informations ? On ne les entend jamais s'exprimer. Y sont-ils seulement sensibles ? Existe-t-il une solidarité des immigrés en Europe ?

28 février

Décidément, le pays est sur le pied de guerre. *Die Welt* publie une grande carte — presque d'état-major — avec les trajets et les dates des transports. En France, le transport Castor de La Hague vers la frontière allemande s'est fait en mai 96 (et personne n'en a entendu parler) mais aujourd'hui le 28 février, le train doit être composé en Bavière.

On s'attend à de la résistance sur tout le trajet : rails sabotés, voies bloquées ; les belles journées de 80 sont revenues. Il ne manque ni les déguisements (danses des morts, techniciens nucléaires), ni les maquillages (en squelettes), ni les pasteurs.

Le Bundestag a mené un débat sur le sujet. La coalition CDU-CSU appuie le projet de transport ; le SPD souligne que l'abandon du nucléaire ne mettrait en aucune manière en danger l'approvisionnement en énergie : il y a des surcapacités. Le FDP est d'avis que l'Allemagne ne peut abandonner une technologie de pointe, et les Verts, par la voix de Joschka Fischer, répètent qu'il ne peut pas être bon de maintenir les centrales nucléaires en activité alors qu'on n'a pas de solution pour leur *Entsorgung*. *Entsorgung*, intraduisible en français, est un mot générique qui signifie la solution qui débarrasse de tout déchet.

Les partis de droite par ailleurs accusent les Verts de ne pas se désolidariser suffisamment de la violence : des responsables Verts appelleraient à démonter les rails et parleraient d'« État policier » et d'« État atomique ».

Le départ du train est prévu pour le 2 mars, il devrait arriver le 3 à Dannenberg, le 4 les containers devraient être déchargés et le 5 être en sûreté à Gorleben. On compte sur une dizaine de milliers de manifestants.

1er mars

Décidément, pour l'instant, les Galeries Lafayette ne sont pas un succès à Berlin, il n'y a pas foule. Pourtant les gens sont contents, voire flattés, d'avoir un grand magasin parisien de bonne réputation chez eux. Mais il est à l'Est... et les habitudes perdurent : à l'Est, achètent les personnes de l'Est.

Quand ils entrent, les parfums les saisissent tout d'abord. Or, déjà en Allemagne de l'Ouest, les odeurs sophistiquées ont moins droit de cité qu'en France où la société a toujours été plus « parfumée ». Ensuite, les collants à 40 DM les effarouchent et les « petites robes » leur donnent le coup de grâce (sans compter que les grandes tailles manquent, paraît-il).

Quant à ceux, à l'Ouest, qui s'effaroucheraient moins, ils continuent à aller au Kadewe dont l'atmosphère leur est plus familière.

Après tout, c'est peut-être normal. On parle toujours du grand succès des huguenots en Prusse — en 1685 — mais en fait les choses n'ont pas été si simples. Les spécialistes du « Refuge » expliquent volontiers que ces émigrés français, artisans du textile, du cuir, de l'imprimerie ont vu les Prussiens mépriser leurs cols de dentelle, leurs bottes de cuir souple, leurs bas de soie, leur papier fin, et que la fusion ne s'est faite qu'à la génération suivante. Les fils, déjà acclimatés, ont su séduire ces Prussiens habitués aux bas de coton, les faire parler de *Charme* et de *Malheur*, et enfin les faire soupirer *et peut-être* en haussant les épaules ; ce qui, quelques centaines d'années plus tard, se dit *etepetete* et désigne une personne quelque peu précieuse.

Il suffit aux Galeries Lafayette d'attendre un peu.

3 mars

Hier, il y a bien eu des incidents à propos du « Castor » mais — comme on s'y attendait — surtout dans le nord de l'Allemagne : différentes installations ferroviaires (rails, pylônes, aiguillages, etc.) ont souffert.

Mais cette fois-ci, le gouvernement prend des gants et fait beaucoup mieux sa communication. A la télévision on entend les objurgations, reprises par les journaux, des syndicats de policiers demandant instamment aux futurs manifestants de ne pas forcer les fonctionnaires de garde à s'approcher trop près des containers, s'exposant ainsi au danger du rayonnement (tiens ! je croyais que ce n'était pas dangereux, se dit-on).

Partout on voit des interviews de policiers tout jeunes et extrêmement sympathiques qui expliquent qu'« ils ont bien sûr des scrupules, ils sont devant un cas de conscience mais ils feront leur devoir en espérant que tout se passera le moins mal possible ».

Bien sûr, qui aurait le cœur de jeter une pierre sur la ravissante et charmante jeune fille dont la photo (sans uniforme) figurait sur la dernière page de la *FAZ* où elle exposait ses états d'âme ?

Dans leur effort pour informer les populations, les grandes sociétés nucléaires ne sont pas en reste : elles affirment, elles, l'innocuité totale du convoi, le nombre de millisievert est plus bas que celui auquel on est exposé pendant un vol transatlantique pour une durée comparable et soulignent qu'un tiers de l'électricité allemande est d'origine nucléaire.

Glogowski, le ministre de l'Intérieur de Basse-Saxe, annonce qu'il faudra 30 000 policiers. En attendant, certaines écoles font grève et les élèves occupent les gymnases pour empêcher les policiers de s'y installer. Et les agriculteurs bloquent les voies d'accès avec leurs tracteurs.

4 mars

Élections communales en Hesse. Ce sont les grands partis qui ont gagné des voix mais de façon marginale. On entend à nouveau des rumeurs de grande coalition.

Des « grandes coalitions », l'alliance de la droite et de la gauche, de la CDU et du SPD, il y en a déjà au niveau régional, mais uniquement à l'Est : à Berlin, dans le Mecklembourg, et en Thuringe.

6 mars

Voilà, les containers sont stockés à Gorleben.

Il a fallu frayer un chemin à coup de matraques et de canons à eau ; et « déblayer » plusieurs milliers de manifestants assis sur les rails, mais le convoi est arrivé à bon port.

Fin de l'intermède.

Mais pourquoi tout cela, se dit-on en France ? A lire les journaux, écouter les gens, lire les propagandes de partis, on ne trouve pas beaucoup d'explications.

En Allemagne personne ne trouve ces convulsions étranges.

Les imprimés d'information que distribuent les organisations de manifestants peuvent donner quelques indices. Leur lecture semble indiquer la permanence d'un trait déjà très marquant dans les années 80 : un désir de « résister » qui recoupe le désir de faire mieux dans le genre que la génération précédente. Dans ce cadre, l'« État atomique » d'aujourd'hui est assimilé à un État « policier » contre lequel résister est « bon » et l'utilisation de la violence légitime.

On y trouve aussi la conviction profondément ancrée que le nucléaire c'est « la mort », un danger planétaire parce que la technologie n'est pas vraiment dominée, que l'État est donc criminel de faire courir aux populations un tel risque ; « nous luttons pour la vie » disent les manifestants, et « contre les appétits de pouvoir et d'argent du lobby nucléaire », ajoutent-ils. Nous sommes les Justes (*die Guten*).

Que ce mouvement se trouve surtout dans les milieux d'opposition, Verts, SPD, rien de plus normal ; que les écoles suivent, cela va de soi puisque les professeurs sont souvent d'anciens soixante-huitards. On est un peu plus étonné de voir les agriculteurs suivre autant le mouvement. Il faut croire que la crainte du nucléaire est en Allemagne « la chose la mieux partagée » — ceci dit mieux dans le Nord protestant que dans le Sud catholique. L'Allemagne de l'Est, elle, semble hésiter.

6 mars

Je constate que les mouchoirs Tempo font de la pub en France.

Un Tempo est pour un Allemand ce qu'est un Kleenex pour nous. Un consolateur, un réparateur de bévues, taches et « accidents » qui parsèment la vie ; quelque chose à quoi se raccrocher. Tu n'as pas un Tempo ?

Or donc, Tempo fait de la pub ; nous apprenons longuement qu'avec ses quatre épaisseurs il est parfaitement « sûr », et quand on se mouche, rien sur les doigts ! — à preuve cette main propre, les doigts écartés en gros plan sur notre écran.

Je ne vois pas comment la pub pourrait ne pas être allemande.

Mais Kleenex ne veut pas être en reste et voilà que dans un décor champêtre, des couples heureux folâtrent ; la brève apparition du petit paquet bien connu nous suggère la cause de leur bonheur. Sûrement la pub doit être française.

7 mars

A peine l'affaire du transport Castor calmée que voilà des manifestations de mineurs en Sarre et dans la Ruhr pour protester contre les projets du gouvernement de diminuer les subventions attribuées à leur activité.

Bonn voudrait limiter le soutien accordé (le *Kohlepfennig*) à 3,8 milliards de DM contre 9,2 milliards DM par an aujourd'hui.

Cela impliquerait de mettre au chômage 30 000 des 90 000 mineurs que compte encore l'Allemagne. Qui va se solidariser avec eux ?

8 mars

J'apprends ce matin dans un journal berlinois que les Français mangent de plus en plus de tomates et de concombres et de moins en moins d'artichauts et de choux-fleurs. L'endive se maintient.

Des artichauts, nous en mangeons toujours plus que les Allemands — bien qu'en une quinzaine d'années les choses aient progressé : les jeunes filles au pair à la maison ne tentent plus d'avaler l'artichaut tout entier. Mais il est évident, à voir ces chiffres du Credoc, que les femmes françaises travaillent de plus en plus... et oublient de plus en plus les recettes de leurs mères. Cela, l'article ne l'évoque pas.

10 mars

Les manifestations continuent, les mineurs sont dans la rue ; à Düsseldorf 5 000 ont manifesté et en Sarre ils continuent à bloquer les autoroutes.

Du coup, Rau, le ministre-président SPD de Rhénanie du Nord-Westphalie, a convoqué une « conférence du charbon ». « Les participants : représentants des gouvernements des Länder de Sarre et Rhénanie du Nord-Westphalie, les représentants des partis politiques, des entreprises, des syndicats et des Églises, ainsi que les élus locaux, ont fait paraître une “déclaration de Düsseldorf”, exprimant leur “consternation” devant l'annonce du plan de financement gouvernemental du charbon », dit le journal.

Pas de meilleur exemple de la manière dont on traite les conflits en Allemagne. Tout le monde participe.

13 mars

Liebenberg

Le mois de mars est terrible pour les promenades. Il pleut et il fait aigre. Mais même avec un joli soleil printanier — ou l'éclat d'une belle journée d'hiver — je ne peux pas imaginer que ce lieu ait jamais respiré la joie de vivre.

Il faut dire que Liebenberg sort d'une longue période d'utilisation par la Nomenklatura de la RDA (les chefs de parti venaient y passer des week-ends).

Même s'il manque le classique linoléum au profit des parquets cirés, même si l'intention est partout sensible de faire de ce petit château un endroit privilégié, on respire encore cette atmosphère d'indifférence ou de négligence mesquine qui caractérise tous les lieux de ce type que j'aie pu voir en Europe de l'Est — comme si pendant quarante ans personne n'avait eu de goût à rien, du moins à rien de ce qui fait le quotidien.

Et pourtant, il faut imaginer Liebenberg heureux : construit en 1906 au nord de Berlin près de Gransee, il a abrité une famille, des enfants, toute une convivialité, c'était la maison du lac « des jeunes couples » ; le grand château à côté dont il ne reste pratiquement rien étant celui qu'avait connu Fontane.

Les pièces aux belles proportions sont toujours plaisantes mais, de même qu'il est difficile de se l'imaginer heureux, il faut faire un effort d'imagination pour se rappeler que c'est également là le lieu par où le scandale est arrivé. Car Liebenberg a appartenu aux Eulenburg.

L'affaire Eulenburg : une affaire sulfureuse qui défraya la chronique berlinoise, dans la meilleure tradition du mélange de genres : mœurs et politique. Et chez les Hohenzollern, lorsqu'il s'agit d'affaires de mœurs, bien souvent, il faut chercher l'homme plutôt que la femme.

Non pas qu'il n'y ait pas eu en Prusse une tradition féminine : la reine Louise, fine, jolie, cultivée, âme de la résistance à Napoléon, qui préféra s'enfuir jusqu'à Memel plutôt que de rester à Berlin, a cristallisé l'affection de tout son peuple ; une Marie Thadden, dans le courant piétiste, a eu une grande influence sur Bismarck, qu'elle poussa à épouser une de ses amies ; une Bettina von Arnim ou Caroline Schlegel ou encore Henriette Vogel qui se suicida avec Kleist, les salons berlinois, etc.

Mais à côté, il y a en Allemagne une tradition, à laquelle se rattache l'histoire Eulenburg, qu'on pourrait appeler celle du « *Jüngling* ». Le *Jüngling*, mot intraduisible en français, est une espèce de compendium du jeune homme idéal, de l'étudiant, du chevalier, du page, de ce jeune éphèbe qui retire l'épine de son pied dans tous les salons bourgeois depuis quelques siècles, et du « *fanciullo col delfino* » — à l'usage allemand. C'est lui que l'on retrouve dans toutes ces ballades où il meurt délicieusement —

terriblement (*schaurig-schön*) dans la dernière strophe. C'est lui dans les tableaux des Nazaréens, ces peintres allemands réunis à Rome dans une espèce de communauté spirituelle, c'est lui dans les milieux autour du poète Stefan George, et il devait bien être quelque part dans le *Tobakskollegium*, ce fumoir où s'enfermait le Roi-Sergent avec ses compagnons, comme il devait aider Frédéric II à supporter ses chiens, bien que ce soit avec eux qu'il ait voulu se faire enterrer.

Il ne s'agit pas d'homosexualité, du moins pas ouvertement, comme l'histoire française l'a enregistré pour Henri III. Ce serait plutôt la présence dans la biographie intellectuelle allemande d'une fibre qui est moins développée chez nous (nous nous souvenons pourtant du *Prince Erik* des Signes de Piste de notre enfance). C'est une sorte d'exaltation de l'exclusivité masculine, du goût de l'amitié rare entre élus.

La fin du siècle dernier en a produit des exemples nobles. Ainsi le chancelier Bülow dans sa jeunesse écrit-il par exemple à Eulenburg : « Lorsque tu m'as adressé ce "tu" fraternel, tu venais au-devant des désirs de mon cœur... Nos âmes sont sorties sœurs de la source mystérieuse de l'être ; seules, d'autres enveloppes, d'autres couleurs d'ailes leur ont été données... l'unité plus haute où nous nous rencontrons est la compréhension mutuelle et totale qui conduit à l'harmonie entre deux êtres, et est le bien le plus précieux que cette pauvre vie ait à nous offrir... tu auras, mon cher Philipp, tant que je vivrai, en moi un ami fidèle. »

Même si cela prête un peu à sourire aujourd'hui, ainsi comprise et exprimée, cette version éthérée de la communion des âmes, cette foi investie dans l'amitié et la fidélité sont dans la droite ligne des grandes vertus qui ont fait la réputation allemande : courage, sacrifice consenti, assentiment à un but.

A l'époque wilhelminienne, cela déraille volontiers dans les farces de mess d'officiers (généraux en tutus) et bien sûr cela se retrouve perverti et corrompu par le nazisme qui a produit l'avatar, largement utilisé dans les films, des homosexuels SA se livrant à des orgies au lac de Chiemsee, à côté de Munich, la Nuit des Longs Couteaux.

Probablement le nazisme n'aurait-il pas réussi à séduire et à corrompre aussi facilement cette partie-là de la tradition allemande si le sexe en Allemagne avait été traité avec plus de familiarité, avait eu plus droit de cité. Or, c'est un fait qu'il a souvent été tenu à l'écart en Allemagne, soit parce qu'il était sublimé, soit parce qu'il était relégué parmi les choses vulgaires.

Le sexe en Allemagne, aujourd'hui encore, on le voit, on n'en parle guère. Il est présent partout dans les villes, dans les Eros Center, en photo sur les devantures des marchands de journaux, dans les faits divers, mais il ne fait pas vraiment partie du monde des choses convenables.

C'est un poncif pour les germanistes de remarquer que le vocabulaire des insultes en Allemagne est surtout scatologique tandis que les Français utilisent plutôt un vocabulaire à connotation sexuelle. [Cependant, je note *a contrario* que les adolescents allemands ont définitivement installé le mot « *geil* » (en chaleur) pour exprimer leur adhésion et que les Français trouvent définitivement « ch... » ce qui ne retient pas la leur.]

Quand bien même, jamais un homme politique n'utiliserait dans un discours politique un mot à résonance sexuelle, même emprunté du jargon analytique ; rien dans une assemblée allemande ne peut avoir de « symbolique phallique » par exemple.

Le non-dit grivois, la gaudriole, la plaisanterie graveleuse, le juron de corps de garde, le sous-entendu égrillard, la plaisanterie leste, tout comme l'érotisme sous-jacent, l'allusion obscène, l'anecdote « près de l'os », la petite histoire pas convenable sont en Allemagne des genres bannis de la conversation normale et de la présence des femmes. D'ailleurs, en allemand, ce serait gênant.

En France, c'est parfois franchement excessif ; certaines émissions de radio sont d'une vulgarité parfaite car elles reposent entièrement sur cette facilité mais en Allemagne, « Les Grosses Têtes » de Philippe Bouvard seraient impensables et Johnny Halliday ne pourrait pas y chanter *Que je t'aime*.

En Allemagne, encore plus qu'en France, les gens, de jour, semblent oublier leurs nuits.

Alors dans ces conditions, lorsque la presse, avec le journaliste Harden, commença ses attaques contre Philipp Eulenburg l'accusant par insinuation d'avoir corrompu l'empereur, de le pousser vers ses mauvais penchants, il ne pouvait qu'être perdu.

L'empereur ne le défendit pas.

14 mars

Eulenburg *(suite)*

A vrai dire, à lire ses lettres, il semble que « Phili » Eulenburg ait surtout été épris de l'admiration que lui portait le jeune empereur, à lui qui écrivait, composait, jouait avec tant de sentiments ses ballades nordiques. Qu'il ait en tout cas eu envie de protéger ce jeune prince, si tôt empereur, à qui le monde pesait si lourd.

Ce n'est pas l'image de lui que nous a transmise la tradition française. Est-ce celle qui transparaissait l'hiver dernier ? Car tout cet hiver, le dimanche soir en France, frileusement pelotonnés face à la télévision aux environs de minuit, nous les avons tous regardés ces « aigles foudroyés » : dansant sur les yachts, à des mariages, se saluant à des réceptions, se saluant lors de parades, ces Hohenzollern, Romanov, Habsbourg et Saxe-Cobourg-Gotha, tous cousins, tous parents ; et avec leurs sourires tristes, nous les avons vus s'abîmer dans le néant, entraînant leur monde derrière eux.

Que la France paraissait seule sur cet écran ! Et comme elle l'était effectivement dans ces esprits, particulièrement chez celui qui détonne un peu parmi tous ces êtres légers. A côté des filles Romanov ou de Zita de Habsbourg, à côté de la si jolie reine Mary et de George V qui ressemble si étonnamment à son cousin, le tsar Nicolas II, le Kaiser Guillaume, avec son bras, a toujours un peu des allures de vilain petit canard.

Et c'est un peu de ce sentiment que l'on retrouve dans ses mémoires écrits en exil en Hollande parus en 1922 à Leipzig. Il lui faut toujours compenser, se justifier de tout, s'indigner contre tous ceux qui jamais ne l'ont assez considéré ; à commencer par son père, malade et lointain, puis bien sûr Bismarck, et sa grand-mère la reine Victoria qui lui écrit des lettres d'un « ton grand-maternel et autoritaire ». Le tsar ne voit pas non plus d'un bon œil les efforts de l'Allemagne pour installer des comptoirs en Chine, alors qu'Edouard VII, après Victoria, mène de plus en plus clairement une « politique d'encerclement ».

Tout ceci est trop injuste, injuste pour un pays fort, travailleur, efficace, pour un dirigeant honnête et religieux, soucieux du bien de son peuple et surtout soucieux de le moderniser. Guillaume II a bien compris les enjeux de la modernité, de l'industrialisation, de la technique. Alors, comme il le dit à plusieurs reprises, « son armée » a été toute sa vie, « elle a été ma fierté, j'y ai travaillé, j'ai vécu pour elle », « chez mes soldats, j'étais chez moi (*heimisch*) », et la flotte qui devait enfin permettre à son peuple de se protéger a été sa grande affaire, avec Tirpitz. « Les chantiers navals allemands se mirent au travail avec un courage allemand. Ils le menèrent à bien de manière brillante en dépassant de loin leurs concurrents étrangers. L'excellent savoir technique des ingénieurs allemands ainsi que l'avance technique des ouvriers allemands firent ainsi totalement leur preuve »... « Le peuple se réveilla, commença à réfléchir sur la valeur des colonies, des relations commerciales (matières premières sans dépendance vis-à-vis de l'étranger), de la navigation maritime et du commerce. »

Voilà pour la politique. Et pour la religion ? Guillaume II croit en la Révélation : « Que Dieu se révèle chez tous les peuples païens, juifs ou chrétiens, dans des personnages d'exception : Moïse, Abraham, Homère, Charlemagne, Luther, Shakespeare, Goethe, Kant, l'empereur Guillaume Ier... Il les a choisis pour accomplir de grandes choses pour leur peuple... Combien de fois mon grand-père ne m'a-t-il pas dit qu'il n'était qu'un instrument dans la main de Dieu. » Quant au catholicisme (qu'il se flatte de ne pas brimer comme le faisait Bismarck), il voit le pape Léon XIII une dernière fois avant sa mort en 1903 et reçoit sa bénédiction apostolique « pour moi, la dynastie et l'Empire allemand »... « A cette occasion, je fus frappé que le pape me dise que l'Allemagne devait être le bras armé de l'Église catholique. J'objectais que l'ancien Saint-Empire romain n'était plus, que les choses avaient changé. Mais il ne voulut pas en démordre. »

On comprend que, dans cette vision du monde, la France ait du mal à trouver sa place.

Avec le tsar Alexandre III (avec qui il s'entend mieux que plus tard avec le fils de celui-ci, Nicolas II), tous deux se désolent, en français : « ...Ce vilain congrès de Berlin... C'est la faute du chancelier... Il a détruit l'ancienne amitié entre nous... fourni le sentiment d'un tort grave fait à l'armée russe après sa campagne sanglante de 1877. »

« Et, ajoute Alexandre, nous voilà ensemble avec cette maudite République française pleine de haine contre vous et remplie d'idées subversives, qui en cas de guerre avec vous, nous coûteront notre dynastie ! »

De ce pays, à part la langue, Guillaume II en effet saisit surtout — et comment s'en étonner — le côté « subversif ». Un pays laïc, donc pour lui « sans religion », un pays sans juste mesure oscillant entre bonapartisme et révolution et prônant un égalitarisme absurde avec lequel il infecte les sociaux-démocrates allemands et met en danger la devise des Hohenzollern « *Suum cuique* » (A chacun le sien) qui, elle, est « juste ».

Enfin un pays qui a des ambitions au-dessus de ses moyens, qui ne rêve que de « revanche pour Sedan » et de récupérer une Alsace pourtant évidemment allemande, tant historiquement qu'ethniquement.

Cette absence totale de la moindre réflexion sur l'idéologie de la Révolution et donc de la République française devait fatalement être partagée par l'écrasante majorité de son peuple, l'aristocratie et la bourgeoisie... Le recrutement social-démocrate se faisant dans les milieux ouvriers, bien sûr.

Cette incompréhension portait à ne voir dans la France qu'une partie de cette alliance « gallo-anglo-saxonne » de l'Entente dont les visées expansionnistes inquiétaient tant et qui contribuèrent, selon Guillaume II, à mener à une guerre que l'Allemagne ne pouvait pas avoir voulu, car « les objectifs depuis longtemps fixés des alliés pouvaient trouver à s'y réaliser mais l'Allemagne, elle, n'avait de toute façon rien à y gagner ». L'évidence même.

C'est à tout cela que l'on pense en visitant Liebenberg, à tout ce monde disparu et dont les traces sont à nouveau accessibles.

Qu'en pensent les Allemands de l'Est après quarante ans de régime communiste ?

15 mars

A peu près au moment où les *Truismes* de Marie Darieussecq trouvent leur public en Allemagne, un livre bien allemand trouve le sien en France, *Le Lecteur* de Schlink.

Il est même curieux que ce livre si allemand trouve tant d'écho en France. Il s'agit des amours d'un garçon de quinze ans avec une femme de trente dont il ignore tout — en particulier qu'elle est illettrée et qu'elle a été gardienne dans un camp de concentration.

Il le découvrira lorsque, devenu juriste et l'ayant perdu de vue depuis bien longtemps, il tombera en face d'elle par hasard au cours d'un procès, celui de Majdanek.

Le thème du « nazisme » est très discrètement traité. Le roman tourne autour de l'analyse psychologique des personnages. C'est terriblement « vrai » (on jurerait que c'est au moins en partie autobiographique) et surtout l'analyse sociologique, l'atmosphère des années 50 et 60 est merveilleusement rendue.

Qu'est-ce qui touche tant les Français dans ce premier amour d'un adolescent dans l'Allemagne en reconstruction ? Avons-nous déjà suffisamment de recul pour que nous soyons saisis par la même nostalgie pour ces années d'innocence, pour ce parcours initiatique, ces années de formation ; sommes-nous menacés par la même tristesse sèche, la même lassitude au vu des temps désenchantés des années 90 ? Bref, est-ce paradoxalement la fraîcheur du livre qui nous séduit tant, Français et Allemands ?

Les années 50 sont-elles déjà devenues notre jeunesse commune ?

16 mars

Enfin un compromis est en vue dans le conflit qui oppose mineurs et gouvernement. Tous les acteurs ont dû faire des concessions financières. Le Budget fédéral ajoutera à la somme globale prévue jusqu'à 2005 (55,3 milliards) des aides financières de 1,65 milliard pour les centrales à charbon, les aciéries et les fermetures de puits. A quoi s'ajoutera 1,6 milliard de DM pour la Sarre qui, trop pauvre, ne peut contribuer. La Rhénanie du Nord-Westphalie ajoutera 750 millions aux 8,86 milliards déjà prévus et les Charbonnages contribueront pour 1 milliard de DM entre 2001 et 2005 provenant de bénéfices de filiales dont l'activité ne concerne pas le charbon.

La discussion conclusive entre le chancelier et le président de IG Bergbau s'est déroulée en présence du ministre de l'Économie et des présidents des Directoires de la Ruhrkohle et des Mines de Sarre, annonce le journal. Pour un pays qui professe le libéralisme économique, et prompt à dénoncer les subventions chez les autres, voilà un beau résultat. Il faut comprendre que l'équilibre régional et syndical de l'Allemagne en dépend.

18 mars

J'assiste à une réunion d'experts. Il s'agit de coopération culturelle ; on bute sur la difficulté habituelle : l'autonomie des Länder en cette matière (le Bund, le gouvernement fédéral, n'a rien à dire...).

Un Français regrette qu'en particulier certains Länder, dans certaines écoles, ne rendent obligatoire l'apprentissage que d'une seule langue étrangère, car évidemment c'est l'anglais qui est choisi. Ne pourrait-on pas... comme en France... insister auprès des Länder pour deux langues étrangères ?

« Non, non, se récrie "l'homologue allemand" impossible de restreindre en aucune manière le libre choix des Länder ! Et puis, ajoute-t-il conciliant, en pratique, la situation ne mène-t-elle pas au même résultat dans les deux pays ?

Les écoles qui forment les élèves allant jusqu'à l'Abitur et au-delà offrent deux langues, parfois même trois ; les autres, qui s'arrêtent plus tôt, n'imposent qu'une langue à leurs élèves moins doués, dans le souci de ne pas augmenter les risques d'échec — et ce sera bien sûrement la même chose dans les écoles françaises... »

Silence dans les rangs de la délégation française....

Comment expliquer l'idéologie des mêmes droits à la même culture pour tout le monde ?

Même les plus « gauchistes » en Allemagne n'ont jamais vraiment enfourché ce dada-là. La *Gesamtschule* offrait un tronc commun d'études à toutes les catégories de la société, surtout dans les Länder SPD, et son échec est presque partout patent.

Depuis, la conviction s'est réinstallée qu'à chacun selon ses moyens et les vaches seront bien gardées. La crainte de « l'échec scolaire » (intraduisible en allemand) n'empoisonnera pas les nuits des parents ni des enfants ; de toute façon le diplôme ne décidera pas de toute une vie professionnelle, et puis... si la promotion sociale à la self-made man existe en Allemagne comme le prouvent les curriculum vitae des P-DG, ce n'est pas une idéologie, ni un mythe. Pas de « méritocratie » ; l'aubergiste ne sera pas maréchal, le petit paysan qui court pieds nus dans la neige ne sera pas ambassadeur de France grâce à l'œil vigilant de son instituteur, et Gigi n'épousera pas le fils des sucres Lachaille, ni le prince la bergère ; et pourquoi faire ? Chacun est là où Dieu l'a mis ; c'est bien ainsi.

20 mars

Deux amis allemands de passage à Paris sont venus prendre un verre à la maison.

L'un des deux, ancien député FDP libéral, est spécialiste de l'environnement.

— Manfred, puisque tu es là, explique-moi une chose : Garzweiler. Ce projet insensé de ravager une région pour de l'énergie — et quelle énergie polluante !

— Écoute, il ne s'agit après tout que de 50 km^2, vous avez fait le même genre de choses avec vos barrages, sur le Verdon par exemple. Il y a beaucoup d'emplois à la clef... et puis, au moins on sait ce qu'on fait. Je me souviens, jeune député, d'une réunion avec des hommes politiques français sur l'énergie nucléaire. J'ai posé une question sur le traitement des déchets et le président de la Commission m'a tapoté l'épaule d'un air condescendant : « Jeune homme, nous avons réglé tout ça... »

Rien du tout n'est réglé... et à Garzweiler, quand le

lignite aura été exploité, on pourra réaménager, recultiver.

20 mars

Je n'ai jamais prononcé la moindre causerie en Allemagne sur les sujets habituels, « eux et nous », sans qu'immédiatement une voix ne s'élève pour me reprocher d'utiliser le terme « les Allemands » — *die Deutschen* ; cela n'existerait pas, d'après un sentiment manifestement répandu.

Depuis la Réunification, je remarque cependant que l'acceptation de ce terme générique de solidarité croît. D'ailleurs on dit même de plus en plus : « nous, les Allemands » sans que le crucial problème grammatical ne soit véritablement réglé : doit-on dire « *Wir Deutsche* » ou « *Wir Deutschen* » ?

Ceci dit, je me suis longtemps demandé comment on pouvait, en revanche, utiliser couramment autant de termes génériques pour lesquels nous n'avons en français guère d'équivalents :

« Les milieux économiques » (*die Wirtschaft*) n'accepteront pas... ce n'est pas l'avis de « l'artisanat » (*das Handwerk*), etc.

Jusqu'à ce qu'aujourd'hui j'entende la question suivante (il était question de variété de maïs produit par manipulation génétique) : « Monsieur le Secrétaire général du Bauernverband (équivalent de la FNSEA), les paysans allemands s'engageront-ils sur une base volontaire à déclarer qu'il s'agit d'une variété manipulée ? »

Immédiatement, à l'évocation de cette unanimité des paysans allemands, a surgi dans ma mémoire cet institut du Bauernverband qui m'avait invitée en Bavière pour expliquer ce que je savais de l'Europe à ses adhérents. Dans la superbe salle en boiseries, sous le crucifix, tous ces agriculteurs à l'accent très prononcé, en culottes de cuir et vestes de peaux, écoutaient religieusement ce que l'Europe pouvait signifier au-delà de la PAC d'un point de vue français. J'avais l'impression d'avoir devant moi une de ces pyramides de Noël : en bas les bergers qui envoient à l'étage au-dessus les représentants régionaux qui à leur tour élisent le chef suprême : le baron von Heereman, régulièrement réélu depuis bientôt vingt ans (aux dernières nouvelles, il ne l'est plus) et tout cela tourne à la chaleur et à la lueur des bougies de l'intelligence et de la bonne organisation.

Voilà peut-être pourquoi on utilise tant de termes génériques en allemand.

21 mars

Vu aujourd'hui dans la partie économique de la *Frankfurter Allgemeine Zeitung* : « Commerce : doubler les achats en provenance de l'Allemagne de l'Est ».

« A la suite d'une discussion avec le chancelier fédéral Helmut Kohl, avec le ministre fédéral de l'Économie Günter Rexrodt (FDP) et le chef de la Chancellerie Friedrich Bohl (CDU), les grandes entreprises de la distribution ont accepté de doubler le niveau de leurs achats de produits de consommation auprès des fournisseurs est-allemands avant fin 98 (par rapport à 95). Ceci vaut particulièrement pour les achats de produits alimentaires, a précisé M. Bohl. Pour les autres produits, leur présence dans les magasins ouest-allemands dépendra de la capacité des entreprises est-allemandes à livrer. »

A nouveau, cette impression que tout fonctionne comme une pyramide de Noël : « La distribution » décide de « doubler ses achats » en Allemagne de l'Est. C'est une version de ce que Dahrendorf appelle la « boule de cire » qui lie en Allemagne banques, industries, gouvernement et syndicats.

Mais une amie allemande à qui je m'ouvrais de mon étonnement sourit : « Cela te fait le même effet qu'à moi lorsque j'entends que votre président va "s'adresser aux Français" sur toutes les chaînes de télévision. C'est votre unanimisme à vous, votre "centralisation" est votre "boule de cire." »

22 mars

Pour s'inscrire en faux contre ma remarque sur les pyramides de Noël et les concepts génériques en Allemagne : il n'y a pas d'expression générique en Allemagne pour la « magistrature », en allemand il y a les « juges » et le « parquet » ; et, incroyable mais vrai, il n'y a pas non plus de « charcuterie » (délicieuse ou trop grasse), il y a les saucisses, le jambon, le lard, le petit-salé... et ceci à Bonn comme à Berlin.

On voit dans les journaux des photos des excavateurs de Garzweiler : des engins de 220 mètres de long qui pèsent 1 300 tonnes et ont l'air sortis d'un film de science-fiction — ou des grands chantiers d'Australie.

Des cauchemars verts.

24 mars

Richard Schröder est de passage à Paris. Intellectuel est-allemand, il a été membre de la dernière Chambre de la RDA, la seule élue librement ; ensuite quelque temps député SPD du Bundestag, il insiste volontiers sur la notion de nation et ce qu'elle peut apporter à la nouvelle Allemagne. C'est assez rare pour qu'on le remarque.

Il parle de l'Est.

« Oh ! non, non, dit Richard Schröder, il ne faut pas laisser s'installer cette nostalgie de l'ex-RDA. Le plus efficace, c'est de se remémorer les petites histoires qui couraient à l'époque dans la population ; celle des sept miracles par exemple :

« Premier miracle : bien que personne ne soit au chômage, la moitié des gens n'ont rien à faire.

« Deuxième miracle : bien que la moitié des gens n'aient rien à faire, nous manquons de main-d'œuvre.

« Bien que nous manquions de main-d'œuvre nous remplissons les exigences du plan et même au-delà.

« Bien que nous exécutions tout le plan et même au-delà, il n'y a rien à acheter dans les magasins.

« Bien qu'il n'y ait rien à acheter dans les magasins, les gens ont presque tout ce dont ils ont besoin.

« Bien que les gens aient presque tout ce dont ils ont besoin, la moitié ne cesse de se plaindre.

« Bien que la moitié ne cesse de se plaindre, 99,9 % votent pour les candidats du "front national"... »

25 mars

« Plus un homme a du caractère, plus il a une Punto.
« Plus une femme a du charme, plus elle a une Punto. »

L'agence à qui Fiat a confié sa publicité sait parfaitement que cette campagne ne peut séduire qu'en France ; en Allemagne, elle serait, à mon avis, attaquée par les associations féminines pour discrimination sexiste.

26 mars

Je pense d'autant plus à cette campagne de pub de Fiat que j'entends aujourd'hui à Berlin une jeune femme déclarer que :

« Non, non, elle préfère aller garer sa voiture dans un parking souterrain un peu plus éloigné du quartier où nous avons rendez-vous : ils ont des places de parking pour femmes ! *(Frauenparkplätze)*. »

27 mars

Jeudi vert

C'est *Gründonnerstag* aujourd'hui, la dénomination usuelle du Jeudi saint.

Et c'est la date limite fixée par Krupp pour trouver un accord avec Thyssen, faute de quoi, l'offre publique de rachat de Krupp aux actionnaires de Thyssen entrerait à nouveau en vigueur.

L'OPA inamicale de Krupp contre Thyssen a fait beaucoup de bruit. Le rôle des banques y est très contesté qui ont l'air de jouer à la fois pour et contre tout le monde, de soutenir l'agresseur et l'agressé.

C'est le genre de chose qui jusqu'à présent « ne se faisait pas » en Allemagne.

28 mars

Vendredi saint

C'est jour férié en Allemagne.

Pour l'Allemagne protestante, c'est peut-être un jour encore plus important que Noël parce que plus dramatique, plus profond. C'est le jour où l'on écoute la *Passion selon saint Matthieu*.

Impensable que l'ultimatum de Thyssen ait eu le vendredi pour échéance.

29 mars

Le lapin de Pâques a préparé ses œufs.

Tous les enfants d'Allemagne en ont décorés et chaque famille a son « bouquet de Pâques », des branches de forsythia (ou autres bourgeons) auxquelles sont suspendus des œufs peints dans l'entrée ou dans le salon.

30 mars

Pâques en Lusace

Depuis que l'Allemagne s'étend à nouveau jusqu'à l'Oder-Neisse elle a récupéré un territoire : la Lausitz, la Lusace, et c'est dans ce territoire, près de Bautzen et Kamenz, du côté de la Saxe, que vivent les Sorbes. Les Sorbes sont une minorité slave qui a conservé sa langue et ses traditions.

Que chaque contrée ait son folklore nous paraît normal en France : les groupes folkloriques dansent après la messe sur la place du village ou donnent une représentation dans la salle des fêtes. Mais, à Bautzen, pour suivre la cavalcade de Pâques des Sorbes catholiques qui, habillés de redingotes et chapeaux hauts de forme noirs montent des chevaux blancs, il y avait 48 000 badauds. Les 1 600 cavaliers, partant d'églises différentes, formaient des processions qui se rejoignaient, chantant et priant — pour annoncer la résurrection du Christ.

Que ce soit le carnaval ou les mineurs qui, eux aussi, ont un monde très spécial avec leur vocabulaire et leurs traditions, les Bavarois, ou d'autres groupes, on est toujours étonné de la force et de l'ampleur de la veine folklorique en Allemagne.

La même chose vaut d'ailleurs pour les pèlerinages dont la connotation folklorique est absente. En France on n'imagine pas — ou très difficilement — de pèlerinages en pleine ville. Il n'y a pas si longtemps, j'ai failli arriver en retard à un rendez-vous important à Bonn : la circulation était totalement bloquée par un très long cortège de la Fête-Dieu.

2 avril

Je reviens à nouveau de Berlin.

Avec comme d'habitude un étrange mélange de sentiments.

La ville est tellement immense. Elle a plutôt les dimensions de l'Ile-de-France et le concept de Berlin intra-muros n'a pas de sens. Il y a un centre, Berlin-Mitte, construit au XVIIIe et qui ressemble à ce que nous appelons une ville ; le reste est une immense étendue urbanisée, à la densité de banlieue, excitante, variée ou morne, où l'on sent toutes les influences, toutes les traces du passé et de l'avenir.

La guerre est toujours là, avec ses destructions, ses terrains vagues, parfois même laissés là à dessein comme la *Gedächtniskirche* — l'église du Souvenir — restée telle quelle après les bombardements ; le Mur aussi, avec ses terrains vagues à lui ; l'Alexander platz, l'arrière de la Porte de Brandebourg ; la RDA avec son architecture en plaques de béton juxtaposées, et ses monuments symboles, comme le Palais du peuple.

Les vents de l'Est y soufflent avec le marché des Polonais qui viennent de nuit en voiture jusqu'à Berlin vendre à la sauvette et repartent la nuit suivante ; les vents de l'Ouest aussi avec les signes « Shops » et « Cafés » hâtivement peints en rouge sur blanc.

Sur le tout règne une atmosphère de Far West tranquille, technique, avec des centaines de grues et des échafaudages partout, des rues barrées, des déviations.

Un monde.

Aux Français, il a toujours semblé normal que Berlin redevienne capitale : cela correspondait à la marche de l'Histoire. Bien sûr, cela les inquiète un peu. Berlin, c'est le début des immensités de l'Est ; à peine si l'Oural vous gêne pour aller jusqu'à Vladivostock.

Mais d'un autre côté, c'est une grande ville — ou ce le sera à nouveau. Avec l'alacrité, la liberté de ton, l'ouverture d'esprit d'une vraie grande ville.

Ce sera plus facile de s'entretenir avec les Berlinois peut-être qu'avec les banquiers de Francfort, les entrepreneurs de Stuttgart, les armateurs anglophiles de Hambourg, les industriels de Munich ou les politiques de Bonn.

Dans l'avion, je vois qu'un journal de Berlin publie les bandes dessinées de Claire Bretecher. Cela rapproche...

3 avril

Régulièrement la question des réfugiés bosniaques et de leur rapatriement, forcé ou non, fait les grands titres des journaux. Aujourd'hui un article en première page de la *FAZ* concerne les trente et un orphelins de Sarajevo qui avaient été évacués il y a quatre ans et demi. Ils rentrent, maintenant âgés de cinq à dix ans, accompagnés de leur éducatrice bosniaque, ayant acquis l'allemand mais pas oublié leur langue maternelle, parfaitement préparés à ce changement par les psychologues qui vont d'ailleurs rester avec eux encore quelques semaines...

Ces enfants avaient été amenés en Allemagne à l'initiative de deux députés à qui l'on a ensuite reproché leur zèle, deux bébés ayant été tués pendant l'évacuation par des tireurs embusqués. Le gouvernement bosniaque avait protesté, demandé leur retour. En octobre 1996, ce retour avait été stoppé la veille même du départ par la vague de protestation de la population.

C'est le genre de sujet qui fait la toile de fond de l'actualité allemande.

5 avril

Cette impression que Berlin est « un monde »...

Aujourd'hui, j'apprends qu'un des grands soucis du zoo de Berlin — en pleine ville — ce sont les renards.

6 avril

Que ce soient les médias, écrits ou audiovisuels, ou dans leurs conversations, je suis toujours étonnée du désir qu'ont les Allemands de saisir le monde, de le comprendre, et sidérée de voir que pour cela ils ne reculent devant aucune peine.

Une excellente émission, « Mona Lisa », étudie les problèmes des femmes. Aujourd'hui, il s'agit des retraites, des allocations familiales, des « parts » fiscales... et personne ne semble trouver le sujet rebutant.

Des hommes politiques d'un certain rang se sont déplacés pour défendre leur point de vue et, dans le maelström qui agite l'Allemagne aujourd'hui — réforme de la Sécurité sociale, réforme fiscale, réforme des retraites —, tous les participants se meuvent sans peine dans les discussions techniques.

Et ceci dans une émission qui passe dans la matinée et s'adresse plutôt à la ménagère.

Cela me rappelle le niveau d'information courant dans les milieux allemands au grand moment de la protestation écolo-pacifiste ; on ne trouvait guère l'équivalent en France que chez les spécialistes.

7 avril

Trieglaff

Voilà des heures que nous roulons en Pologne ; sous le ciel gris, ces routes grises s'allongent au milieu des champs nus, sur lesquels, ici et là, se dressent, esseulés, une maison ou un hameau. Nous descendons de Stettin à Dantzig à travers la Poméranie, aujourd'hui froide et triste. Pourtant nous sommes bien fin avril ; ce constat, dans le froid blafard et oppressant, remplit l'âme de nostalgie. Mon Dieu, comme on comprend Mozart : « *Komm lieber Mai und mache die Bäume wieder grün* », viens joli mai et fais reverdir les arbres... Chez moi, c'est en février que les amandiers fleurissent — et même s'il fait froid, il y a des couleurs ; ici, j'ai l'impression d'être prisonnière d'un film en noir et blanc.

« Oui, c'est long, me dit Rudolf von Thadden qui m'entraîne dans ce périple. Imaginez la puissance de l'impatience, en cette saison, de voir finir l'hiver ; chez nous, quand j'étais enfant, c'était toujours une époque difficile, heureusement il y avait Pâques ; vous allez voir, je vais vous montrer... Nous ne sommes plus qu'à une dizaine de kilomètres de Trieglaff. Tenez, c'est indiqué là : Trzyglov. Les M. nous attendent, je les ai prévenus de notre arrivée ; ils seront contents de nous voir, je ne suis pas revenu depuis très longtemps mais leur fils a passé trois mois chez nous à Göttingen cet hiver pour apprendre l'Allemand. Ils gèrent ce qu'il reste à gérer de la maison depuis que l'Institut agricole a été fermé... » Sa voix traîne.

Encore quelque temps à rouler sous ces nuages gris changeants qui s'effilochent ; le moment difficile où il faut descendre de voiture, s'épousseter, sourire — nous y sommes.

Trieglaff n'est pas le Gutshaus classique, « à la Schinkel » auquel on pourrait s'attendre dans cette région ; c'est à la fois plus et moins. Cela a un peu des prétentions de vrai château, donc plus d'ampleur, cela a plus de fantaisie réussie — et moins d'unité — peut-être. En tout cas, cela a dû avoir énormément de charme.

Avec ses 1 250 hectares (4 600 Morgen), une soixantaine de chevaux paraît-il, deux cents vaches, un millier de moutons, des oies (qui faisaient peur aux enfants), des poules, etc., tout devait fourmiller de vie autour du château et des étables, toujours si proches. Deux lacs sont fort simplement dénommés le lac des seigneurs et le lac des paysans (*der Herrensee, der Bauernsee*). Aujourd'hui, le *Herrensee* est mal entretenu, envasé, et autour du *Bauernsee*, on a construit deux curieux HLM de banlieue en plaques de béton gris auxquels ne conduit aucune route goudronnée. Dans les maisons regroupées autour du château, habitent aujourd'hui 360 personnes là où il y en avait 400 avant la guerre et dont seules 22 ont un emploi ; nous faisons le tour du lac : il est encore gelé mais plus assez pour que l'on s'y risque ; en rentrant, Rudolf von Thadden décline : « l'école, la maison du pasteur, la maison de l'*Inspektor* — les Russes l'ont exécuté dès leur arrivée, une histoire de clé, ils ont cru qu'il essayait de dissimuler quelque chose... et là habitait la Mamsell, l'intendante ; la forge, la distillerie, les maisons des artisans : ils ont gardé le menuisier jusqu'en 1949... ils en avaient besoin... Là, vous voyez, c'était l'église » — effectivement : toutes les églises du monde ont une place ombragée sur laquelle ouvre le porche ; il devait donc y avoir une église là : elle est inscrite en creux sous les arbres sur ce tertre rond ; son absence est criante.

Mais, à tout prendre, on préférerait qu'à côté le cimetière soit absent lui aussi.

C'est un cimetière profané. Tout est bouleversé. Les pierres tombales sont cassées, les débris répartis au hasard, ici une croix presque entière semblerait marquer l'emplacement d'une tombe, si le moindre ordonnancement pouvait encore se lire dans ce chaos.

« Les tombes ont toutes été ouvertes... que sais-je... ils cherchaient des bijoux ? vengeance ?... Là était mon frère E.D., il est tombé près de Smolensk en 42 à Kaluga, ici était une croix pour L. tombé en 43 à Orel et là il y en avait une pour B. ; lui, il est mort à la frontière poméranienne en février 45. Il avait dix-sept ans... Et là, il y avait un banc, j'y vois encore ma mère assise... et par cette allée-là, on peut rentrer directement au château. C'est par là qu'on a toujours porté les cercueils, jusqu'ici... »

Heureusement, la petite arche qui marque l'entrée du cimetière est restée intacte et on peut en déchiffrer l'inscription. C'est le verset classique de l'évangile de saint Jean : « Je suis la vie et la résurrection, celui qui croit en moi aura la vie éternelle », mais ce qui est moins classique, ou en tout cas moins connu, c'est le petit ajout qui suit, « *Glaubst Du Das ?* » (et toi, y crois-tu ?). « Ah ça, m'explique Rudolf von Thadden, à nouveau une petite lueur amusée dans les yeux, c'est notre tradition piétiste. Aujourd'hui, on appellerait cela une manifestation religieuse du romantisme, c'était un courant conservateur antirationaliste à la suite des guerres contre Napoléon, un mouvement de renouveau moral — après une défaite. Mon arrière-grand-père Adolf — on pouvait encore s'appeler Adolf à cette époque — y a beaucoup participé. C'est aussi notre lien avec Bismarck, puisque Bismarck est venu très souvent ici à cause de Marie. Vous connaissez la fameuse lettre de Bismarck sur ses interrogations religieuses ? Il l'a écrite à propos de la mort de Marie von Thadden à qui jeune il était très lié. Elle avait épousé un Blanckenburg, il a épousé une de ses amies Puttkammer... et Marie est morte en couches — son premier enfant. Mais les liens entre les Thadden et Bismarck se sont beaucoup distendus à la suite de la guerre de 1866 ; que Bismarck batte l'Autriche, très bien, mais qu'il annexe le Hanovre et renverse la dynastie a profondément choqué mon arrière-grand-père. Il aurait jugé l'acte cohérent de la part d'un socialiste — dont il se sentait très éloigné — mais de la part d'un royaliste, cela lui semblait non seulement immoral mais d'un manque total de logique interne. D'ailleurs, il n'avait pas de tendance "*groß-deutsch*", il n'a pas été partisan de l'Empire non plus : il jugeait, comme beaucoup des siens, les gens du Sud, Bavarois, Badois, Wurtembourgeois par trop différents des

Prussiens ; les Thadden surtout n'auraient pas voulu de l'Alsace — la Silésie oui...

Enfin bref, Bismarck n'a plus jamais rendu visite à Trieglaff jusqu'à la grande réconciliation dont il reste une trace. Venez, cela va vous amuser. »

De fait, en longeant le lac pour rentrer à la maison, nous passons devant une sorte de table en pierre sur laquelle est gravé « BTB 1891 ». Ils se sont retrouvés là après que le vieux chancelier eut quitté le pouvoir, Bismarck, Thadden et Blanckenburg, et ont voulu laisser un souvenir. Qui vient le voir aujourd'hui en Pologne ? A qui ce signe sert-il pour réfléchir sur l'histoire allemande ?

Entre-temps, il paraît que la maison est ouverte et que l'on peut la visiter : c'est imposant. « Regardez ce grand hall ; pendant la guerre, il fallait absolument tout obscurcir pour empêcher les avions d'avoir le moindre repère la nuit. Je mourais de peur avec pour seul éclairage une petite lampe bleue dans la niche là... et le prisonnier français qui était jardinier chez nous, ce Robert Héricotte, que j'aimais beaucoup, me montrait le jour les avions qui passaient au-dessus de nous sans être inquiétés et m'expliquait que nous avions perdu la guerre... Ma mère aussi le savait, bien sûr. Je la revois là, me tournant le dos, dans cette embrasure de fenêtre, la veille de l'arrivée des Russes. Elle s'était habillée avec soin, elle regardait la cour et pleurait.

Elle avait reçu les lettres de mes frères de Russie, y compris du dernier, de F.L. qui était — heureusement — gravement blessé ; ils avaient raconté aussi... quand ils venaient en permission ; elle imaginait bien ce que serait la vengeance des Russes. Je pense que dans un certain sens, elle les haïssait moins que ceux dont elle considérait qu'ils les avaient conduits là : les nazis. Quand la Gestapo était venue arrêter mon père en 37, je l'avais vu blêmir à l'arrivée de ces deux hommes en grand manteau, sans bien comprendre.

Cette fois-là, ils l'ont relâché quelques mois plus tard. Mon père pensait en catégorie politique et religieuse — il avait déjà signé la déclaration de Barmen en 34, cette déclaration religieuse qui s'opposait à la politique religieuse de Hitler — mais chez elle, c'était plutôt instinctif : elle les trouvait simplement laids, lâches, hypocrites, brutaux, mal élevés, manipulateurs... Enfin, elle avait raison de pleurer. Tout son monde a disparu : ses fils, son mari, rentré de Louvain, les Russes l'ont envoyé à Workhuta et ne l'ont relâché que 12 mois plus tard. Quant à la maison, au soir du troisième jour, il n'en restait pratiquement plus rien : les soldats russes ont commencé par les tableaux, ils ont tiré sur tous ces généraux en uniforme, puis pêle-mêle ils ont saccagé le piano, brûlé la bibliothèque, cassé tous les meubles y compris les lits — ils dormaient sur la paille — enfin mis hors d'usage les salles de bains. Quelques officiers s'étaient installés dans une aile. J'étais tout ce qui lui restait. Nous sommes restés jusqu'en 46 ; j'ai travaillé, et d'ailleurs volé tout ce que j'ai pu à la boulangerie de l'armée russe ; un soir, j'ai été forcé de partir vers l'est pour convoyer les vaches que les Russes réquisitionnaient... J'ai réussi à m'enfuir de nuit au bout de huit journées de marche... Puis les Russes sont partis, et les Polonais sont restés... Vous voyez ce qui reste de tout cela aujourd'hui... Depuis la Wende, la chute du communisme, l'agriculture de ces régions s'est encore dégradée. Le château est fermé toute l'année. Les M. s'en occupent encore, plus par dévotion que par obligation : ils avaient géré l'école d'agriculture qui s'y trouvait. Regardez, c'est touchant. »

Oui c'est touchant — ou plutôt atroce — comme les pauvres cerises de Mamette, ce délicieux jardin de simili-rocaille dans ce qui était une cour d'honneur à buis et à gravier.

Les M. nous offrent le thé. C'est vrai qu'ils ont toutes les qualités : ils ont organisé un élevage de truites dans les lacs en haut — nous n'avons pas le temps d'aller le visiter, mais ils nous racontent la région. Il semble qu'indéfiniment on fasse des efforts pour faire prendre la greffe entre cette population polonaise venue de l'est et ces territoires de Poméranie dont tous les Allemands ont été expulsés après 45.

Dans la voiture, sur le trajet du retour, Thadden ne parle pas beaucoup mais me demande tout à coup : « Vous connaissez Chamisso ? Oui, un peu ? Adalbert von Chamisso, ou plutôt Louis-Charles de Chamisseau. Il est né en 1781 à Boncourt en Champagne. La Révolution française l'a chassé en Allemagne. Il s'est lié avec la société savante là-bas et il a écrit, entre autres choses, un très beau poème en allemand qui me touche beaucoup :

Sei fruchtbar, o teurer Boden,
Ich segne dich mild und gerührt,
und segne ihn zwiefach, wer immer
Den Pflug nun über dich führt.

Vous voyez, il rêve à Boncourt :

Sois fertile, ô terre chérie
Que je bénis, attendri,
Et je bénis deux fois tous ceux
Qui sur toi passeront le soc.

Moi aussi, c'est ce que je leur souhaite. Qu'ils deviennent de bons Poméraniens, que la terre leur soit fertile. » Puis il soupire : « Mais pourquoi a-t-il fallu que Hitler séduise les Allemands ? »

Le soir tombe, nous roulons plein ouest, très vite, sur des routes qu'il faut vraiment bien connaître... Peu à peu le caractère de la contrée change : à la première boutique je n'y prête pas attention, à la seconde mon regard s'attarde, à la troisième il est évident que nous sommes proches de la frontière allemande. Cette fois-ci, c'est sur près d'un demi-hectare que sont alignés nains de jardin et cigognes au bec rouge caché sous l'aile. Les Polonais attendent les Allemands : cassettes video, cigarettes, chocolat, une espèce de zone *duty-free* s'est installée de l'autre côté de la frontière pour attirer les deutsche Marks ; tous les panneaux sont en allemand.

Cela me rappelle cette église en cours de rénovation, à Choina (l'ancien Königsberg in der Neumark), sur laquelle flottait une grande banderole rouge en allemand : « Ici l'église est en cours de rénovation grâce aux fonds de l'Association allemande des chrétiens de X. » A frissonner.

Les rapports entre la Pologne et l'Allemagne n'ont pas fini de nous occuper. Cela dit, la « réconciliation » officielle est accomplie depuis longtemps. Les *Landsmannschaften*, associations de réfugiés, ont reconnu que les pertes et injustices subies l'ont été du fait d'une injustice antérieure : celle perpétrée par Hitler.

Ils ont fait preuve d'une intelligence politique et d'une générosité de cœur remarquables.

Quant aux minorités allemandes toujours en Pologne, elles sont très difficiles à cerner. Qui, au bout de quelques générations, n'a pas eu un grand-père ou une grand-mère allemande ? Qui veut émigrer en Allemagne et s'y faire reconnaître la qualité d'Allemand ? Qui préfère rester en Pologne et jouer du soutien qu'offre toujours l'État allemand à ses ressortissants restés en Silésie et Poméranie ?

Les choses sont facilitées par le fait qu'économiquement la Pologne est plutôt une *success story*. Varsovie prospère.

Mais Trzyglov est toujours à 220 kilomètres de Berlin et à 500 de Varsovie.

8 avril

Un de nos très bons amis est suisse. Après un long séjour en France, puis en Allemagne, il est rentré prendre la direction d'un grand journal de Suisse alémanique — avant de repartir pour l'Allemagne. Il est aussi parfaitement à l'aise dans l'une et l'autre culture.

« En vérité, me dit-il, aujourd'hui, indépendamment de la langue, je sais toujours où je suis. Si, dans un dîner, l'on me flatte agréablement, me parle du pouvoir des médias, de leurs rapports pervers avec la politique, des derniers scandales, le tout entrecoupé de bons mots, je suis en France.

Mais si l'on me demande, l'air profond, la voix légèrement inquiète, "Cela ne vous pose pas un problème d'écrire le matin des choses qui vont à la poubelle le soir ?", je sais que je suis en Allemagne. »

D'après son ton, il a une faiblesse pour le second type de dîner.

10 avril

Je relis les épreuves d'une publication d'actes du colloque de Genshagen. C'est la deuxième lecture et les épreuves ne s'appellent déjà plus épreuves (*Fahnen*) mais *Umbruch* (mise en page).

Je suis toujours étonnée du goût des Allemands pour tout nommer. Non seulement, comme chacun sait, ils font des appareils pour tout : vider les œufs à décorer pour Pâques, par exemple, ou les tenir de manière à pouvoir les peindre de tous les côtés sans se salir les doigts, mais, en plus, ils dénomment. Rien n'échappe à cette rage de précision.

Il y a ainsi une foule d'objets, de processus, de concepts, pour lesquels le français n'a pas de mots. Il y a quelque temps j'avais découvert la « loi sur le processus d'accélération des procédures pour désengorger les tribunaux » ; évidemment, c'était si concentré que ç'en était fatalement incompréhensible pour qui ne savait pas à l'avance ce dont il s'agissait. Ce qui est d'ailleurs courant en Allemagne où il semble parfois que chacun s'adresse plus ou moins à un public d'initiés, et, finalement, ne s'attende pas à être compris de tous.

Mais cette précision de l'appellation a d'autres effets. Elle donne une impression de grande force intellectuelle : rien n'est laissé au hasard conceptuel, tout est saisi.

Elle donne aussi l'impression d'être le résultat d'une certaine angoisse ; comme si l'on voulait engranger intellectuellement la plus grande partie possible du monde ; et là vient tout de suite à l'esprit la première scène de *Faust* dans laquelle l'étudiant déclare que « seul ce que l'on possède noir sur blanc, on peut le ramener tranquillement à la maison ». C'est devenu un quasi-proverbe, une de ces phrases pour laquelle les Allemands ont une appellation, ils parlent d'un « mot ailé ».

13 avril

Voilà longtemps que l'Allemagne traîne comme un boulet le problème du « Mykonos », Il s'agit du même problème que celui de la discothèque « La Belle » : un attentat, des coupables arrêtés, un procès, un jugement et des protestations véhémentes de Téhéran.

Rafsandjani déclare que « l'Allemagne a brisé le cœur de millions d'Iraniens et de musulmans dans le monde entier... ».

Tous les ambassadeurs de l'Union européenne vont quitter l'Iran.

15 avril

L'ouverture des Archives de l'Est ne cesse d'envoyer des ondes de choc en Occident ; en Allemagne forcément, encore plus qu'ailleurs. L'ouverture des archives de la STASI depuis des années maintient en haleine les Allemands de l'ex-RDA puisqu'elles permettent de tout savoir sur soi-même et sur son cercle d'amis et de connaissances : qui informait la STASI, de quoi ? etc.

Et puis la grande exposition sur les « crimes de la Wehrmacht » met à nouveau l'Allemagne en émoi, révulsant les uns, satisfaisant le besoin de savoir des autres.

C'est une exposition tournante. Elle est organisée par un institut de recherche de Hambourg financé par un industriel atypique, Jan Philipp Reemtsma, fils du fondateur de l'empire de la cigarette. (C'est la deuxième raison pour laquelle il fait parler de lui cette année : il a aussi publié un livre sur l'enlèvement dont il fut victime il y a quelque temps.)

Aujourd'hui l'inauguration a lieu à Francfort/Main. Friedrich Kahlenberg, le président des Archives fédérales a fait un excellent discours, expliquant pourquoi il a mis les archives à la disposition de l'exposition, garantissant leur authenticité et celle des archives soviétiques : de Krasnogorsk, de Minsk et de Kiev.

Il s'agit là souvent de photos allemandes prises avec des appareils allemands et tombées entre les mains des soldats de l'Armée rouge pendant leur avancée victorieuse. Il semble qu'ils aient fouillé systématiquement tous les effets personnels des soldats allemands morts ou prisonniers pour y récupérer ce genre de documents.

L'affluence est grande : 20 000 visiteurs la première semaine dans la *Paulskirche* (l'église de Francfort célèbre pour avoir abrité l'Assemblée nationale de 1848). On pense à ouvrir jusqu'à 21 heures... Dans la queue des visiteurs qui patientent, beaucoup de jeunes. On imagine qu'ils espèrent comprendre pourquoi ces soldats allemands — de leur âge — au milieu des victimes à genoux, pourquoi ces sourires sur leurs visages, pourquoi ? et quels étaient les liens de la Wehrmacht avec les nazis ? Jusqu'où a-t-elle coopéré ?

Il faudrait leur conseiller de lire une lettre, venue d'un autre fond d'archives, celui de l'Église évangélique, écrite le 8 janvier 1947 par un officier de la

Wehrmacht, dont trois fils étaient tombés sur le front russe, Reinold von Thadden.

La lettre de Reinold von Thadden est adressée à un étudiant de théologie, Viktor Köhler, lui-même ancien soldat de la Wehrmacht.

« ... Parfaitement, la Seconde Guerre mondiale était exclusivement une guerre offensive voulue par l'Allemagne et les responsables nazis... et tous les militaires à des postes responsables de l'état-major le savaient parfaitement avant le début de la campagne de Pologne.

« Ce reproche touche d'abord Hitler... ensuite les dirigeants de son parti... et en troisième lieu les généraux de la Wehrmacht qui, soit activement, soit passivement, bien qu'ils aient su à quoi s'en tenir, ont fait passer dans les actes cette énorme tromperie : la fiction qu'il s'agissait d'une guerre défensive...

« Surtout, il faut séparer la question du patriotisme, de la souffrance partagée, du sacrifice pour le pays, de celle de la culpabilité du peuple. Mais l'aventure de Hitler, son accession au pouvoir, la toute-puissance du parti, l'épouvantable installation de "l'État total" ont bien été en grande partie la faute du peuple allemand. Pas à partir de 1933 ou de 1939, mais dès les années 20 alors qu'il était encore libre de son destin politique. *Qui étaient* les nazis, on pouvait le savoir bien avant la persécution des Églises, avant les massacres des juifs et avant les horreurs commises par la SS à l'Est et *l'on a en général très bien su*. Mais on ne les a pas laissés faire seulement par faiblesse, on a salué et approuvé avec le plus grand plaisir leur "activisme", leur "absence d'hésitation", leur "volonté d'engagement" d'un point de vue *deutschnational* et militaire.

« Si l'on avait réagi autrement, à l'époque du soi-disant putsch de Röhm, à l'assassinat de Schleicher, dans la "vieille Reichswehr", dans la vieille "armée prussienne", dans le corps des officiers de réserve, nous ne nous serions pas trouvés devant l'effondrement le plus terrible de tous les temps. (Mais le pire, presque, c'était le succès des idéologies et l'exaltation des sentiments nationalistes empruntés à Treitschke, Clausewitz ou Hugenberg qui auraient quand même déjà à l'époque dû paraître au moins dépassées et vieillies.)

« ... Nous en arrivons au sujet le plus difficile... le rôle et la part de culpabilité de notre milieu chrétien, conservateur, patriotique. Ils sont, à mon avis, particulièrement grands. Parce qu'on était en droit d'attendre autre chose de nous, notre faillite avant la guerre, notre participation considérable pendant la guerre, notre report irréfléchi de valeurs patriotiques qui avaient en fait déjà perdu leur sens, sur un temps présent bien différent, comme notre approbation émue aux pratiques de la bande d'assassins bruns, n'ont été qu'une longue suite d'erreurs impardonnables. Nous savions en fait très exactement ce que devenait de plus en plus la Wehrmacht mise au pas par Hitler depuis 1935 et pourtant... en temps de paix comme de guerre... nous avons fait comme si Hitler était "le vieil empereur" Guillaume Ier, quelqu'un comme Beck ou Manstein, un genre de figure paternelle comme Roon et comme si la Wehrmacht du IIIe Reich mélangée aux formations SS, imprégnée d'esprit SS, et finalement conduite par les ordres des SS, était un bataillon de Frédéric-Guillaume Ier, le corps de francs-tireurs de Lützov des guerres contre Napoléon ou le régiment d'assaut des Maikäfer à Saint-Privat !

« Mais surtout, nous avons galvaudé les valeurs morales : "fidélité, honneur et dévouement" en les appliquant au *Führer*. »

Reinold von Thadden sait de quoi il parle : il a été emprisonné un temps par la Gestapo dans les années trente pour sa proximité avec les milieux de l'Église confessante et pour avoir signé la déclaration de Barmen ; pendant la guerre il a été gouverneur de Louvain dont il est devenu citoyen d'honneur en 1946.

23 avril

La *FAZ* publie régulièrement des poèmes dans sa partie littéraire. Aujourd'hui, c'est un poème suédois de Hjälmar Gullberg traduit en allemand (par Heinrich Detering) :

Mais enlevez donc les photos.
Si tôt le matin elles rendent
A nous qui sommes morts
Le départ encore plus difficile.
Il est si douloureux de se retrouver
Dans cette fameuse paix
Qui transcende la raison
Dont parlent nos faire-part.
Laissez-nous tranquilles.
Nous ne voulons pas de vos plaintes.
Les noms et les profils gravés
Dans le marbre ou le bronze
Sont des entraves trop lourdes.
Laissez donc tout ça.
Cette nuit nous sommes les flocons
De neige légère et silencieuse :
Visages à vos fenêtres
Pourquoi criez-vous ces noms ?
Nous n'en avons pas.

Il frappe d'autant plus que le poème de Péguy vient immédiatement à l'esprit, le fameux *tout est bien* ; c'est l'exact contraire, antipanthéiste, anti-nuit et neige. « Je suis juste passé dans la pièce à côté... Donnez-moi le nom que vous m'avez toujours donné. Parlez-moi comme vous l'avez toujours fait... Que mon nom soit prononcé comme il l'a toujours été... Je vous attends... juste de l'autre côté du chemin... Je ne suis pas loin...Vous voyez, tout est bien. »

24 avril

Il faut parler légèrement des choses sérieuses et sérieusement des choses légères, me disait toujours dans mon enfance ma mère provençale. « Glissez, mortels, n'appuyez pas », ajoutait-elle agacée quand on insistait. Et enfin : « c'est quand il fait nuit qu'il est beau de croire à la lumière », pour ceux qui ne voulaient vraiment pas comprendre. Elle a toujours aujourd'hui horreur des discussions longues, des discours, des déclarations, des épanchements dès qu'ils recèlent la moindre trace d'emphase ou de sérieux ; rien ne lui paraît plus de mauvais goût qu'un compliment sans fard sauf peut-être de réciter à voix haute une prière à la maison (à l'église, à la bonne heure).

Bref, « un peu de tenue », pas d'introspection, pas d'apitoiement sur soi.

Il faut croire que les contraires s'attirent vraiment, sinon comment comprendre que l'on trouve parmi les Français qui s'intéressent à l'Allemagne tant de gens originaires du Sud, comme l'étaient souvent les huguenots eux-mêmes. Ceux-là sont attirés par le charme allemand qui se trouve bien souvent tout à fait à l'opposé : une certaine envie de toucher le fond des choses et des sentiments, l'absence de crainte de les nommer, le courage de s'exposer nu à l'œil de l'autre, la capacité à tenter d'atteindre le sublime sans avoir peur de tomber dans le ridicule... Peut-être aussi la Provence a-t-elle en commun avec la Prusse la clarté du ciel.

25 avril

Au téléphone, la voix d'un ami allemand très tendue :

— Vous avez lu l'article hier dans la *Frankfurter Allgemeine Zeitung* sur Braudel ?

— Oui, cela faisait plaisir, il n'est pas si bien reçu en Allemagne en général.

— Mais vous avez vu ce que dit sa femme ?

— Non...

— Mais enfin, c'est d'une extrême importance ! Elle explique qu'il a rédigé une partie de son œuvre sur la Méditerranée, en Allemagne, dans un camp de prisonniers.

— Ah oui, la prison est un endroit parfait pour écrire ; il y a une grande tradition : les criminels y écrivent leurs mémoires. Vous vous souvenez *Noblesse oblige* : « *My memoirs*... ». Benoist-Méchin y a aussi écrit une partie de sa somme sur *L'Histoire de l'armée allemande* ou encore Hitler... »

Le lourd silence qui règne à l'autre bout de la ligne m'indique que mon humour n'est pas goûté ; j'essaie de me rattraper :

« Vous savez si Napoléon III a écrit au fort de Ham ?

— Mais vous ne comprenez pas, il a écrit en captivité allemande, pendant la guerre.

— Oui, et alors ? dis-je agacée.

— Mais en Russie, à Workhuta, à Volodka, c'était impensable ! Jamais un officier allemand prisonnier n'aurait pu écrire une ligne ! Cela montre que les camps allemands...

— Mais Alexander, il s'agit d'un stalag. Personne n'a jamais dit que les oflags et les stalags étaient des enfers inhumains. Ce n'était certes pas des villégiatures mais enfin mes oncles... ou les *Carnets de la drôle de guerre*, de Sartre, les récits des amis de l'ancien président François Mitterrand : les prisonniers avaient des petits journaux, ils faisaient des conférences... oui, ils avaient faim et ils étaient pouilleux...

— Ah, vous croyez ? Vraiment ? Vous savez avec Goldhagen... on vit tellement avec l'idée que tous les Allemands sont des monstres ; voir que Braudel écrivait en prison, c'était un tel soulagement !

Je suis attristée :

— Mais Alexander, il y a quand même une tradition militaire entre l'Allemagne et la France ; le film de Renoir *La Grande Illusion*, vous connaissez ? Nous, nous le savons, peut-être vous l'oubliez-vous trop vite ; après tout *La Grande Illusion* est un film français. Mais comment pouvez-vous croire que les Français ne feraient pas la différence entre un stalag et un KZ (camp de concentration) ? Je trouve cela presque blessant ; comme si vous niiez notre passé commun : des siècles de batailles, Karl-Alexander !

Rires.

— Vous avez peut-être raison. En tout cas, vous me faites plaisir...

En raccrochant, j'ai moi, de la peine.

26 avril

STAU

Si l'on me demandait quel est le dénominateur commun de l'Est et de l'Ouest depuis la réunification, le concept nouveau qui a le plus unifié, uniformisé le pays, je répondrais sans hésitation « le *Stau* ». Ce *Stau* (prononcer Chtao) est devenu un mot clé, une formule incantatoire : ils seront là pour déjeuner, pour prendre leur avion, pour prononcer une conférence, pour marier leur neveu, pour signer le contrat ... si ... ! S'il n'y a pas de *Stau*.

Le *Stau* c'est l'embouteillage, le « bouchon » qui est devenu une plaie nationale depuis que le réseau routier allemand, bouleversé par la réunification, s'est révélé notoirement insuffisant, surtout d'ouest en est.

L'État allemand déverse chaque année environ 100 milliards de DM sur l'Allemagne de l'Est — dont une grande partie va aux infrastructures : électrification du chemin de fer, installation de réseaux téléphoniques et, bien sûr, rénovation du réseau routier. Les travaux sont donc aussi une raison supplémentaire de bouchon et sur ces mauvaises autoroutes à deux voies trop fréquentées, les accidents, surtout avec les camions, sont fréquents ; à cela s'ajoute que les Allemands de l'Est n'ont pas franchement l'habitude de gérer ce genre de problème : l'afflux de véhicules ne les gênait pas par le passé et les maires apprennent tout juste à mettre un panneau « déviation » lorsqu'ils bloquent le centre de leur petite ville pour une fête quelconque. La télévision et la radio tâchent d'aider l'automobiliste excédé en donnant régulièrement des informations sur les *Staus* mais pour l'instant et pour quelques années encore, tout déplacement en voiture est hasardeux. Ce sera ensuite vraisemblablement un bon souvenir d'ancien combattant. On parlera avec affection du *Stau* de Francfort-sur-l'Oder à Berlin ou de celui, rituel, de Magdebourg à Braunschweig.

En attendant, on s'adapte.

30 avril

Bien entendu, l'opinion publique allemande est aussi effarouchée que l'opinion publique française par les perspectives qu'ouvre le clonage de la fameuse brebis. Le *Spiegel* fait son grand titre sur ce sujet : en première page on voit marcher une armée composée d'une file ininterrompue de trois types d'individus répétés à l'infini : Hitler, Einstein et Claudia Schiffer marchent en centaines d'exemplaires sous l'œil indulgent de la brebis.

30 avril / 1er mai

Pour les gens du Sud, la manière de boire des gens du Nord est incompréhensible.

L'Europe du Nord, et l'Allemagne ne fait pas exception, boit, dirait-on, pour se distraire. L'on boit sans autre motif ni finalité que le plaisir de boire.

Le 1er mai à Berlin produit une impression presque similaire mais il s'agit d'une autre distraction traditionnelle : les casseurs s'apprêtent à *randalieren*, à casser, sans autre but ni motif apparent que de casser.

Hier soir il faisait encore froid ; l'allée du 17-Juin était ravissante avec son nouvel éclairage — deux globes en haut, un en bas — niché dans les arbres et qui faisait frissonner les feuilles à peine écloses. De nuit, Berlin permet mieux de rêver à ce qu'elle sera un jour quand ces énormes avenues seront à nouveau vraiment peuplées. Mais en bas de l'allée, il n'était pas besoin de laisser son imagination vagabonder. Tout était plein, tout était vert, même sans printemps : voitures de police, uniformes de policiers (de la teinte verte du costume de Babar) remplissaient l'avenue en préparation de la nuit du 30 avril et de la journée du 1er mai.

Et le 2, les journaux se félicitaient que la traditionnelle « Nuit de Walpurgis » ainsi que la journée suivante se soient cette fois « convenablement » passées sans véritable combats de rue comme l'année dernière dans le quartier de Prenzlauer Berg. Il faut dire que Berlin est une exception en Allemagne : le 1er mai n'y est pas pris en main comme ailleurs par les syndicats ; ce n'est pas vraiment la « fête du Travail » ; à Berlin, les organisateurs l'appellent le « 1er mai révolutionnaire » et ces organisateurs sont : le « groupe autonome communiste », les « communistes révolutionnaires », le « Comité anti-olympique » [1], le groupe OSTBLOCK, etc., bref, tout ce qui se veut, en Allemagne, marginal : les extrémistes de gauche « non dogmatiques », l'aile « staliniste », la gauche kurde...

Certains rêvaient de fêter dignement le dixième anniversaire des *Krawalle* de Kreuzberg, en cassant autant qu'en 1987, pour faire revivre cette révolte de Kreuzberg devenue mythique dans le « milieu ».

Mais, comme pour le millier de manifestants vraiment « militants » (militant veut presque dire « prêt à la violence »), le *Polizeipräsident* (préfet de police) de Berlin, Saberchinsky, avait mobilisé 5 000 policiers de Berlin et d'autres Länder, le résultat fut modeste :

1. Berlin avait posé sa candidature pour l'organisation des Jeux olympiques.

« 5 voitures brûlées, 1 cabine téléphonique détruite, 19 vitrines dévastées, 7 policiers hors de combat avec des blessures légères, 1 cameraman passé à tabac et en revanche 325 personnes arrêtées ». Le baroud s'était soldé par un *statu quo*.

A vrai dire, un des concepts de base les plus différents entre l'Allemagne et la France est bien celui de la violence.

D'abord on relève rarement que le mot « *Gewalt* » en allemand englobe toute une série de significations qui en France sont couvertes par des termes différents. *Gewalt* peut être la violence telle qu'elle est prônée et exercée par des manifestants de Kreuzberg ou Prenzlauer Berg, mais c'est aussi « l'autorité » des professeurs et bien entendu celle de l'État qui détient le *Gewaltmonopol* : il est le seul autorisé à exercer la « coercition ». C'est donc aussi la « force publique ». Enfin c'est aussi le « pouvoir » puisque la séparation des pouvoirs au sens de Montesquieu se dit *Gewaltenteilung*.

Cette confusion peut paraître étrange à un Français mais peut-être moins quand même que la *Gewaltdiskussion* qui ressurgit périodiquement dans le débat politique allemand. Le sujet de la violence y est thématisé, par exemple : « Dans quelles conditions est-il légitime d'y avoir recours ? » Les Verts ont longtemps considéré que l'on pouvait contester à l'État son *Gewaltmonopol* au nom d'obligations morales supérieures qui justifieraient non seulement la résistance passive mais aussi la désobéissance active. (Curieusement le débat des intellectuels français au moment de la loi Debré avec leur slogan de « désobéissance civile » avait des relents de discussion verte des années 80 — ce terme étant alors au cœur de la polémique — comme s'il avait mis tout ce temps à cheminer.)

On se demande aussi indéfiniment quels sont les fondements du *Gewaltmonopol* de l'État ? Quels sont ses rapports avec la justice, l'idée de démocratie, etc. ?

La capacité allemande à approfondir les concepts s'en donne à cœur joie.

Il en reste dans la société allemande telle qu'on peut la vivre au quotidien une sorte de violence à « bas bruit » dont personne ne se formalise vraiment ; elle ne fait dans les journaux que des petits entrefilets tendant à prouver qu'elle est aussi acceptée que la pluie ou la grêle. En tout état de cause, on n'en parle jamais en France. Dans les années 80, les pylônes électriques sautaient avec une certaine régularité, sans causer de grands dégâts, ni mort d'homme bien sûr : c'était encore le sillage de la Bande à Baader ; dans les années 90, c'étaient plutôt les voies de chemin de fer qui avaient tendance à sauter, un rail par-ci, un aiguillage par-là. Le transport « Castor » de matières nucléaires a conduit au paroxysme de ce syndrome.

De même, les maisons ont tendance à s'enflammer facilement : en dehors des incendies qui font les grands titres car on y redoute un acte de racisme (Solingen, etc.), on rencontre, si on lit les journaux d'un œil attentif, des petits bidons d'essence, des engins incendiaires bricolés, des cocktails Molotov qui enfument sérieusement ici ou là quelques étages, ou quelques commerces, souvent turcs, sans que l'on puisse démêler s'il s'agit de règlements de comptes mafieux ou d'actes de désespoir.

La société allemande semble donc gérer tant bien que mal sa violence, en l'intellectualisant, en la canalisant, en l'acceptant, en la combattant.

Reste à saisir comment un Allemand percevrait la violence française. Jamais on n'a vu de paysans allemands brûler les camions, renverser les fraises, faire des montagnes de carcasses de porcs pour bloquer les autoroutes — sans que la police intervienne. On a le sentiment que le diable procède différemment avec chaque pays et que chaque société risque de tomber dans un abîme différent. Comme la carte du Tendre, il y a la carte de la violence : violence sur cruauté, sur brutalité, sur perversité, sur oppression, voire sur lâcheté ou sur indifférence... chacun y retrouvera les siens et le danger qui le guette. Et la France ? Ce n'est pas un sujet très souvent abordé dans le dialogue franco-allemand.

2 mai

Visite à W.

« *Welcome in Schloßhotel W. !* »

Kerzendorf était déjà assez terrible mais comment décrire W. ?

Voilà plusieurs mois que, malgré mes appréhensions, l'idée de trouver quelques heures pour pousser jusqu'à W. me tentait de plus en plus. W. avait été la propriété des B. et j'avais bien connu les B. J'avais lu au hasard des pages locales d'un journal que le château avait été transformé en hôtel et m'en étais réjouie, pensant que les B., dont je connaissais les tentatives, avaient ainsi réussi à sauvegarder ce lieu dont je les avais toujours entendu parler avec une telle nostalgie.

W. est à deux petites heures de Berlin (tout dépend des *Staus*) sur la route de Francfort-sur-l'Oder, la ville de Kleist, aujourd'hui ville-frontière avec la Pologne.

On traverse donc la marche de Brandebourg chère à Fontane ; partout ce sol sableux qui rappelle les Landes, le même genre de pins un peu plus petits et d'un vert plus sombre, quelques bouleaux, des lacs, un ciel bleu délavé, partout cette impression de sévérité réservée et élégante sans que l'on puisse démêler ce qui provient d'une volonté esthétique ou de la nature du sol. Le mot le plus opposé à ce qu'on voit est « profusion », sans qu'à proprement parler on puisse parler de pauvreté ; mais tout est clairsemé : les arbres, même les fleurs dans les jardins poussent sans abandon. Et puis les cinquante années de vaches grasses occidentales ne sont pas passées par là et, à partir de Fürstenwalde, le pays a un air étrangement abandonné de bout du monde occidental, presque un désert des Tartares, on se sent traverser des « confins ». Ce qui est d'ailleurs le sens exact du mot « marche », *die « Mark »* Brandenbourg, ce sont les confins du Brandebourg.

A y réfléchir, cela doit reproduire exactement le sentiment qu'ont dû avoir les protestants du sud de la France, chassés de chez eux, à qui le prince-électeur de Prusse avait proposé de s'installer sur ses terres, et qui se demandaient — s'il faut en croire leurs lettres « pourquoi la main de Dieu les avait conduits si loin », dans ce pays à l'étrange beauté froide.

Les B., eux, devaient s'y sentir au centre du monde, « chez eux » ; une bribe de phrase lue quelque part chez Jünger m'a toujours rendue songeuse : « nous sommes tous toujours à la fois centre du monde et incidence, et même le rossignol qui chante sur sa branche ».

Nous avons pris des chemins de traverse cahoteux : ces vieilles routes de campagne prussienne ont résisté miraculeusement au temps ; elles sont toujours doubles, à gauche les pavés, à droite la terre : le *Sommerweg*, le chemin d'été qui permet d'aller plus vite sans cahots lorsque ce n'est pas trop boueux... le charme rural d'une province éloignée, normande peut-être.

Et tout à coup, c'est là, nous y sommes. Il y a même une flèche et une pancarte : « *Willkommen in Parkhotel Schloß W.* » Le château est refait en jaune Marie-Thérèse, un ton trop haut ; devant le château les allées sont restées grossièrement cimentées ; à l'entrée il y a un petit portail en plâtre blanc avec une grande vitrine pleine de bouteilles de vins factices ; le long de l'allée une douzaine de grands mâts blancs attendent des drapeaux comme on en voit pour les marchés de voitures d'occasion ; des blocs de pierre bordent les pelouses à intervalles réguliers comme ceux qui dissuadent les voitures de s'avancer dans les centres commerciaux... Il y a du fer forgé, une Vénus de la taille d'un nain de jardin... Ce ne peut pas être chez les B. Après tout, nous nous sommes peut-être trompés de W., nom courant au Brandebourg qui vient du mot « loup » en slave.

En remontant le long des allées, à gauche les étables, à droite la remise qui s'appelle toujours « Remise » en lettres gothiques, derrière nous l'église seule restée inchangée, abandonnée sur sa petite butte au milieu des pervenches : tous ces châteaux se ressemblent, les étables curieusement proches du château et à 90°, le lac sur le devant, l'église, les maisons de l'intendant et du pasteur... Mais en entrant dans le château, à la réception, la clé du mystère est là, sur les brochures du présentoir : *Histoire du château de W.* Depuis 1361, Hermersdorf, Trebniz et W. sont propriété de la famille Schapelow. En 1643, le dernier Schapelow est assassiné par des chevaliers pillards suédois et les trois villages sont rachetés par les Ziethen (de la famille du fameux général de hussards de Frédéric II), jusqu'en 1792, puis passent aux Pannewitz et aux B. par les femmes — jusqu'à la guerre. Après la guerre, le château de W. est transformé en hôpital, en foyer pour personnes âgées puis en centre de formation des *Kombinat* de la région.

Le 31 août 1992, W. est vendu par la *Treuhandanstalt* [1] à la famille H. d'origine de Wesphalie qui rénove la maison et le Parkhotel Schloß W. ouvre ses portes le 26 juillet 1994.

C'est tout simple... Une fois le mur tombé, quand les deux Allemagnes ont décidé d'un destin commun, il a fallu trouver une base juridique à l'unification : ce fut le 31 août 1990 le Traité de l'établissement de l'unité étatique ; assez âprement négocié, il fut approuvé par le Parlement de la RDA (*Volkskammer*) contre l'avis des ex-nouveaux communistes (PDS) et d'une partie des Verts (*Bündnis* 90). Dans ce traité, il est prévu que les biens confisqués par l'État après 1949, date officielle de la création de la RDA, seront

1. Organisme fédéral chargé de privatiser le patrimoine de l'ex-RDA.

restitués à leurs anciens propriétaires : « la restitution prime l'indemnisation » dit la formule officielle ; en revanche, les biens confisqués entre 1945 et 1949, sous l'occupation russe, au titre de réforme agraire ne seront, eux, pas rendus à leurs propriétaires.

Le gouvernement fédéral a fait accepter cette clause en se retranchant derrière les exigences soviétiques : l'Union soviétique de l'époque aurait exigé que sa réforme agraire soit assurée de perdurer pour donner son accord à la Réunification. Aujourd'hui l'Union soviétique n'est plus et d'après de nombreuses indiscrétions de source russe, il ne semble plus bien sûr du tout qu'elle ait jamais émis cette exigence ; mais la Cour constitutionnelle de Karlsruhe à qui a été soumise la question a tranché en faveur du *statu quo*.

Le résultat est là : les propriétaires de ces domaines n'ont — dans leur plus grande partie — retrouvé leurs maisons que pour mieux les perdre.

Ils ont bien cherché à trouver des subventions, à les transformer en fondation, en centres de rencontre... mais il était en général hors de question de les racheter. Morts à la guerre, fusillés à l'arrivée des Russes ou morts en captivité, exécutés à la suite de l'attentat du 20 juillet 1944, les rares survivants, chassés de chez eux dans les années 46-47, exilés sur l'île baltique de Rügen où beaucoup moururent... comment feraient-ils, où trouveraient-ils, eux ou leurs descendants, les fonds nécessaires à l'achat, eux qui ont dû se refaire une vie à l'Ouest ? — de même qu'une petite douzaine de millions d'autres Allemands.

Pour beaucoup de ces familles, la Réunification a rouvert une blessure qu'ils croyaient cicatrisée. Ils avaient tourné la page. L'inaccessibilité même des lieux de leur enfance les protégeait. Le mur tombé, ils y sont retournés le cœur serré et ont dû accepter un renoncement plus amer encore. Ou bien il ne restait pas pierre sur pierre comme à Kerzendorf, ou bien la maison, vitres brisées, toit crevé, était livrée aux vandales, ou encore, spécialement attrayante, il fallut la voir trouver acquéreur, voir la *Treuhand* la vendre sans aucun état d'âme au plus offrant.

C'est ce qui venait d'arriver à W. Cela n'avait tout simplement plus rien à voir avec les B.

Derrière la réception pourtant... toutes ces photos de famille sépia « Mais ce sont les H. de Wesphalie qui ont acheté ici... » et en s'approchant, effectivement on voyait s'étaler sur tout le mur le XIXe siècle finissant, opulent, du Münsterland : petites filles aux joues rebondies, matrones entendues, messieurs importants et ventripotents. Jamais je n'ai aussi bien compris que là, pourquoi, en droit, rien ne peut avoir de valeur rétroactive, et à quel point ce principe est sage.

Nous avons erré dans les chambres engageantes, dans les salles de réunion pour colloques, « regardez, là c'était le salon et là ils devaient mettre l'arbre de Noël... tenez, là les voilà les *"Blauen Bände"*, les livres bleus : ce sont les classiques de la RDA, les œuvres complètes de Marx et Engels, de rigueur dans toute institution officielle, et l'autre bibliothèque, la petite sur le palier... Oh ! non, ne cherchez pas, ces livres ont sûrement été apportés après, il n'y aura écrit "v.B." nulle part... les Russes auraient tout brûlé.

— J'aimerais que vous ayez tort, regardez : Storm, Fontane, Kleist, Stifter, Eichendorff, Körner, quel parfum d'Allemagne, qu'est-elle devenue cette Allemagne-là ? Quelle folie... Venez, allons déjeuner ».

Nous avons déjeuné — c'était parfait — et le service était très sympathique...

En partant, je remarquais une couronne d'un buis déjà assez ancien sur la gauche de la pelouse ; j'aurais volontiers parié qu'elle avait entouré il n'y a pas si longtemps encore une étoile de fleurs rouges du plus joli effet : bégonia ou fuchsia ?

C'est à ce moment-là que quelqu'un vint nous voir : « Vous connaissiez les anciens propriétaires. Si vous voulez... les tombes ne sont pas derrière l'église, elles sont dans le parc. » Nous y sommes allés, les arbres étaient magnifiques, un pâle soleil éclairait le sable clair des allées ; nous n'avons pas trouvé les tombes et... je ne le regrettai pas.

Je me souvenais des B. Par eux et par leurs amis qui faisaient leurs études dans une petite ville de Forêt-Noire, j'avais tout à coup rencontré l'Allemagne (des années 60) alors que je n'avais pas vingt ans. Ils avaient presque tous des destins qui me semblaient invraisemblables. Nés dans des villes dont j'ignorais le nom — ou l'existence : Breslau... mais voyons c'est Wroclaw, ou Frankfurt, mais sur l'Oder —, les plus âgés d'entre eux avaient des souvenirs très précis de l'effondrement de l'Allemagne, tous avaient des familles mutilées : pères morts, parents émigrés (et j'avais la naïveté de demander tout haut pourquoi donc ils étaient en Argentine), mères diaphanes émergeant de dépression longue après des souffrances dont on ne disait rien... chacun avait son mystère, son fardeau, son morceau d'histoire d'Allemagne qui l'écrasait ; lui rappelait sans cesse un autre monde, l'empêtrait, et cette ombre géante trop souvent finissait par l'empêcher de marcher.

Les B., eux, étaient des Stülpnagel par leur mère... Stülpnagel, c'était un nom que je connaissais. Il figurait sur une photo de mon livre d'histoire de terminale en bas à droite d'une affiche qui, collée sur les murs du Paris de l'Occupation, annonçait en français et en allemand que pour tout soldat de la Wehrmacht abattu par les « terroristes », dix otages français seraient exécutés. Stülpnagel était le gouverneur militaire de Paris. Stülpnagel, un nom d'ogre.

L'autre moitié de l'histoire, et sa fin, je l'appris donc par les B. Stülpnagel avait conspiré avec les conjurés du 20 juillet 1944. Averti que la fameuse mallette contenant la bombe avait été déposée dans les bureaux de la *Wolfsschanze*, où Hitler réunissait son quartier général, en Prusse-Orientale, il fit arrêter les dignitaires nazis en poste à Paris, Gestapo et *Sicherheitsdienst*... pour apprendre quelques heures plus tard que Hitler était vivant. D'après la tradition familiale, il fit alors donner au Lutetia une superbe fête qu'il quitta dans la soirée pour se rendre à la convocation qu'il venait de recevoir de Berlin. Arrivé à Verdun, près de la Meuse, il demanda à son chauffeur de faire halte et se tira une balle dans la tête. La balle dévia, il fallut le retirer de la Meuse, l'énucléer, mais, aveugle, il fut quand même envoyé à Berlin. Il existe dans les Archives fédérales un film du jugement des conjurés du 20 juillet. On y voit Freisler, le président de la cour, vociférer et insulter les accusés : « *Sie blaüblutiges Schwein...* » (cochons de sang bleu). Stülpnagel, qui l'écoute étendu sur une civière, fut comme les autres pendu à un croc de boucher dans la prison de Plötzensee. Comme Hitler avait décrété le *Sippenhaft*, la responsabilité familiale, ses deux frères furent également pendus.

Il paraît qu'aucun des fils B., depuis le rachat, n'est revenu à W.

Neu Hardenberg
3 mai

En rentrant de W., par les routes principales cette fois, nous nous sommes arrêtés à quelques kilomètres de là à Neu Hardenberg. C'est un joli château, exemple parfait du style Schinkel, l'architecte qui a dominé son époque et en particulier inspiré toutes ces maisons de la fin du siècle dernier.

Les Hardenberg, ayant participé directement à l'attentat du 20 juillet, ont, eux, recouvré leurs biens. Puisquc Hitler les en avait déjà dépossédés en 1944, ils ne tombent pas sous le coup de la loi qui vaut pour 45-49.

Mais le château est fermé.

Curieusement, l'église à côté — une œuvre de Schinkel lui-même cette fois — est intacte et ouverte. Il y a même quelques touristes qui regardent, médusés comme nous par quelque chose d'extrêmement inaccoutumé en pays protestant : dans une vitrine encastrée dans l'autel, le cœur du chancelier Hardenberg ! celui des réformes du début du XIXe siècle, que l'on cite toujours dans le même souffle que Humboldt et Stein, celui dont Napoléon a demandé et obtenu le départ à Frédéric-Guillaume III. « Le cœur a résisté à la guerre », nous dit-on, « tous les habitants sont partis ; quand ils sont rentrés, il était dans une cour de ferme… sous une cloche à fromage… que voulez-vous ! ». Cette petite chose rouge sombre, le cœur du grand Hardenberg ! Je pense à ce jeu de ping-pong entre la France et la Prusse auquel il a participé : l'étonnement des Français de se faire battre à Rossbach par Frédéric II pendant la Guerre de Sept Ans, la stupéfaction des Prussiens devant leurs défaites à Iéna et Auerstaedt, les efforts tenaces de Stein et Hardenberg pour appliquer « par en haut » les réformes que la Révolution française avait introduites, comme l'égalité des droits, en particulier dans l'armée, et l'étonnement des Français de se faire battre à Sedan…jusqu'en 1914 et 1939.

En quittant l'église, nous bavardons avec notre cicérone : oui, elle connaît bien la région. Les B. ? Bien sûr, elle était plus ou moins intendante à W., comprenons-nous ; non, ils ne sont pas revenus. Les Hardenberg ? Un peu plus souvent. Le vieil Hardenberg ? Oui, il avait été impliqué dans l'affaire du 20 juillet. Quand la Gestapo est venue le chercher et qu'il a vu le château cerné, il a voulu se suicider ; mais il n'était pas tout à fait mort quand ils sont arrivés dans son bureau ; ils l'ont emmené à Sachsenhausen. Sa femme était une Schulenburg, oui Schulenburg a été pendu aussi…

Dehors, il commence à faire froid.

4 mai
Harry Kupfer

A la Komische Oper : *Cosi fan tutte*.
Berlin est si facile à vivre. La densité y est si basse par

rapport à Paris : on peut presque garer sa voiture. Le foyer de la Komische Oper est vaste et spacieux. Il est ouvert avant et pendant la représentation. On peut y prendre un bretzel et une *bowle*, ces fruits à l'alcool, sans presse et sans énervement. Ce serait presque trop calme.

Pourtant c'est plein. La salle est comble pour assister à une représentation de *Cosi*. Harry Kupfer est le metteur en scène : et *Cosi* est en allemand. Les spectateurs suivent donc sans que défile la moindre électronique ; les costumes sont charmants et les décors parfaits, originaux, sans prétention. La mise en scène aussi a trouvé le ton juste, c'est *buffo* sans être grotesque ; ce n'est ni forcé ni mièvre. Fiordiligi et Dorabella sont séduisantes, on comprend leurs fiancés qui, superbes dans leurs pantalons moulants blancs, ont un vague air de « motards » XVIIIe siècle. Les voix sont très belles. Rien ne sort absolument de l'ordinaire et tout est parfaitement réussi.

C'est le genre de chose que les Parisiens ne savent pas faire. Les Français ne savent pas qu'un bon second vaut souvent autant que « le meilleur », que cette « excellence » à qui vont toutes leurs amours. Les Français adorent les « majors » des grandes écoles, les chefs d'orchestre « irremplaçables », les divas « inoubliables », les réussites spectaculaires, bref, les personnalités d'exception dans quelque sens que ce soit.

On ne trouve guère en Allemagne l'équivalent d'un Bernard Tapie, d'un Jacques Attali, d'un Harlem Desir ou Poivre d'Arvor, voire d'un Gérard Depardieu, Carole Bouquet ou Catherine Deneuve sauf peut-être quelques sportifs dont l'Allemagne est fière : Schumacher, Klinsmann ou Becker et Graf qui jouent le rôle d'un Cantona ou d'un Prost. Quelques présentateurs de variétés à la télévision ont bien les faveurs du public comme la fameuse et quelque peu sulfureuse Schreinemakers mais cela ne dure guère et en règle générale ne touche pas les élites... — sauf peut-être Ulrich Wickert. En un mot, Claudia Schiffer fait plus rêver en France qu'en Allemagne.

L'Allemagne — même si elle en produit — n'aime pas outre mesure ces « stars » et ne raffole pas du tout des « jeunes gens brillants ». Non, en Allemagne, on fait ses classes.

L'ambition y est d'ailleurs autre chose qu'en France. C'est même un mot très difficile à traduire en allemand — sauf peut-être par « ambition ». Vaincre, gagner, battre l'adversaire (tous les concepts qui tournent autour du *Sieg*) sont importants en Allemagne ; mais pas comme en France pour « réussir », traduisible seulement par « reüssieren ». Pas de distribution de prix, pas de Concours général, pas de premier de la classe.

On ne se voit pas déjà en haut de l'affiche, on ne se rêve pas en reine du bal.

Dans la littérature, il n'y a pas de Rubempré, ni Rastignac ni Julien Sorel dévorés du désir d'arriver ni d'Emma Bovary qui meurt de ne même pas pouvoir essayer.

La littérature allemande s'occuperait plutôt d'affinités électives et du développement des âmes.

Dans un petit recueil de textes sur l'Allemagne rédigé dans sa jeunesse (on est amusé de lire dans la préface de l'auteur qu'il s'agissait d'agrémenter sa bourse d'étudiant), Paul Valéry étudie Moltke, le fameux général et stratège de la guerre de 1870. Il explique de manière convaincante que son génie a consisté à organiser l'armée de telle sorte qu'elle n'ait plus besoin de lui, qu'elle puisse fonctionner parfaitement sans individu charismatique de premier plan.

C'est toujours vrai pour l'Allemagne d'aujourd'hui.

7 mai

En feuilletant le *Spiegel*, je remarque une photo : un homme blond dans une gare téléphone avec un téléphone cellulaire. La légende pose une question :

« téléphone cellulaire : action indirecte sur les chromosomes ? »

Dans le titre on apprend que des essais sur les animaux en laboratoire ont prouvé que les ondes des portables augmentent les risques de cancer.

8 mai

L'anniversaire de la fin de la guerre : défaite ou libération pour les Allemands ? Et lesquels ? Une amie qui fait des recherches de thèse m'envoie des informations insolites.

A Breslau, le cardinal Bertram a fait célébrer une messe de requiem pour Hitler le 2 mai. Le 30 avril, Hitler s'est suicidé et le 5 mai Breslau est tombé.

Comment comprendre, en se remettant dans l'état d'esprit de l'époque ? Aveuglement ? Reconnaissance à Hitler pour avoir été le bras armé de l'Église contre la menace communiste ? Et lcs autres régions catholiques ?

La Bavière a voté Zentrum jusqu'à la fin, résistant aux sirènes du NSDAP ; mais le Zentrum a voté d'un bloc pour le *Ermächtigungsgesetz* de mars 1933 qui donnait les pleins pouvoirs à Hitler.

10 mai

Qu'elles avaient donc du charme ces images d'archives de Rauschen ce matin sur la première chaîne !

Depuis quelque temps déjà, la télévision allemande nous emmène quotidiennement en pèlerinage dans les anciens territoires de la Prusse-Orientale ; entre Königsberg (Kaliningrad), Memel (Klaipeda) et Tilsitt (Sowetsk), le Tilsitt de l'entrevue sur le Niemen entre Napoléon et Alexandre Ier.

Rauschen (Swetlogorsk) est une charmante bourgade des bords de la Baltique.

Là, sur ces images, une paisible foule des

dimanches se pressait ; plus tard, devant le soleil couchant d'un ciel d'été, des couples dansaient, les femmes en robe claire et chignon blond, les hommes en veston léger. Derrière eux, derrière l'orchestre appliqué et les tables fleuries du restaurant, s'étendait, majestueuse, vaste et calme, sous la lumière du Nord, la Baltique. Tout n'était qu'ordre et beauté, aisance, bonheur sage et prospérité.

Tout cela est russe maintenant ; comme les noms l'indiquent. Mais surtout, l'évocation de ce bonheur passé faisait ressortir d'autant plus cruellement la désolation d'aujourd'hui, le délabrement, l'abandon.

Si ces régions étaient, comme on pourrait le croire en regardant une carte, une sorte d'annexe excentrée perdue au cours d'un remembrement, la nostalgie serait déjà compréhensible. Mais c'est bien pire. A y réfléchir, c'est des origines mêmes d'une certaine Allemagne qu'il s'agit, puisque ces territoires sont le berceau de la Prusse, cette Prusse dont on dit qu'elle a « fait » l'Allemagne. Certes, la plupart des Allemands aujourd'hui n'en sont guère conscients et un grand nombre le nierait énergiquement...

Pourtant c'était bien un Hohenzollern qui était grand-maître de l'ordre des chevaliers Teutoniques et qui se rallia à la sécularisation voulue par Luther (les chevaliers porte-glaive avaient eux colonisé la Livonie). On retrouve leurs souvenirs aujourd'hui dans les églises de Riga et dans les châteaux : comme Marienburg [sur la Nogat]. Ils avaient guerroyé, envoyés par le pape et l'empereur (la Bulle d' or de Rimini est de 1226) et colonisé et intégré ces *Prutzen* des bords de la Baltique. Ensuite, il suffira que se trouvent réunis le Brandebourg et la Prusse-Orientale pour que commence l'histoire de « la Prusse ».

Le fils du Grand électeur (celui qui avait accueilli les huguenots français) se couronnera lui-même roi à Königsberg — en dehors des limites du Saint-Empire — en 1701. Son propre fils sera le terrible Roi-Sergent, qui engendra Frédéric II le Grand, auquel succédera Frédéric-Guillaume II pour laisser la place dès 1797 à Frédéric-Guillaume III — à qui se heurtera Napoléon sans jamais arriver à le séduire ni lui, ni sa femme, la reine Louise. Il y aura encore Frédéric-Guillaume IV, celui de la révolution avortée de 1848, avant d'arriver à Guillaume Ier et Bismarck ; puis après les cent jours tragiques de Frédéric III, arrive sur le trône celui que nos grands-parents appelaient encore avec tant de haine et de mépris, « ce Guillaume ».

La ligne est claire. Et même lointains, les souvenirs sont toujours là en toile de fond... comme à la télévision ce matin.

Je me souviens aussi qu'à la fin des années 60, certains de mes amis étudiants qui venaient de ces régions fumaient des cigarettes qu'ils sortaient d'un petit paquet rouge sombre sur lequel était inscrit en lettres noires : REVAL. Eux devaient le savoir, mais j'ai mis longtemps à découvrir que Reval est aussi l'ancien nom de Tallin.

Je crois aussi que cette marque de cigarettes a disparu.

12 mai

Cannes a cinquante ans.

Tous les matins, le *Morgenmagazin* fait un petit reportage en direct du festival (en parallèle, une excellente émission sur Hong-Kong qui se prépare à redevenir chinoise) ; mais aujourd'hui 12 mai, le ton du journaliste de Cannes est invraisemblable. Il doit pleuvoir à Cannes... en tout cas, M. X vitupère. Il explose. « Aujourd'hui il y a une grande cérémonie allemande à Cannes, annonce-t-il d'un ton vengeur, les Allemands ont institué un prix qu'ils vont remettre au cours d'une grande cérémonie à laquelle se rendront des milliers d'invités. Nous, les Allemands allons montrer aux Français et aux Américains que le cinéma allemand vaut bien au moins autant que les autres... etc. » Je suis stupéfaite. Que ce beau nationalisme allemand ne s'est-il exprimé plus vigoureusement au moment de la négociation du GATT sur l'exception culturelle ! Et pourquoi sous-entendre que le cinéma allemand est en concurrence antinomique avec le cinéma français ? Alors que c'est tout le contraire. Il n'est nulle part plus aimé qu'en France.

Bien évidemment, et comme toujours en Allemagne quand quelqu'un y fait une crise de nationalisme, il livre en même temps la cause de son accès : « oui, bien sûr, l'humour allemand n'est pas vraiment accessible à tout le monde », ajoute en effet le vibrant correspondant, tout à coup tout piteux.

Le nationalisme allemand fonctionne presque toujours selon le même mode. C'est une agressivité qui se greffe sur le sentiment d'avoir toujours été lésé, récusé, diffamé, discriminé, de jouer le rôle de l'*underdog* qui n'a ni flotte ni colonies, à qui l'accès à la table des grands a toujours été refusé, à qui on dénie même des « manières », une identité, le droit à un rapport aisé à la nation « comme les Français ».

Évidemment si les Allemands avaient ce « rapport aisé à la nation », ils n'auraient plus besoin d'être agressifs. Et s'ils se sentaient culturellement plus allemands, ils auraient moins besoin de l'être économiquement : leurs voisins les trouveraient plus faciles à vivre (particulièrement quand ils les rencontrent en Corée...).

Il est intéressant de voir à ce propos ce que disait Heine, dont on fête cette année le 200e anniversaire, de la différence entre les deux nationalismes.

Sa vision date de 1835 et il écrit de Paris : « Le patriotisme de l'Allemand consiste à ce que son cœur se rétrécisse, qu'il se recroqueville comme du cuir exposé au froid, qu'il déteste tout ce qui est étranger, qu'il ne veuille plus être "*Weltbürger*", citoyen du monde, ni Européen, qu'il ne veuille plus qu'être exclusivement et étroitement allemand », tandis que « le patriotisme du Français est une chaleur du cœur et, sous l'action de cette chaleur son cœur s'étend, s'élargit et n'englobe plus seulement de son amour ses proches mais toute la France et tout le monde de la civilisation ».

C'est flatteur pour nous... mais c'est assez exact.

Le nationalisme français n'est pas agressif, lui. La France n'a pas l'impression d'être d'une force qui n'a jamais trouvé à s'employer. D'où l'étonnement toujours un peu blessé des Français face à cette virulence allemande qu'ils n'ont pas et n'ont jamais eue. Aux pires moments de la haine, à voir les documents, ils ont plutôt reproché aux Allemands d'être des barbares, des sauvages, des gens qui exécutent les infirmières, ou bien ils ont pris l'attitude du défi aristocratique : ils ont tenu le « Rhin allemand dans leur verre ».

Ce n'était pas aux Allemands que les armées françaises de la Révolution en voulaient, mais à l'obscurantisme qui la mettait en danger. Antérieurement, il s'agissait principalement de politique de pouvoir des princes.

Le nationalisme français ne s'exprime pas au quotidien d'une manière agressive — sauf si l'on appelle agressif le cocorico vaniteux. Il serait plutôt horripilant par sa placidité.

Même pour un Français né dans les années 20 et pour qui la France a subi une perte de substance et de prestige sidérante, aucun pays, de par sa culture, par son histoire, par son mode de vie, par son raffinement, par ses paysages n'arrive à la cheville de la France, qu'il l'avoue ou non. Qu'il soupire « pauvre France » et vote Le Pen ou qu'il bataille contre la loi Debré et vote « à gauche », il « aime la France ». Rentré de lointains voyages, il dit rituellement : « franchement, plus on voyage, plus on se rend compte combien la France est belle ». Il passe ses vacances dans des maisons de famille.

Avec des gens de cet acabit (qui certes trouvent bien du charme à certaines villes étrangères mais « comparées à Paris »...), il est quelquefois difficile d'avoir le moindre dialogue. Persuadés de l'excellence de la France, merveilleusement « bien » chez eux, ils ne s'intéressent qu'à leur monde, ne parlent qu'avec ceux qui détiennent le même code.

Depuis cinq ou dix ans, ils commencent tout juste à réaliser qu'il y a une vie aussi en dehors de la France et ils apprennent « les langues ». Mais en fait, ils sont encore pour ainsi dire autistes. Cet autisme est une des raisons — il y en a d'autres — pour lesquelles les étrangers les trouvent si arrogants. Ce qui à leur tour les étonne énormément, car ils se sentent plutôt complexés par la réussite des autres, surtout la réussite économique allemande, et dans l'aisance désinvolte que leur donne leur certitude que « la France, c'est grand, c'est beau, c'est généreux », ils ne voient rien de blessant pour autrui.

Dialogue de sourds.

14 mai

Sur la liste des best-sellers du *Spiegel*, Goldhagen continue à bien se tenir : il occupe la huitième place mais un livre qui s'élève contre Goldhagen et essaie de le réfuter, *Les Aides de Hitler (Hitlers Helfer)* de Knopp a pris la sixième place.

15 mai

Les médias continuent d'évoquer les « receleurs de Hitler ». L'or des banques suisses fait bien entendu le sujet de nombreuses conversations mais mon regard s'est arrêté aujourd'hui sur une expression particulièrement parlante. Il s'agit de remettre la main sur « le butin nazi réparti dans les coffres des banques entre Stockholm et Buenos Aires ».

16 mai

Hier, un projet de loi a été adopté à une large majorité au Bundestag : il rend pénalisable le viol dans le mariage. Madame Süssmuth, présidente du Bundestag, se félicite qu'ainsi se trouve reflétée une modification de la conscience de la société ; et que soit reconnu le fait que le mariage ne limite en aucune manière l'autodétermination sexuelle de la femme.

En dehors de la coercition (*Gewalt*) et de la menace, le fait de mettre la victime dans une « situation sans secours possible » (*hilflose Lage*) est reconnu comme « moyen » du crime.

17 mai

Depuis que le communisme a cessé de jouer le rôle de la mauvaise fée des glaces qui de son traîneau jette un sort qui gèle et fige, on voit tout se remettre à circuler : d'abord les archives se sont ouvertes ; maintenant les œuvres d'art réapparaissent.

Ces jours-ci, il n'est question que du fameux Cabinet d'ambre offert par Frédéric-Guillaume Ier, le Roi-Sergent, au tsar de Russie (bien sûr la valeur marchande est partout indiquée : 250 millions de DM). D'après des rumeurs tenaces, en 1941, la Wehrmacht l'aurait emporté de Tsarkoïe Selo où il se trouvait, pour le mettre en sûreté à Königsberg. On ne sait comment il a disparu plus tard.

Mais un des panneaux, un tableau en mosaïque, vient de refaire surface à Potsdam. La police fédérale a mis la main dessus dans une atmosphère de film noir du style du *Faucon maltais*, où l'on retrouve des anciens de la STASI, des anciens de la Wehrmacht, des notaires très peu curieux, des experts à l'opinion changeante et de grands groupes de médias.

Les Allemands ont immédiatement signalé leur intention de restituer l'objet à la Russie.

La résurrection de ce panneau vient à point nommé dans la discussion assez vive qui met aux prises l'Allemagne et la Russie au sujet de ce pour quoi les Allemands, bien sûr, ont un nom : *die Beutekunst* : l'art-butin, c'est-à-dire les œuvres d'art que l'on « ramène » de campagnes victorieuses.

Le conseil de la Fédération de Russie, malgré le veto de Eltsine, vient de voter une loi qui gêne considérablement la restitution des œuvres d'art à leurs propriétaires initiaux. Du coup, devant ce panneau surgi d'on ne sait où, les Russes font la moue ; ils ont trop peur que la générosité allemande ainsi affichée, cette volonté de leur rendre tout de suite leur bien, ne les mette dans une situation difficile où l'on attendrait d'eux la réciproque. Pour l'instant, ils contestent donc prudemment l'authenticité de la trouvaille ; et les Allemands, eux, répètent bien haut que ce panneau va bien évidemment retrouver sa place légitime au plus vite (« ne serait-ce que si nous voulons continuer les négociations... » a dit tout haut un fonctionnaire).

18 mai 1997
A Potsdam

En quittant les souvenirs de la dynastie des Hohenzollern, à dix minutes de marche de Neues Palais, on trouve, si on connaît son existence, le château de Lindstedt. Il n'est indiqué nulle part car il n'appartient pas au domaine public. C'est un charmant petit château, dans le goût des villas antiques, avec ses colonnes et ses portiques. C'est là que la fondation « Jardins et châteaux prussiens » tient souvent ses réunions ; et c'est là aussi qu'est conservé le souvenir des Tresckow : Tresckow est un autre grand nom du 20 juillet 1944. Henning von Tresckow, né en 1901, général à l'état-major de la *Heeresgruppe Mitte* en 1941 puis commandant de l'état-major de l'armée sur le front de l'Est, a été très tôt l'âme de la résistance à Hitler, rassemblant les opposants autour de lui. Le

21 juillet 1944, le lendemain de l'échec de l'attentat, du côté de Bialystok, il s'est suicidé.

Mais la vindicte de Hitler n'était pas satisfaite. Tresckow avait écrit à sa femme, qui était la fille du général et ministre de la Guerre prussien Falkenhayn, que même si l'attentat ne réussissait pas, il fallait le tenter « pour subsister devant le monde et l'histoire ».

Cruellement, la *Sippenhaft* que Hitler institua pour punir les auteurs de la conjuration tenait compte, pour ainsi dire, du même sens de l'histoire : les hommes et leurs frères furent exécutés, les femmes envoyées dans les camps de concentration et les enfants séparés de leur mère et expédiés dans des foyers. Mais dans ces foyers, on changea leur nom et interdiction fut faite de leur parler de leur passé ou de leur famille. Uta von Tresckow, fille de Henning, dut ainsi attendre après la guerre d'être identifiée pour retrouver ce qui restait de sa famille. Passée à l'Ouest, celle-ci y survivait tant bien que mal, et plutôt mal que bien d'ailleurs car le gouvernement de la République fédérale de l'époque ne se décida à verser une pension à la veuve de Tresckow qu'en 1952 (comme ce fut le cas pour toutes les veuves des conjurés du 20 juillet).

La société des années 50, toute à l'effort de se recomposer, ne fut en effet guère tendre pour ces dissidents. L'intégration des « suivistes » (*Mitläufer*) voire même des personnalités ayant pris des positions marquées en faveur de l'idéologie nazie se faisait, elle, il faut bien le reconnaître, assez rapidement : c'est ainsi qu'on retrouve au gouvernement le rédacteur des lois de Nuremberg de 1935, un certain Globke. De même, parmi les juges ayant rendu la justice dans le sens des maîtres du pays de 1933 à 1945, bien peu furent inquiétés. Leur présence, aussi bien dans le corps judiciaire que dans les universités, sera dénoncée plus tard par les étudiants du mouvement de protestation des années 60 en Allemagne.

20 mai

Un fait divers judiciaire fait l'objet d'un long article dans le *Spiegel* de cette semaine. Cela me frappe particulièrement, quelques jours à peine après cette visite à Lindstedt.

C'est toujours la même chose. Cette fois, il s'agit d'un jeune marin du nom de Beck dont la sœur bataille pour obtenir la réhabilitation. Il a été fusillé comme déserteur une semaine après l'armistice, le 15 mai 1945. Le juge, aujourd'hui décédé, qui a prononcé et fait exécuter cette sentence, a fait une carrière exemplaire dans l'Allemagne de l'après-guerre.

Les raisons de cet état de fait sont connues. D'une part, une des croyances de l'Allemagne nazie — parallèle à la légende du « coup de poignard » — était que la Première Guerre avait été perdue en partie parce que l'armée n'avait pas été tenue assez sévèrement — il faut dire que la répression des tentatives d'insubordination dans l'armée française avait, elle, été dure. Hitler dans *Mein Kampf* consacre un passage à ce problème, à la désertion en particulier pour laquelle il prône une fermeté absolue : « le soldat doit savoir que la désertion lui apportera, sûrement, ce qu'il craint de trouver, peut-être, sur le champ de bataille : la mort ».

Quant aux juges qui condamnaient encore après le suicide de Hitler (le 30 avril 1945) alors que tout donc était irrémédiablement perdu, la jurisprudence qui s'est établie consistait à dire qu'il ne pouvait y avoir de culpabilité si le juge, au moment où il prononçait ce jugement, était convaincu d'agir selon le droit.

Qu'aujourd'hui, cinquante ans plus tard, les juges ne soient pas inquiétés peut ne pas paraître choquant d'après le bon précepte de l'Évangile : laissez les morts enterrer les morts. Ce qui est plus choquant, c'est la difficulté à faire réhabiliter les victimes. L'auteur de l'article rappelle que le pasteur Bonhoeffer, grande figure de la résistance intérieure, exécuté lui le 9 avril alors que les Américains arrivent le 10 et que

Hitler se suicide le 30, n'a été réhabilité que depuis deux ans.

22 mai

Je lis dans un petit texte du journaliste bien connu Klaus Harpprecht que la Wehrmacht exécuta 50 000 de ses propres soldats !

C'est la première fois que je rencontre ce chiffre.

24-25 mai

Week-end à Berlin

Du travail, et un petit passage aux Galeries Lafayette qui manifestement se remplissent et se germanisent : cela ne sent plus le parfum ; et pourtant l'atmosphère y est quand même très française. Ce fuseau de verre central qui attire les badauds rappelle l'architecture des grands magasins parisiens ; surtout il recrée avec toutes ces transparences l'ambiance d'un après-midi pluvieux à Paris, où les phares des voitures se reflètent sur la chaussée et s'y mélangent avec les couleurs des feux, où les lumières des cafés frappent les vitres des voitures et y retrouvent le halo des lampadaires venu en ricochet des portes vitrées et des trottoirs mouillés. On s'attend presque à trouver quelque part la tour Eiffel la tête en bas, comme dans une photo de Doisneau.

En sortant des Galeries Lafayette par le « passage » de la Friedrichsstrasse, nous nous heurtons aux journaux sagement rangés côte à côte — à Berlin il y a de la place partout. Ils annoncent une nouvelle dérangeante : deux soldats allemands tués en Bosnie. Il s'agit d'un accident. Il n'en reste pas moins que c'est la première fois que des soldats allemands meurent dans une intervention à l'étranger depuis la guerre. Un choc.

D'autant que les Allemands ont eu beaucoup de peine à prendre la décision de participer à des actions « hors zone » de l'OTAN. La Cour constitutionnelle a dû s'en mêler ; enfin l'Allemagne a vaincu toutes ses appréhensions...

26 mai

L'église catholique de Lübeck a brûlé.

Son toit en cuivre a beaucoup gêné les pompiers dans leurs efforts pour maîtriser l'incendie.

Seul indice : le nom d'un pasteur de Lübeck qui abrite une famille d'Algériens en difficulté est « taggé » sur les murs.

27 mai

Les résultats des élections en France sont surtout compris comme un vote de défiance vis-à-vis de l'euro.

28 mai

Impossible de ne pas le voir. Tous les médias le montrent. Markus Wolf, les bras pleins de fleurs quitte le tribunal après l'annonce du jugement : deux ans avec sursis.

Markus Wolf a été le chef des services secrets de l'Allemagne de l'Est. C'est un des premiers personnages de l'ex-RDA.

Il vient d'écrire un livre où il tente de faire le bilan de son activité ; en exergue il cite un philosophe japonais qui met en garde contre les « jugements moraux d'après des critères du bien et du mal "relatifs" qui changent avec les époques et les sociétés... ». Bien sûr... Comment ne pas soupirer ? C'est par trop inextricable.

29 mai

Page sportive

Hier soir, mon fils hurlait devant la télévision à en insupporter sa sœur et le reste de la famille. Contre toute attente, la Borussia de Dortmund était en train de battre sévèrement (3 buts à 1) le grand favori, la Juventus de Turin, en finale de la Ligue des Champions.

Huit jours plus tôt, en finale de la Coupe UEFA, Schalke 04 était déjà sorti victorieux de son match face à un autre club italien, l'Inter de Milan.

L'an dernier, l'équipe nationale d'Allemagne remportait le Championnat d'Europe en Angleterre tandis que le Bayern de Munich raflait une autre coupe des clubs, sans parler des coupes du monde où l'Allemagne se retrouve régulièrement dans le carré final depuis trente ans.

Mais qu'est-ce qui fait donc gagner ainsi les équipes allemandes ? Le hasard ?

Non, il faut croire, m'explique un aficionado, que le sport collectif (et le football en particulier) constitue un juste microcosme de l'état d'esprit des nations.

« D'un côté du terrain, les pays latins où le football est roi, un jour portent aux nues leurs idoles et les brûlent à la première contre-performance. Eux aussi ont le désir de victoire, mais y ajoutent un certain esthétisme, du style, et parfois la grâce. Ces équipes italiennes, espagnoles, françaises ou portugaises nous enchantent ; les individualités s'expriment, produisent des exploits, des chefs-d'œuvre de technique. Ce sont les artistes du football.

« De l'autre côté, il y a les artisans. Ce sont les clubs anglo-saxons en général et les Allemands en particulier. Eux se livrent corps et âme à la tactique la plus élémentaire du sport collectif : être solidaires pour gagner ensemble. Alors peu importe le nom du buteur ou la qualité du but. Si l'on brille tant mieux, mais briller compte peu. Les individualités restent au vestiaire. L'objectif commun est à l'autre bout du terrain, dans ce petit carré garni d'un filet où il faudra aller déposer le ballon le plus souvent possible. Le reste, tout le reste, ce ne sont que des paroles et des humeurs, des éclats ou des coups de chance. A la fin du temps de jeu, viendra l'addition, et que l'on ait gagné ou perdu, il ne faudra rien regretter.

« Cette année encore, les Latins se sont heurtés à ce mur. Face aux équipes allemandes colmatées par une volonté égale d'aller jusqu'au bout de soi-même au service du groupe, les équipes latines se sont désunies, décontenancées, désagrégées.

« Alors bien sûr, on pourra trouver des excuses, des contre-exemples et faire des moues dubitatives en se consolant d'avoir essayé de jouer un football spectaculaire. Mais, au fond, comme l'a dit malicieusement un grand joueur anglais à la retraite, Gary Linecker, à qui l'on demandait de donner une définition du football moderne : “Le football ? Deux équipes de onze joueurs courent après un ballon et au bout du compte, ce sont les Allemands qui gagnent”. »

31 mai

Le passé de l'Allemagne de l'Est continue de faire des bulles qui viennent crever à la surface de l'actualité.

Cette fois, après celui de Wolf, le procès contre les généraux du *Kollegium* du ministère de la Défense de l'Allemagne de l'Est s'achève. Ils sont reconnus coupables de la mort de fugitifs ayant tenté de franchir la frontière à l'époque du Mur et condamnés à des peines fermes allant de quelques mois à trois ans.

2 juin

Depuis ce matin, les Allemands commentent beaucoup les résultats des élections en France. Les voix officielles sont pour l'instant très réservées. La télévision, la radio, les journaux restent dans les limites de la décence du commentaire politique.

Il est plus amusant d'écouter ce que disent les Allemands de la rue. La droite traditionnelle lève les yeux au ciel : « Cette légèreté française, ce goût du risque ! Quand on a le pouvoir, on ne le remet pas en jeu à moins d'y être obligé... » La gauche dit : « Ah ! Eh bien au moins les Français ont du tempérament. Ils osent... » « Vous avez vu dans *Le Monde*, me dit même un ami que son entreprise a envoyé pour deux ans en France, le sondage indique que 25 % des Français ont voté pour sanctionner le parti au pouvoir... Imaginez-vous ça en Allemagne ? Nous, nous ne saurions pas faire, nous ne sommes pas une nation de "frondeurs" ; nous devrions nous inspirer des Français... » Ce à quoi, horrifiées, des voix tant de droite que de gauche rétorquent : « Nous inspirer des Français ? Vous êtes fou, ils nous entraîneraient dans leur chaos ! »

Car de fait, au-delà de la politique dite politicienne, des aléatoires victoires des uns ou des autres, les Allemands dans leur ensemble sont, comme l'a si bien dit un journaliste de WDR ce matin à la télévision, moins « *revolutionär* » que les Français. Saisis par le mal de vivre, les Allemands glissent en général vers la droite, leur conservatisme se renforce, quitte à devenir réactionnaires, et ils serrent les rangs.

On peut ajouter à ce phénomène global une autre caractéristique : le vieillissement de la population. Il est encore plus marqué en Allemagne qu'en France, le taux de natalité y étant plus bas encore (et il est *a contrario* frappant quand on feuillette les albums de photos d'avant-guerre de voir comme les foules sont jeunes — et maigres). Or, une population à moyenne d'âge élevée n'est pas portée à l'aventure.

Quand le même mal de vivre saisit les Français, il a sur eux l'effet inverse ; les Français ne sont pas lestés comme les Allemands des années 90 par l'intérêt qu'ils portent aux choses économiques. D'après ce même sondage du *Monde*, les Français ne considèrent l'euro et les critères de Maastricht que comme la huitième priorité du futur gouvernement.

Les Français aussi, au contraire des Allemands, s'intéressent plus aux hommes qu'aux programmes. On n'entend guère en Allemagne poser la question : « A-t-il l'étoffe d'un chef d'État ? » En France, c'est la seule question qui intéresse vraiment les foules. Il semble donc que, même avec un sens lyrique très amoindri par des années de consommation à l'américaine, et sans chantre national d'envergure, les Français des années 90, quand ils se sentent mal, soient assez lèges pour être tentés par la révolution ou du moins avoir envie d'ôter le pouvoir à ceux qui l'ont.

Ces réactions inverses devant le même mal nous séparent, nous divisent et ajoutent à l'incompréhension. D'autant plus que les Allemands saisissent mal que notre système majoritaire à deux tours entraîne des fluctuations plus fortes dans la composition du Parlement que leur système proportionnel — et qu'ils ont de la peine à comprendre à quoi correspondent les idéologies de droite et de gauche à la française. Chez eux, d'un point de vue sémantique, il n'existe pas de « droite » mais, comme chez nous au XIXe siècle, des partis « bourgeois ». « La droite a gagné » se dit aujourd'hui encore « *Sieg der Bürgerlichen* » (Victoire des bourgeois). Il n'y a que les journaux extrêmement libéraux, voire de gauche, qui parlent de droite (*Rechte*). Il faut donc pratiquement être de gauche en Allemagne pour parler de droite, sinon il semble acquis que l'appartenance sociale soit toujours le gène dominant qui décide de l'opinion politique. Pourtant, il y a une gauche caviar en Allemagne aussi : la Toskana Fraktion (qui, comme son nom l'indique, passe ses vacances en Italie et a des mœurs équivalentes à celles du « Brie and white wine set » de ses homologues américains).

Mais cette incompréhension, ces différences ne sont que le sommet de l'iceberg. La biographie culturelle des deux pays est trop différente pour que les termes « gauche » et « droite » y aient les mêmes sens. Il faut vivre avec ce constat.

3 juin

Un article, lu dans un journal conservateur, traite de l'Italie, où se déroule le procès des SS responsables des massacres des fosses Ardéatines.

Le peu d'intérêt suscité par ce procès fait réfléchir le journaliste qui professe son admiration pour les Italiens. Il les admire pour le calme, la lucidité et la résignation avec lesquels ils jugent de leur passé, d'une part, mais surtout il les admire parce que « dès que les premières bombes sont tombées sur Gênes, ils ont compris qu'il valait mieux ne pas persister dans l'erreur. Ce sens des réalités a épargné aux Italiens l'anéantissement de leurs villes et d'innombrables morts. Le monde leur est reconnaissant d'avoir ainsi conservé leurs inestimables trésors artistiques, etc. ».

Il y a bien, à côté, quelques remarques sur l'opprobre morale inhérente au statut de vaincu ou sur le comportement des soldats de la Wehrmacht infiniment plus convenable que celui des soldats alliés (les goumiers de Monte Cassino), un peu difficiles à lire pour un Français ; mais l'important est la conviction qui anime le texte que les Italiens n'ont pas « trahi » mais ont été « raisonnables », A lire cette assertion, on se dit que manifestement, les Allemands d'aujourd'hui ne se battraient plus « *bis zum bitteren Ende* », ne boiraient plus la lie amère du calice.

Dans ces conditions, on ne verrait plus d'enfants de quinze ans fanatisés enrôlés dans les « loups garous », avancer contre les chars avec leur *Panzerfaust* et on se dit que les autorités ne fusilleraient et ne pendraient plus aux mois d'avril et de mai alors que tout est évidemment perdu. Car l'étonnant n'est pas qu'un juge ait prononcé une sentence de mort au printemps 45 après la mort de Hitler, l'étonnant est qu'elle ait été exécutée : il restait assez de conviction dans les rangs d'une armée défaite pour que les soldats du peloton d'exécution ne jettent pas leurs fusils à terre en haussant les épaules.

C'est cette caractéristique qui semble s'être estompée. Ce trait de caractère que les Allemands appellent volontiers *Nibelungentreue*, la fidélité de Nibelungen, par allusion à la légende nordique qui inspira aussi Wagner, semble avoir disparu. Les Allemands ont changé.

4 juin

Depuis quelques jours, recrudescence d'incendies en Allemagne. La télévision se sent obligée d'en parler — brièvement — sans se perdre en conjectures. Le fait est seulement mentionné ; et les journaux en font état en brèves dans les faits divers.

Le 31 mai, trois hommes meurent dans un abri pour SDF de Dresde.

Le 2 juin, à Essen, un foyer de demandeurs d'asiles brûle.

Le 3 juin, c'est une maison pour handicapés à Gladbeck.

D'après les explications qui paraissent les jours suivants, il ne semble pas s'agir véritablement d'actions d'extrême droite. Plutôt une sorte de maladie sociale. Souvent ce sont des Kurdes, murmure-t-on aussi. Cela finit par attirer suffisamment l'attention pour que le *Spiegel* du 2 juin publie une carte de Lübeck répertoriant les foyers d'incendie principaux des dernières années. C'est impressionnant : en deux ans, onze incendies majeurs ont visé principalement des restaurants turcs, des magasins libanais, des foyers de SDF, des foyers de demandeurs d'asile, mais aussi des salles de sport, des stocks de papier... et, bien entendu, les églises et la synagogue.

D'après la police, en 1995, il y a eu 149 cas d'incendies criminels. Plus ou moins graves, plus ou moins médiatisés, ils sont en tout état de cause fort mal élucidés.

5 juin

50 ans de plan Marshall

Aujourd'hui, tous les journaux en sont pleins. Extraits du discours de Harvard de George Marshall qui annonce sa volonté de lutter contre « la faim, le désespoir, le chaos » ; photos de l'époque. A la télévision, les cérémonies du 50e anniversaire remplissent les écrans, avec les mines émues des responsables.

L'Allemagne réfléchit à ce qu'elle doit aux États-Unis.

Rien de plus difficile à saisir pour nous, et rien de plus difficile dans les relations franco-allemandes que les relations germano-américaines.

Nous avons en commun avec les Allemands le principe de base que « nous sommes du côté des Américains », mais l'agacement, le dépit, la sensation d'être bousculé, envahi culturellement, tenu pour peu sont inconnus en Allemagne. On ne les trouve, *sotto voce*, que chez les grands responsables industriels qui n'apprécient guère la philosophie des lois d'Amato ou Helms-Burton. Mais toute velléité de s'élever contre les États-Unis est, jusqu'à présent, immédiatement muselée par cette idée discrètement mais bien ancrée : Nous avons sous-estimé les États-Unis par deux fois, nous n'allons pas le faire une troisième fois.

Dans le quotidien, on n'entend pratiquement jamais de récriminations contre l'emprise des États-Unis. A juste et à mauvais titre d'ailleurs car l'Allemagne est à la fois moins et plus américanisée que nous.

Beaucoup moins si l'on considère qu'en Allemagne les abords des villes n'ont pas pris l'allure de Far West de nos grands « centres commerciaux », la structure du petit commerce ayant mieux résisté ; moins aussi parce que la cohésion sociale et religieuse (associations, emprise de l'Église, etc.) des provinces, des petits villages a mieux résisté, surtout dans le Sud rural. Le phénomène de banlieusardisation-globalisation (survêt', « souit-shirt », Nike ou Reebok, télé, MacDo, arcades, C.D., CD-Rom, cassettes, comics, dernier Spielberg) n'a pas autant vidé de sens le calendrier grégorien, les chansons enfantines, les albums du Père Castor, les robes du dimanche, le clafoutis et « Joyeux anniversaire, nos vœux les plus sincères ». On n'entend pas dans un village de Bavière « Braillane, Braillane (Brian), viens fêter Alloïnne (Halloween) » comme on l'entend dans les villages de Provence, même si dans la Ruhr on entend beaucoup « Kevin rentre à la maison » (mais il faut dire que les prénoms en Allemagne ont depuis longtemps été laissés à la fantaisie des parents alors que chez nous, c'est nouveau). Les T-shirts, eux, y sont tout autant marqués de sigles, de marques, de mots anglais, mais c'est là qu'on voit la différence : cela choque moins qu'en France, cela paraît moins étranger, moins intrusif, de même qu'on chante *Happy Birthday*, sans aucune nostalgie de quelque chose de plus raffiné aujourd'hui disparu. Probablement parce que, intérieurement, l'Allemagne est plus proche de l'Amérique. De par la langue d'abord. Le passage de l'une à l'autre se fait facilement et l'allemand a ingurgité un grand nombre de mots anglais qui américanisent le discours sans qu'on y prête attention : « *Er ist clever, ausgepowert*, etc. », et puis, évidemment, parce qu'après la guerre, l'Allemagne a été à l'école de l'Amérique. Les années 80 avaient, dans l'agitation écopacifiste, fait surgir une grande vague d'antiaméricanisme qui était une manière détournée de s'affirmer allemand. Mais maintenant que c'est fait, il faut faire un effort pour se remémorer la violence des attaques contre l'OTAN, de toute une partie de la gauche de l'époque.

Pour se démarquer de ce qui avait mené à la ruine,

les Allemands ont adopté avec ardeur la totalité du modèle vainqueur, les États-Unis. Mais à bien regarder ce qu'offrait le modèle américain, on se demande si la symbiose ne s'est pas faite d'autant plus facilement qu'il s'agissait d'un retour à l'envoyeur, le mouvement aller s'étant fait quelques années plus tôt. C'est du moins l'opinion qu'avance un professeur d'université américain, Allan Bloom, dans un ouvrage très remarqué il y a quelques années *L'Âme désarmée (The Closing of the American Mind)*. « Assez étrangement, dit-il, Freud et Weber se sont, en quelque sorte, partagé les préoccupations psychologiques et sociales de Nietzsche. Freud s'est concentré sur le Ça, ou inconscient, sur le sexuel considéré comme moteur des phénomènes spirituels les plus intéressants... Weber s'est surtout intéressé au problème des valeurs, à la religion, envisagée dans son rôle dans la formation des valeurs, dans son rapport à la communauté. A eux deux, ils constituent la source immédiate de la plus grande partie du vocabulaire qui nous est [aux États-Unis] devenu familier. (...) Au fur et à mesure, poursuit-il, que le nouveau style de vie américain devenait une reproduction à la Disneyland de la République de Weimar, que l'accent de Herbert Marcuse devenait le nasillement du Middle West, nous adoptions le nihilisme avec *happy end*. » Il se défend bien de « voir un intellectuel allemand sous chaque lit américain », mais qui « aurait pu croire que, par exemple, la terminologie sociologique de Max Weber deviendrait un jour courante, qu'elle serait le langage quotidien des États-Unis, pays des Philistins, devenu entre-temps le plus puissant du monde ? »

D'autres intellectuels américains peuvent avoir d'autres opinions mais celle-ci éclaire la symbiose intellectuelle germano-américaine, le manque de réaction des Allemands contre certains empiétements américains et corrobore l'impression qu'on peut avoir quand, ayant vécu plusieurs années et en Angleterre et en Allemagne, on arrive à 20 ans aux États-Unis et qu'au lieu de retrouver l'Angleterre dans cette excolonie, comme on s'y attendait, on y retrouve surtout... l'Allemagne.

Il faut dire que l'émigration allemande aux États-Unis a été très importante, que le Middle West en est culturellement très imprégné et que, dit-on, Harvard est une université « allemande ». Mais, sans le nazisme et la guerre, sans l'émigration des années 30 vers les États-Unis, tout ceci serait beaucoup moins marqué, il n'y aurait pas eu de passeurs comme Bruno Bettelheim et les films de Woody Allen ne paraîtraient pas à Allan Bloom être l'aboutissement de la filière directe Nietzsche-Heidegger-Erich Fromm-Riesman.

Alors, comme on le voit, demander aux Allemands de se démarquer des États-Unis en quelque manière que ce soit, c'est beaucoup demander. Il est compréhensible qu'ils aient assimilé si volontiers cet avatar de leur propre culture et avec lui, cette simplification, banalisation, commercialisation qui nous est encore — pour combien de temps ? — quelque peu étrangère.

Surtout si l'on n'oublie pas de compter la reconnaissance au nombre des sentiments obligatoires des Allemands vis-à-vis des États-Unis, et ce n'est que justice : ils n'oublient ni les *care packets*, ni le pont aérien de Berlin de 1948, ni, donc, le Plan Marshall. De la reconnaissance à la révérence, le pas est vite franchi, du moins tant qu'on n'éprouve pas le besoin de secouer la tutelle, tant qu'il semble y avoir collusion des intérêts.

6 juin

Reste à savoir comment les 17 millions d'Allemands de l'Est réagissent à ces célébrations de l'amitié germano-américaine, eux qui en ont été privés.

J'aurais dû lire un journal est-allemand ; mais j'étais à l'Ouest où l'on n'en trouve pas, puisque, sept ans après la chute du Mur, le paysage des médias, surtout écrits, reste divisé de manière presque étanche. Les Allemands de l'Ouest lisent les journaux *wessis* et ceux de l'Est lisent les journaux *ossis*. Mais dans un journal de l'Ouest, je vois une grande photo d'une manifestation est-allemande. 1950, une manifestation bien organisée défile avec une énorme affiche : « *Yankee go home !* », et l'on y voit un travailleur à l'allure soviétique refuser vertueusement les offres « Plan Marshall » d'un Oncle Sam insidieux.

En 1950 déjà, la RDA sentait que la Bundesrepublik la rattrapait et la dépassait et éprouvait le besoin de se justifier.

6 juin

Je remarque que les rumeurs transitent entre la France et l'Allemagne sur les questions de composition du gouvernement.

De fait, plus les rencontres se multiplient, plus les gens se connaissent, plus ils finissent quand même par s'influencer.

Mais dans ce carrousel du « franco-allemand », dans ces innombrables colloques et conférences croisés, il n'y a pratiquement pas d'Allemands de l'Est.

7 juin 1997

Orthographe

Encore un grand titre de journal sur la réforme de l'orthographe. Elle déroule sa sinusoïde à travers l'information allemande depuis des mois, voire des années. Nous aussi, nous avons eu une réforme de l'orthographe ; il est donc d'autant plus amusant de voir comment le sujet est traité en Allemagne. Pour un Français, l'orthographe allemande ne semble guère difficile. Rien à voir avec les chausse-trappes phonétiques anglaises. Rien à voir non plus avec les acrobaties intellectuelles françaises de l'accord des participes passés. En gros, tout s'écrit comme cela se prononce. La seule ambiguïté réside dans les questions suivantes : est-ce que cela s'écrit « attaché », en un seul mot ou séparé ? Est-ce que cela s'écrit avec une majuscule ? Ecrit-on « ss » ou « ß », et où place-t-on les virgules ?

Enfin le législateur, probablement dans un souci de démocratisation ou d'intégration, songeait à germaniser les « mots étrangers » d'origine slave, yiddish, anglo-saxonne et française dont fourmille l'allemand (*Scharm* au lieu de Charme).

A peine les décisions prises, la « boule de cire » allemande se mit à rouler : les maisons d'édition publièrent leurs nouveaux dictionnaires, les maisons d'édition scolaires sortirent les manuels avec la nouvelle orthographe... et les intellectuels allemands, au vu du résultat, se réveillèrent.

Les différences paraissent parfois minimes mais que dirions-nous si nous voyions écrit :

> « pour jamais, ah, seigneur, songez en vous-même
> combien ce mot cruel est affreux quand on aime »
> au lieu de :
> « Pour jamais, Ah ! Seigneur ! Songez en vous-même
> Combien... »

Sans compter la tristesse prosaïque et a-historique de *Scharm*...

La protestation s'est donc déroulée à la façon allemande : juridique, économique et régionale. Recours devant les cours constitutionnelles des Länder, longues considérations sur les coûts déjà encourus (le chiffre de 130 millions de DM revient sans cesse), longues considérations pour savoir si les droits fondamentaux de l'individu sont touchés et si donc il serait légitime de soumettre la plainte à la Cour Constitutionnelle fédérale de Karlsruhe. C'est la solution à laquelle semble tendre l'auteur de l'article du 7 juin 1997 de la *FAZ* que j'ai sous les yeux.

En tout état de cause, dans l'état actuel de la discussion politique en Allemagne, l'orthographe est un sujet rafraîchissant — et qui touche de la même manière toute l'Allemagne, bien que ce soient plutôt les écrivains de l'ouest qui le soulèvent.

8 juin

Une altercation qui a fait trembler la coalition est en train de se régler. M. Waigel, forcé de trouver les moyens adéquats pour respecter les critères de Maastricht, avait décidé de réévaluer le montant des réserves d'or de la Bundesbank. Tollé dans le Landernau politico-économique, et couverture dans le *Spiegel* : die « Gold Bombe ». L'opposition demande la démission du ministre.

Mais aujourd'hui tout s'est calmé. On voit partout des photos de M. Waigel, ministre des finances CSU, souriant en compagnie de M. Tietmeyer, président de la Bundesbank. Alles in Ordnung.

10 juin

La Cour constitutionnelle de Münster a rendu son verdict : Garzweiler II sera autorisé. On verra d'autres trous du style de celui de Garzweiler I : 200 mètres de profondeur sur 10 kilomètres de long et 3 kilomètres de large.

La coalition de Rhénanie du Nord-Wetsphalie tremble mais ne rompt pas ; les Verts espèrent encore empêcher le projet ; pour eux il n'est économiquement pas rentable.

Mais Rheinbraun soutient énergiquement le contraire : le lignite serait toujours la source d'électricité la moins coûteuse, les nouvelles centrales beaucoup plus efficaces, et avec les nouveaux filtres les émissions de CO_2 et SO_2 beaucoup moins polluantes.

Et il s'agit de 9 000 emplois.

12 juin

Ça y est, l'hôtel Adlon est terminé. Tout à côté de la Porte de Brandebourg, en face de la future ambassade de France, sur le Pariser Platz, et refait à l'identique, du moins de l'extérieur. On est en train aujourd'hui malgré la pluie d'installer ses dernières *Markisen* (stores) et de débarrasser les vitres de leur barbouillage blanc.

Tout autour, c'est encore un chantier.

En esprit, je revois l'émission d'Arte : les images en noir et blanc sur lesquelles s'agitaient dans une atmosphère à la Frédéric Mitterrand tous les personnages qui avaient fait l'Allemagne depuis l'inauguration par l'empereur Guillaume en 1907 ; peuplant le hall, les salles à manger, les salons, femmes en grande toilette, messieurs élégants, ministres, officiers, hobereaux, artistes et étrangers de passage se croisent, se saluent, se sourient. Je me souviens d'eux aussi plus tard — mais les artistes n'y sont plus — comme Missie Wassiltchikov les décrit si bien, se précipitant dans les caves de l'hôtel transformées en refuge, dans l'affolement du hululement des sirènes — ou n'y descendant même plus tandis que les bombes achèvent de détruire Berlin.

Berlin ressuscite ; mais eux, où sont-ils ? Où a disparu cette société qui a fait le charme (et la perte ?) d'une certaine Allemagne ? Elle ne renaît pas. Très rares ont été les descendants de ces hôtes gracieux de l'Adlon ; et s'ils existaient, ils ont été bien souvent asphyxiés par le prosaïsme prudent et efficace de la Bundesrepublik qui, trop occupée à d'autres tâches, ne leur a pas non plus suscité de remplaçants.

La réussite économique pèse lourd et le temps qui passe n'allège pas ce poids. Un curieux remake des années 50 s'étire même sur les années 80 et 90. L'effondrement de l'empire soviétique, la réunification, la globalisation ne secouent guère l'atmosphère quotidienne bien qu'ils suscitent l'angoisse et désorientent — et peut-être cette inquiétude est-elle la raison pour laquelle le discours des années 50 rassure, la raison de son succès.

Mais la grâce et le charme, la douceur de cette société, Hitler les a emportés avec lui, engloutis dans le même néant.

13 juin

Une bonne émission sur Arte : les méthodes de sélection universitaire en France et en Allemagne.

En gros : à la France le stress, à l'Allemagne l'effort de la course de fond.

A noter : en Bavière, plus exactement, en Basse-Bavière, 22 % d'une classe d'âge passe son baccalauréat. Et personne ne trouve qu'il devrait y en avoir plus.

14 juin

Le déménagement de Bonn à Berlin continue de faire couler de l'encre et d'alimenter les conversations.

A Berlin, on montre les bâtiments où s'installeront tel ou tel ministère. Certains ne viendront qu'en partie : le ministre et le cabinet seront à Berlin, les services à Bonn, c'est le cas du ministère de la Défense qui s'installe dans le Bendlerblock. Situé à la limite du Tiergarten, le Bendlerblock n'est pas un lieu indifférent. Il a été le quartier général des conjurés du 20 juillet ; c'est là qu'étaient installés les services de l'amiral Canaris et le commandement de l'armée de terre (OKH) dont les chefs étaient Olbricht et Stauffenberg. C'est de là qu'est parti Stauffenberg pour déposer la fameuse mallette sous le bureau de Hitler à la Wolfsschanze en Prusse-Orientale — et c'est là qu'après l'échec, il fut executé avec ses complices von Quirnheim, Haeften, Merz et Olbricht.

On dit que Rühe y voit une des raisons principales de s'y installer.

D'autres ministères, les plus techniques, ne viendront pas du tout. Ils resteront à Bonn.

Le Bundeskartellamt, lui, ira à Bonn pour les mêmes raisons qu'il était à Berlin : éviter la proximité du pouvoir.

17 juin

Une petite pensée aujourd'hui pour l'ancienne fête nationale allemande. Elle commémorait le 17 juin 1953 : le jour de l'insurrection populaire en RDA.

Parti de la protestation des ouvriers du bâtiment berlinois, c'est un sursaut de la population contre la poursuite de la soviétisation de la société sous la conduite d'Ulbricht, secrétaire général du parti unique, la SED : la suppression des derniers restes de propriété privée, des derniers mécanismes économiques et sociaux non socialistes.

Les autres fêtes nationales allemandes avaient commémoré la victoire de Sedan (Sedanstag) ou la proclamation de l'Empire dans la galerie des Glaces de Versailles.

Finalement, toutes les célébrations nationales allemandes commémoraient des événements qui s'étaient déroulés à l'étranger. Étonnant.

18 juin

Restauration à l'allemande

Les journaux depuis quelque jours en sont à nouveau remplis et le Ministre-Président à qui nous rendons visite aujourd'hui nous l'explique avec ses yeux vifs :

« C'est très compliqué dans les nouveaux Länder, ces questions de propriété. Ici à X, regardez, nous voulons reconstruire cette grande étendue vide sur la carte dans le centre-ville. Mais avant la guerre et ses bombardements, c'était un quartier très dense avec des propriétaires très variés. Tenez, cette parcelle par exemple, elle appartenait à un commerçant juif exproprié à la fin des années 30 ; elle a été rachetée par un Allemand parti à l'ouest dans les années 50, et obligé de tout vendre avant de partir, contre des marks de l'Est "sans valeur". Pour l'aider, l'Église s'est portée acquéreur par le biais d'un intermédiaire qui lui a versé au moins une petite somme, un petit capital de départ, à l'Ouest. Aujourd'hui, son fils veut tout récupérer, il menace d'ailleurs de faire un procès à l'Église... ! ; il n'est pas le seul... même si ce n'est pas très fréquent. Il va avoir gain de cause... peut-être... enfin... du moins pourrons-nous avancer... Si pourtant un petit-fils juif ne surgit pas de New York, ou de je ne sais où, pour revendiquer ces terrains qui ont été extorqués à son grand-père dans les années 30. Et ce n'est qu'une des 200 parcelles... »

Voilà le psychodrame qui se joue un peu partout en Allemagne de l'Est depuis que le traité de réunification a prévu que « la restitution prime l'indemnisation ». Il était évident que cette décision allait entraîner des délais et des contestations sans fin, et retarder ainsi la reconstruction ; pourtant cette décision a été communément acceptée.

De fait, le souci qui a guidé ceux qui ont imposé cette décision semble avoir été avant tout d'ordre moral et juridique :

« Nous n'avons pas voulu ajouter une injustice à un malheur, à une autre injustice, disent-ils, il fallait essayer de rétablir le droit. Nous vivons dans un État de droit. Un des plus importants de ces droits est celui de la propriété ; notre système social, notre Constitution reposent en partie sur lui. Il faut faire le maximum pour qu'il soit respecté. La malheureuse exception de 45-49 nous a été imposée de l'extérieur. C'est regrettable. »

Et jamais l'on n'entend aucune réflexion d'ordre politique. Il est extrêmement rare que la dimension historique soit évoquée et que l'on replace les événements dans leur cadre global. L'affaire n'est jamais traitée en termes de révolution et de restauration.

Pourtant, la RDA ne peut pas se comprendre sans les conséquences de la révolution de 1917. Et matériellement c'est bien une révolution qui s'y est déroulée entre 1945 et 1949, avec ses caractéristiques classiques : suppression des élites et bouleversement des structures de propriété ; donc la réunification entraîne — *nolens volens*— une Restauration, mais qui ne dit pas son nom.

Par ailleurs, il faut reconnaître qu'il n'est pas possible non plus d'appliquer nos critères français : 1917 n'est pas 1789. Le système de la RDA ne peut se prévaloir d'aucune réalisation, d'aucun idéal — reconnu en tout état de cause par l'Allemagne traditionnelle de l'Ouest — d'autant plus que cette révolution a été contestée de l'intérieur par des dissidents, par le peuple lui-même qui a provoqué *die Wende*, le renversement. Et finalement c'est ce renversement, cette *Wende* à laquelle on se réfère parfois en l'appelant Révolution — même si les dissidents ont été tout de suite débordés sur leur droite et plus ou moins mis à l'écart après avoir été utilisés.

Si l'on demande à un Allemand de l'Est si la Restauration lui fait peur, il répond en général que non, il lui semble impossible que le communisme revienne.

Le résultat de cette situation politique molle, prêtant à toutes les confusions, est que les Allemands semblent se réfugier dans les solutions pragmatiques et trouver des réponses à tous leurs problèmes dans le Code civil, « confondre le tribunal de l'histoire et le tribunal administratif ». C'est ainsi qu'ils jugent le directeur des services secrets, Markus Wolf, qu'ils font des procès aux généraux du Kollegium, organe consultatif de l'armée populaire, ainsi qu'aux soldats qui ont tiré sur les fugitifs le long du Mur, et qu'ils ont essayé de juger Honecker.

Mais que faire, dira-t-on, faudrait-il laisser « les coupables impunis » ?

Quoi qu'il en soit, beaucoup d'Allemands semblent persuadés que l'on peut faire tourner la roue du temps à l'envers et gommer le passé comme si ne s'était pas déroulé en Allemagne un séisme qui a secoué toute l'Europe, voire le monde.

A peine si quelques faits de société de l'Est ont été pris en considération, comme la législation sur l'avortement, qui a fait l'objet de longues négociations.

Souvent les Allemands donnent l'impression de tout faire pour se persuader que rien n'est arrivé ou même « *es ungeschehen machen* », faire que cela n'ait pas eu lieu.

L'idéal serait presque que tout retrouve son état *ante*, que tout ressemble à s'y méprendre à la Bundesrepublik. Jusqu'au nom des rues.

A ce point-là, c'est curieux pour un Français qui se souvient de Louis XVIII, rentré après seulement 25 ans pour restaurer « la monarchie mais pas l'Ancien Régime ».

Il est vrai que Marx disait déjà de l'Allemagne qu'elle avait eu une Restauration sans avoir connu de Révolution. On entend rarement cette citation dans l'Allemagne bien pensante. Mais parler d'Allemagne bien pensante, n'est-ce pas déjà presque une tautologie, ces temps-ci ?

19 juin

Wittenberg, Iena, Dresden, Magdebourg... La Saxe Anhalt, la Saxe, la Thuringe, elles aussi renaissent, mais avec quelle peine et quelle lenteur. Comme il est difficile, même avec des gens capables, intelligents et de bonne volonté, de renouer avec le présent quand on a été englouti pendant cinquante ans au moins dans ce qui finalement, avec le recul, semble avoir été un trou noir de l'histoire.

Rénovés, les lieux sont superbes. L'architecture de telle chancellerie de Ministre-Président splendidement mise en valeur par un jeune architecte des monuments historiques, enchante l'œil et parle de lendemains riants... Mais les tables ne sont pas encore ce qu'il faudrait, ni les rideaux ce qu'ils devraient. Tout a indéfiniment depuis sept ans un petit air d'appartement dans lequel on vient d'emménager. On se prend à rêver à ce que cela aurait pu être, si... quelle tristesse.

20 juin

« Ce qui est terrible chez les Allemands, me glisse à l'oreille cette très jolie et très fine épouse de diplomate hollandais dans un dîner parisien, c'est qu'ils donnent l'impression d'être invulnérables. »

Invulnérables ? Non, cuirassés plutôt, parce qu'ils se sentent vulnérables. Du coup, rien ne leur importe plus que la « sécurité ». Dans leurs affaires, leurs loisirs, leur vie privée, ils s'assurent contre tout ; ils craignent sans cesse pour leur santé qu'ils prennent terriblement au sérieux : aucun peuple ne consomme moins de médicaments à la légère, l'absorption d'antibiotiques est une chose grave, une angine exige de garder la chambre. C'est une des raisons du souci qu'ils ont de l'environnement : si la forêt meure, la couche d'ozone se perce, le climat se réchauffe, que deviendront-ils ?

Ils ont tout autant peur de l'incertitude et du doute et s'assurent contre lui en accumulant les savoirs avec cette modestie qui permet de se donner du mal et leur vaut parfois cet air de cousin de province qui a réussi.

Et quelquefois, quand leur cuirasse est bien étanche, ils la prennent pour leur peau.

21 juin

Cela faisait un certain temps que je n'avais pas regardé la chaîne allemande NTV, l'équivalent de notre LCI, mais en plus économique. Elle appartient à 50 % à CNN.

A quel point c'est « économique », j'avais oublié.

Tant que ce sont les nouvelles de la bourse — même si elles sont dites sur un ton pseudo-américain, avec un ton de voix légèrement surexité et sans ponctuation, cela a une certaine tenue. Mais les publicités sont terribles : il n'y est question évidemment que d'« économies », de « *sparen* ». Toutes les trois minutes : sparen sur les impôts, sur les assurances, sur la construction de la maison, etc. On ne peut rien avoir contre, bien entendu, mais hélas l'économie s'étend à la langue ; sur elle aussi, on a économisé.

Cela évoque cette publicité des années 60 restée célèbre, « *der Weiße Riese mit Riesenwaschkraft und Riesenrabatt* » (le géant blanc avec force de lavage géante et rabais géant). Quand par hasard il ne s'agit pas d'économiser, on vous propose d'acheter de superbes médailles ou de merveilleuses poupées de Sissi.

La seule bouffée d'oxygène vient de la météo, le *Wetterdienst* : image et musiques agréablement oniriques, le bulletin donne des nouvelles du monde entier et les températures précises de toutes les capitales où l'on a des raisons professionnelles de se rendre : c'est le *Businesswetter*. Et après le *Businesswetter* vient le *Biowetter* qui partage l'Allemagne en zones où l'on est de bonne ou mauvaise humeur suivant la pression atmosphérique : « dans le sud-est, mal de tête et apathie, dans le nord hypertension et douleurs rhumatismales... », vous annonce une voix suave. Suit une bonne émission, sur la santé à nouveau et qui bien sûr s'appelle « *fit for job* ».

Sinon... eh bien, il y a d'excellentes émissions comme celle de Lothar Späth où l'on a un peu le temps d'aller au fond des choses sans que cela devienne la foire d'empoigne comme dans les talk-shows, et dans lesquelles journalistes et invités semblent encore résister à la commercialisation rampante du langage.

Pourvu que ça dure.

22 juin

Lebensborn

Le Spiegel touche cette semaine à une des composantes du drame nazi qui ont, a posteriori, le plus frappé l'imagination des populations ; en fait, à un des aspects « délirants » de cette idéologie qu'avait si bien soulignés André François-Poncet dans ses *Souvenirs d'une Ambassade à Berlin* : le *Spiegel* fouille dans les archives du *Lebensborn*.

L'idée des nazis, avec ce *Lebensborn*, cette « fontaine de vie » était de contribuer à la création d'une élite raciale allemande « aryenne ». Ils ont donc cherché à trouver du « matériel humain » de « bonne qualité », selon leurs critères, en encourageant les liaisons des soldats allemands dans les pays occupés surtout « nordiques » — en particulier en Norvège dont l'ascendance viking les fascinait — et en recueillant les fruits de ces unions.

Ils ont aussi parfois organisé des rafles d'enfants présentant les critères désirés (couleur des yeux, des cheveux, distance du front à l'occiput), emmenés en Allemagne contre le gré de leurs parents.

Michel Tournier a puisé là l'inspiration de son *Roi des Aulnes*, la terrible histoire de ce géant qui parcourt la campagne, enlevant les enfants jusqu'au plus profond des forêts germaniques dans l'Allemagne nazie.

Les faits sont connus — mal d'ailleurs — depuis longtemps, mais l'ouverture des archives de l'Est leur a ajouté un chapitre nouveau.

Après la guerre, on essaya de retrouver les origines de ces enfants — dans la mesure où il en restait des traces (beaucoup n'avaient pas été déclarés à la naissance). Certains purent être renvoyés à leurs parents, parfois même 15 ou 20 ans plus tard ; et il semblerait d'après les archives maintenant accessibles que les services secrets de RDA aient alors eu une idée particulièrement brillante.

Pourquoi ne pas utiliser l'identité de ces enfants pour implanter des espions à l'Ouest ? Des « taupes » ?

Certaines familles norvégiennes virent ainsi arriver un homme dont on leur assurait qu'il s'agissait du fils perdu en 1942 ou 1943... alors qu'il s'agissait d'un agent de la STASI.

Le *Spiegel* a dévoilé deux ou trois de ces cas — et provoqué un énorme courrier.

Les Allemands disent souvent de ce passé que c'est un passé qui ne passe pas : l'ouverture des archives de l'Est, de fait, ne cesse de mettre des obstacles sur la voie de sa disparition.

23 juin

La grande fête de l'Église évangélique, le *Kirchentag* bat son plein et je regrette de ne pas y être cette année.

J'aurais voulu assister au premier *Kirchentag* de l'Allemagne réunifiée à se tenir à l'Est. Le dernier — à l'Est — s'était tenu en 1954 et avait été aussi le dernier *Kirchentag* commun RDA-Bundesrepublik.

Cette année, à Leipzig, les foules habituelles de jeunes sont conviées à se rencontrer pour « parler, chanter, prier et écouter » dans une « atmosphère de célébration joyeuse ».

Différents thèmes seront traités dans différents forums, ateliers, rencontres auxquels participeront une centaine de milliers de personnes. « Vivre ensemble, le fruit de la justice sera la paix » (Isaïe, 32-17) ou « L'avenir : semez la justice et vous récolterez l'amour » (Osée 10-12). Les méditations sur la Bible qui en général se tiennent tôt le matin auront à nouveau un rôle central. Leurs animateurs se sont déjà annoncés : une cinquantaine de personnalités parmi lesquelles on trouve Johannes Rau, Premier ministre de Rhénanie-Palatinat, Antje Vollmer, vice-président du Bundestag, Reinhard Höppner, Ministre-Président de Saxe-Anhalt, toute une série d'évêques, pasteurs, docteurs en théologie, le vice-président d'IG Metall, des députés... Les séances, auxquelles j'avais assisté à mi-chemin entre la méditation et l'exégèse, il y a deux ans à Munich, m'avaient beaucoup frappée.

Enfin, il y a une foule de manifestations parallèles : rencontres avec des malentendants, rencontres de musiciens d'instruments à vent, messe des motards, gospel et concerts de rock... Et tout se terminera par un service religieux qui rassemblera 200 000 âmes.

Je me souviens à Munich avoir trouvé ce méli-mélo de jeunes en pantalons trop larges très sympathique et l'atmosphère qui règne est tellement imprégnée d'une volonté de comprendre, réfléchir, bien faire, dans un désordre organisé à l'allemande qu'on a envie, effectivement, d'apporter sa contribution.

Évidemment, nous n'avons rien de comparable en France. La France est un pays catholique et laïcisé. On y distingue entre « confessionnel » et « non confessionnel » comme ce qui se fait dans le conflit de l'école privée. D'un côté l'Église (catholique), de l'autre le monde laïc qui se veut en dehors de son autorité morale.

En Allemagne, la ligne de partage suit un autre cours : elle sépare les deux confessions, catholique et protestante. En gros, aujourd'hui encore, la CDU est catholique, le SPD protestant ; (le catholicisme rhénan est libéral et ressemble assez au nôtre ; probablement est-il un peu moins marqué par les courants « chrétiens de gauche ». Le catholicisme bavarois est un catholicisme clérical marqué par la Contre-Réforme, proche du Vatican). Le terme « laïc » en Allemagne a donc une signification très précise : il désigne uniquement des protestants ou des catholiques qui ne sont ni pasteurs ni prêtres.

Dans l'Église évangélique allemande par ailleurs, le rôle du « laïc » est bien évidemment beaucoup plus grand que dans l'Église catholique, comme il est naturel dans une Église protestante où il n'y a pas de clergé, le pasteur étant une sorte de professeur au rôle totalement désacralisé. L'organisation des *Kirchentage* est donc prise en main par les laïcs qui les président, décident des thèmes, etc.

Le protestantisme allemand couvre ainsi, par l'intermédiaire de « ses laïcs », le champ laissé libre en France à la « laïcité ».

C'est la raison pour laquelle on trouve au *Kirchentag* des *politische Nachtgebete*, des « méditations de nuit sur des sujets politiques », des « réflexions sur la responsabilité des chrétiens pour l'avenir de l'Europe ». Il s'agit en fait d'occuper tout le champ du « prépolitique », toutes les réflexions sur la société, sa structure, ses ambitions, les dangers auxquels est exposé le citoyen, ses droits et devoirs, etc.

Évidemment, cette collusion de la religion ou de la théologie avec le politique ou la philosophie est déconcertante pour un Français, du moins pendant ses premières années en Allemagne, mais c'est cela qui a permis à l'Église évangélique de tenir ce rôle de contestation de l'État en Allemagne de l'Est avant la *Wende*, cachant par là d'ailleurs la déchristianisation effective de la population.

24 juin

La Philharmonie de Berlin

D'habitude, je n'aime pas beaucoup la Philharmonie malgré toutes ses qualités techniques unanimement reconnues. Je la trouve un peu impersonnelle, un peu trop déstructurée, je n'aime pas qu'on n'y éteigne presque pas les lumières pendant le concert, je n'aime pas sa quasi-absence de foyer. Aujourd'hui, peut-être parce que grâce à une invitation je suis très bien placée — très près de l'orchestre, pas trop — tout cela ne me gêne pas, et la lumière me permet de suivre le texte du livret.

Je ne l'avais jamais lu ; je n'avais jamais entendu *La Création* de Haydn autrement qu'au hasard d'extraits de disques ou de radio saisis à la volée. Je n'avais jamais été vraiment confrontée au célèbre Oratorio.

Pour une Française, même connaissant bien l'Allemagne, assez peu versée dans les choses musicales, c'est un évènement. C'est comme disent les Allemands, « *ein Erlebnis* », une expérience que l'on vit intensément, un morceau de vie toute pantelante.

On y trouve tout ce qui m'a toujours pris à la gorge en Allemagne, tout ce qui rend l'Allemagne si attachante et irremplaçable. L'intensité vibrante qui s'accroche aux choses et aux êtres, transmuée ici en musique, s'élève ce soir avec une sûreté fascinante et désarmante ; elle s'incarne dans les mots qui vont droit à leur but sans fioritures ni détours en désignant les choses avec une simplicité cruelle qui bouleverse tout sur son passage. « *Verzweiflung, Wut und Schrecken begleiten ihren Sturz* ». Cette simplicité, cette sûreté, cette *Unbeirrbarkeit* comme sous hypnose qui touche à l'extase, ne s'obtient qu'au prix d'une reddition, cela va de soi, au prix de l'abandon de l'âme à plus grand que soi, à l'ordre du monde, à la foi. Et c'est cette manière de se défaire de soi qui effraye, cette capacité d'être tout entier dans ce qu'on dit, dans ce qu'on chante, dans ce qu'on fait — et non plus dans soi — d'oublier totalement de regarder en arrière, d'oublier de se regarder vivre, pour être capable de dire des choses... des choses qui traduites en français sont presque gênantes, feraient rougir parce que trop intimes ou trop « bêtes », seraient taxées de faute de goût, comme une jolie fille aux joues rouges et aux pieds nus dans un bal de cour, ou l'évocation d'un cor au pied dans une conversation courtoise. Ainsi cette poule qui picore dans le psaume solennel de Luther si souvent chanté aux enterrements :...

In vollem Glanze steiget jetzt
die Sonne strahlend auf
ein wonnevoller Bräutigam
ein Riese, stolz und froh,

poursuit le récitatif,

Dans son plein éclat
Le soleil se lève rayonnant
Un fiancé délicieux
Un géant fier et heureux.

J'ai toujours été frappée de la difficulté de la transposition en français de ce genre de textes qui tout à coup traduits vacillent au bord de la niaiserie. Dans ce sens, je ne sais ce qui, des premières scènes du *Prince de Hombourg* de Kleist ou bien du début de *La Mort de Danton* de Büchner, est le plus difficile, lequel des deux fait plus grincer des dents en français... Mais la force de cette pensée qui va son chemin sans se laisser distraire est d'ignorer superbement les fautes de goût, pour aller au-delà, vers des confins plus rares, et vous toucher, au moment où on s'y attend le moins, lorsqu'on est las de cette gaucherie malhabile, comme dans les films de Wim Wenders, où l'on reste cloué dans son fauteuil, percé d'une flèche au moment où la limpidité — ou l'obscurité — du propos vous faisait irrémédiablement sombrer dans l'ennui et vous disposait à tourner la page, et à quitter justement ce fauteuil.

Mais voilà le récitatif. Et la voix qui s'élève n'a plus rien d'extatique, plus rien de cette sûreté hallucinée, de cette simplicité glorieuse et victorieuse ; elle souffre. Elle enfle mais n'éclate jamais, comme retenue par un licol invisible ; c'est le ton de la *Passion selon saint Matthieu*, cette retenue infinie, cette résignation durement acquise, cette humilité de qui daigne s'abaisser, la souffrance acceptée. Acceptée, pour s'échapper semble-t-il, pour atteindre justement ce havre de paix, la foi, pour fuir les aléas de ce bas monde, le gouffre béant du non-sens, la tentation du vide, cette fascination pour le néant, la mort, cette attraction fatale, ce nihilisme vertigineux qui parcourt *sotto voce* la biographie allemande, dans sa création littéraire, musicale, dans son histoire, dans son quotidien ; à tel point que c'est devenu un poncif, magnifiquement illustré par la présence de ces quelque 500 ballades auxquelles ont sacrifié tous les poètes allemands qui pratiquement toutes se terminent par une mort abrupte, mais douce, mystérieuse, sans douleur, une façon de s'abandonner enfin ; tel l'enfant du *Roi des Aulnes*.

C'est ce contrôle de soi, cet acheminement difficultueux vers une foi qui sauve, prix du renoncement à tout relâchement, qui résonne dans la voix de Gabriel répondant à Uriel, et qui glace le sang tout autant qu'il exalte.

On se prend à penser : mon Dieu, pourquoi les mystiques allemands, les Jakob Böhme et les Maître Eckart, n'ont-ils pas pu prendre sur eux toute cette souffrance ? N'auraient-ils pas pu la catalyser, l'extérioriser ? Luther ne les aimait pas, pas de sainte Thérèse d'Avila avec lui, mais des théologiens... indéfiniment, et des philosophes qui, au lieu de se risquer dans le mysticisme, ramenaient la métaphysique sur terre, l'intériorisaient, l'intégraient dans l'en deçà, tel Hegel installant le divin dans les institutions humaines...

Mais si l'on a l'âme philosophe à la Philharmonie de Berlin ce soir, il y a aussi, en dehors de la musique, une raison très humaine : le baryton Thomas Quasthoff. Un beau visage, sensible, et pour cause... A part le visage, un corps difforme, de ce qu'il est convenu d'appeler une personne de petite taille, avec des mains qui ont oublié d'avoir des bras... Regardez-les, mon âme... Et de ce corps terrible, sort la voix la plus sûre, la plus puissante, la plus harmonieuse, la plus belle qui soit. Un Raphaël de rêve.

Mais quand à la fin de l'Oratorio, il incarna Adam, lorsqu'il lança toutes ses paroles de louange et de reconnaissance au Créateur, lorsqu'il forma le couple idéal et éternel avec une Eve à la beauté qui en paraissait presque insultante, Eva Banse, enfin lorsqu'il termina en fusion avec les chœurs et Eve par les paroles :

Singt dem Herren alle Stimmen	Chantez tous le Seigneur
Dankt ihm alle seine Werke	Remerciez-le de ses œuvres
laßt zu Ehren seines Namens	Faites résonner sa louange
Lob im Wettgesang erschallen	En honneur de son nom
Des Herren Ruhm	La gloire du Seigneur
er bleibt in Ewigkeit.	Est éternelle.

... et que la foule debout, transportée, lui fit une ovation, qu'il sembla avoir transcendé sa contingence, être lui-même le paradigme de cette Rédemption, de cette nostalgie du moins de la Rédemption, l'allégorie même du monde parfait chanté par Haydn, je me dis, la gorge serrée, applaudissant à tout rompre, que je savais pourquoi j'aimais l'Allemagne.

25 juin

Postdamerplatz

Comme à Paris et en France en général, il fait depuis déjà de longs jours à Berlin ce temps de juin qui aide à comprendre pourquoi les Européens du Nord achètent des maisons de vacances en Europe du Sud.

Les plus belles journées de l'année s'égrènent : 21, 22, 23 juin ; les cerises sont vertes sur les cerisiers de la Marche Brandebourg, et la pluie, le vent et le froid recouvrent tout uniformément. Et demain sera le 24 et il faudra attendre un an pour avoir à nouveau un 23 juin : celui de cette année est irrémédiablement « perdü », si l'on entend par 23 juin l'exultation du plaisir de vivre dans la chaleur et l'éblouissement de la lumière.

Dans ces conditions, sous ce crachin de steppe, les distances à Berlin paraissent s'allonger encore : les avenues sont plus longues à traverser, les trottoirs plus longs à arpenter, les bâtiments plus longs à longer et les jardins, parcs et verdures qui partout parsèment la ville me rappellent irrésistiblement la réponse de l'ambassadeur français à Frédéric II qui lui demandait si « notre Berlin ressemblait à Paris ? » « Tout à fait Votre Majesté, sauf qu'à Paris nous ne semons ni ne récoltons », répondit l'impertinent.

Mais ce n'est pas à semer ni à récolter que sont occupés aujourd'hui les Berlinois de la Potsdamer Platz.

Avec Spie-Batignolles, nous visitons cet énorme chantier, le plus grand d'Europe. La technique lui donne un aspect indolent (c'est d'ailleurs une des choses les plus frappantes dans ces nouveaux Bundesländer : partout on y travaille, nulle part on ne s'y agite. Sur les échafaudages qui recouvrent la moitié du territoire, on cherche toujours quelques rares ouvriers) pourtant les travaux en cours sur la place représentent 3 à 4 milliards de DM et emploient environ 3 000 ouvriers. Il s'agit de construire des tunnels sous la Spree pour une route, le chemin de fer, le métro, de reconstruire la Lehrter Bahnof où arrivera le train à grande vitesse, enfin de redonner un aspect urbain au quartier où se trouvent Porte de Brandebourg, Reichstag, Bundeskanzleramt, les grands sièges de société, etc. A côté de ce gigantesque bouleversement d'où surgit une forêt de grues, le trou des Halles qui avait frappé l'imagination des Parisiens semble relever du seau et de la pelle des bords de mer.

L'Europe entière se retrouve au chevet de cette Spree détournée.

L'ouvrier allemand revient à l'employeur 75 DM l'heure, le Français 54, l'Irlandais et le Gallois moins, le Portugais moins encore et le Polonais infiniment moins mais il ne jouit pas de la libre-circulation communautaire. Pour avoir la permission d'engager des ouvriers de l'Est, tchèques, slovaques, etc., il faut obtenir des contingents qui ne sont accordés qu'aux sociétés « allemandes », ou du moins dont l'encadrement est-allemand, semble-t-il. On murmure que Berlin dans son ensemble abrite des dizaines de milliers d'ouvriers du bâtiment « au noir » qui attendent l'embauche au matin, compétents et peu chers, offrant de rattraper le retard qu'a pris le coulage de la dalle de béton, la pose des piliers. Pendant ce temps, les ouvriers allemands sont au chômage.

C'est d'ailleurs la raison pour laquelle le gouvernement a fait adopter une loi. Et bien sûr cette loi a un nom : *das Entsendegesetz*, mot à mot, la loi d'envoi. Elle stipule un salaire minimum (15 DM de l'heure) pour tous et que l'entreprise portugaise installée en Allemagne par exemple doive payer un ouvrier portugais autant qu'une entreprise allemande un Allemand.

27 juin

La Création de Haydn me poursuit.

En fait, la culture allemande classique pourrait mener l'observateur à dire, s'il n'a pas peur des mots, qu'en quelque sorte les Allemands ont un accès privilégié à la divinité. Qui a un peu peur pourrait simplement remarquer que les Allemands ont la fibre métaphysique, et se cacher derrière l'évidence de leurs productions intellectuelles.

Mais cette quête des cimes, cette familiarité avec les sommets, quel que soit le nom qu'on leur attribue, sont des dons bien encombrants. Ce sont eux qui donnent à l'Allemagne sa face de Janus, tant il n'y a jamais eu une bonne et une mauvaise Allemagne que l'on puisse distinguer l'une de l'autre.

Pour Thomas Mann, les terribles errements de l'Allemagne ne s'expliquent que par cette aspiration vers le sublime, ces éminentes qualités intellectuelles et émotionnelles (et par l'absence d'autres bien sûr). Elles seules pouvaient, perverties, avoir des effets aussi dévastateurs. A bien y réfléchir, elles rendent tangible le mythe de Lucifer. Seul le plus grand archange pouvait déchoir si profondément.

Et le public de la Philharmonie d'avant-hier, quelle part d'archange possède-t-il encore ? Qu'en reste-t-il en 1997 ?

1er juillet

Pourquoi les montres qui se règlent automatiquement sur des satellites émetteurs de signaux donnant le temps exact (par exemple DFC 77), dites en allemand *Funkuhren*, ne sont-elles pas aussi courantes en France qu'en Allemagne ?

Le 1er juillet 1997, les Français se verront dans l'obligation de retarder eux-mêmes leur montre d'une seconde. Leurs amis allemands laisseront la seconde « de rattrapage » causée par un retard dans la rotation de la terre s'agglutiner tout naturellement à la minute qui sépare une heure cinquante-neuf minutes de deux heures et qui comptera donc 61 secondes.

6 juillet

Sampras a battu Pioline, j'en suis marrie — et d'autant plus agacée d'apprendre immédiatement de la bouche du commentateur combien cela lui a rapporté.

A la télévision allemande, dès que l'on décerne un prix, de quelque nature soit-il, sportif, littéraire, caritatif, etc., la première chose que l'on apprend est sa dotation.

On ne gagne pas l'Open d'Australie mais le prix de tant de DM de l'Open d'Australie (*der mit x DM dotierte Preis*).

8 juillet

Philosophie/Langues/ Ennui

« Moi », me dit cet étudiant de philosophie de Tübingen de passage à Paris dont la mère se trouve être française, « quand je recherche des sources chez un philosophe allemand, je vais directement à la traduction française, si j'en connais une bonne. Le traducteur a dû faire tout le travail de compréhension pour moi. Après, je passe à l'original allemand. »

Je comprends parfaitement ce qu'il veut dire.

De fait, pourquoi les philosophes allemands sont-ils aussi abscons ?

Kant est lisible, Nietzsche écrit même un allemand superbe, mais Hegel est extrêmement difficile et Heidegger est incompréhensible. Habermas aujourd'hui se situe quelque part au milieu de cette tradition.

On peut se demander à quoi est due cette complexité du discours philosophique allemand qui le rend totalement obscur au lecteur moyen. De Fichte, Mme de Staël disait déjà « que le plus admirable dans sa philosophie, c'est la force d'attention qu'elle suppose » et Heidegger atteint-il vraiment des sommets de l'esprit tels qu'il faille de longs mois, voire de longues années d'étude, pour saisir sa pensée ?

Louis Dumont dans son *Idéologie France-Allemagne aller et retour* a une explication un peu iconoclaste et très séduisante. Sa théorie est que le rayonnement de Goethe a été tel, à son époque, qu'il a forcé tous ses épigones — et même tous ses successeurs — à se réfugier dans l'obscurité.

Le propre du génie est de donner à voir l'évidence, vulgairement « d'enfoncer les portes ouvertes », mais en étant le premier à prouver qu'elles l'étaient...

Or d'après Dumont, Goethe possédait à tel point ce talent, les évidences qu'il dévoilait étaient à ce point aveuglantes que pour subsister devant leurs contemporains, devant la postérité, ses pairs et ses descendants furent obligés de rechercher le mode opposé de la communication.

Que Goethe ait été aveuglant, il suffit pour s'en convaincre de relire le *Faust*. Comme dans l'Ecclésiaste les paroles du Cohélet, on retrouve dans *Faust*, presque à chaque page, des formulations qui sont devenues des proverbes, « ces mots ailés » allemands, des phrases qui se sont intégrées dans le substrat inconscient à partir duquel pense la nation allemande.

Mais est-ce suffisant pour expliquer le goût de l'obscurité et la complexité des successeurs ? N'y a-t-il pas aussi beaucoup d'autres arguments à avancer ? Même avant Goethe, la clarté de l'articulation et du propos n'avait jamais fait partie du credo allemand.

Parmi la cinquantaine de phrases qui forment le canon sur lequel se retrouvent les Français, il y a quelques fortes convictions comme « ce qui se conçoit bien s'énonce clairement et les mots pour le dire vous viennent aisément ». Et nous avons été élevés avec l'idée que « le style, c'est l'homme », c'est-à-dire que la réalité est dans la représentation intellectuelle de la chose et que la clarté d'un propos est synonyme de sa qualité.

En Allemagne, ce qui semble couler de source attirerait plutôt la suspicion. La limpidité d'un propos le rend facilement suspect de superficialité, de légèreté ; il y a un mot pour cela : *seicht*. Alors que chez nous, la limpidité passe pour être le signe d'un processus intellectuel abouti, la forme plaisante et convaincante, aimable à l'oreille et à l'esprit, d'un fond qui s'est coulé dans un moule bien fait pour communiquer dans une société galante, (et nos copies d'écolier étaient maculées de traits rouges : « peu clair », « expliquez-vous, soyez plus explicites »...), il en va tout autrement en Allemagne.

En Allemagne, la langue est peu faite pour communiquer. Une de mes amies allemandes me soutient depuis longtemps que ce qui fait le succès de la *Bild Zeitung* (tirage 5 millions d'exemplaires), c'est qu'il est le seul journal lisible, de la première à la dernière page, entièrement et par tout le monde ; et il n'est que de lire les autres quotidiens plus ambitieux pour voir qu'elle a raison : la différence est nettement plus marquée qu'entre *France-Soir* et *Le Monde* par exemple. Par ailleurs la langue allemande n'est pas non plus vraiment faite pour « expliquer ». Elle préfère faire porter son effort sur la compréhension. Depuis Dilthey la culture allemande fait la différence entre *verstehen* (comprendre) et *erklären* (expliquer) et elle nous enseigne à quel point l'un est fondamental pour l'autre. A tel point que les Allemands négligeraient volontiers la seconde étape, tandis que les Français seraient tentés de s'y précipiter. En Allemagne, on a des *Anweisungen* ou des *Hinweise* (indications) là où nous avons des « explications » ; on n'est pas sommé de s'expliquer lorsque l'on commet une erreur et on n'a pas d'« explication » avec quelqu'un pour régler un problème.

Avant toute chose, la langue allemande est faite pour penser. Elle est faite pour suivre son chemin indépendamment de son environnement — et parfois aller très loin à force de solitude et de puissance conceptuelle, indifférente à la forme dans laquelle elle s'exprime qui n'a d'importance que secondaire : elle peut être laide, lourde, indigeste, répétitive, tant mieux, c'est plus vrai, c'est plus pensé.

Dans son merveilleux livre *Quand Freud voit la mer*, Georges Arthur Goldschmidt, le traducteur bien connu, fait la remarque de base que la langue allemande a un rapport tout à fait différent au corps, qu'elle mobilise autrement, que la langue française. L'allemand se parle du fond du corps, il lui faut de longues inspirations, des expirations : chacun les a dans l'oreille dans les chants des soldats allemands — mais on retrouve aussi ces magnifiques césures dans les cantiques religieux ; et elles se reflètent tout bonnement dans la ponctuation. En tout cas, elles demandent un mouvement du diaphragme, elles provoquent un ahanement inconnu au locuteur français.

Mais bien plus, d'après Goldschmidt, allant de pair avec cette constatation évidente, l'allemand possède une autre caractéristique déterminante, il laisse beaucoup plus facilement s'exhaler le « ça ». « *Es ist mir kalt, es ist mir bewußt* », dit-il là où le Français laisse parler le « je », « j'ai froid, je suis conscient ».

Pour Goldschmidt, Freud n'a eu pour ainsi dire qu'à écouter la langue et finalement seul un utilisateur de la langue allemande pouvait inventer la psychanalyse. Il remarque d'ailleurs que tous les grands classiques allemands avaient déjà fait les premiers pas vers la découverte de l'inconscient ; Schiller n'avait-il pas écrit un essai sur l'influence des pulsions animales sur les pulsions spirituelles ? Ou bien Eichendorff : « Je lisais et l'obscur m'attirait de plus en plus, bien des choses m'apparurent à ce point véridiques qu'elles semblaient être ma façon de voir la plus intime, la plus cachée, ou elles étaient d'anciennes pensées une fois encore perdues et qui ont sombré. »

Cette langue directement en prise avec le tréfonds de l'être est pour Goldschmidt forcément plus éloignée que le français (plus dématérialisé et plus contraint) de ce que Freud appelle « l'assèchement du Zuyderzee », c'est-à-dire la réconciliation de l'âme et du corps, la coïncidence entre *es* et *ich*, ça et je.

L'exercice de traduction est alors une entreprise psychanalytique : les pleins de l'une n'apparaissant que dans les creux de l'autre.

Qui pratique les deux langues ne peut être que séduit par la théorie de Goldschmidt.

D'autant plus qu'on retrouve ailleurs des idées analogues exprimées différemment chez un autre passeur de cultures : Cioran, Allemand de Sibiu (le *Hermannstadt* de la minorité allemande de Roumanie) et écrivain français : « A côté de l'allemand, le français me paraissait une langue, facile, vide, sans vie, sans substance, mais en réalité j'ai découvert que c'était un combat, une rigueur en permanence… Bien sûr, on pense différemment selon la langue utilisée ; quand je parle allemand, je suis dans un autre monde… au début, je pensais qu'écrire n'avait aucune espèce d'importance. On écrit pour dire des choses… le mode d'écriture, l'expression en elle-même n'avait pour moi aucune importance. Mais en France, j'ai compris que l'acte d'écrire participe vraiment à la civilisation, comme la boustifaille, c'est un acte conscient. De même on ne peut pas écrire en Français de façon inconsciente. » Peut-être Goldschmidt dirait-il même qu'on ne peut pas vraiment penser en français de façon inconsciente…

Pour Cioran, lui, ce n'est pas à l'inconscient mais plutôt à la métaphysique que le français ne pourrait accéder. « Sa clarté inhumaine » l'en empêcherait. Et Cioran constate que la France n'a pas de véritable philosophe mais plutôt des moralistes. Pour lui, Pascal est le seul qui ait réfléchi « à la misère de l'homme et non à ses misères ». Encore faut-il dire qu'il a réfléchi plus « à la condition humaine », à la position de l'homme entre l'infiniment grand et l'infiniment petit plutôt qu'à organiser un système cohérent et absolu à l'allemande.

Quel que soit le bien-fondé de toutes ces réflexions qui ont pour elles d'être le résultat d'un vécu, une évidence s'impose : si la forme a si peu d'importance en Allemagne, semble ne pas participer de la même essence que « le fond », si ce qui compte c'est d'être précis, profond, complet, « objectif » (*sachlich*) pour éviter toute partialité subjective, d'être « scientifique » (*wissenschaftlich*) pour éviter toute déviation due à l'empirisme, au hasard, bref de se rapprocher au plus près de « la vérité » coûte que coûte, c'est aussi, entre autres raisons philosophiques, parce qu'en Allemagne ennuyer n'est pas un péché mortel. Au contraire, cela rassurerait plutôt.

De même que les fourches caudines de l'obligation de plaire ne contraignent pas les Allemands aussi durement que nous, l'ennui ne les épouvante pas autant. *Sich langweilen* est bénin en allemand, c'est simplement trouver le temps long. Rien à voir avec l'ennui français, ni celui qui vous arrive : perdre son passeport ou voir sa voiture partir à la fourrière, ni celui qui fait bâiller au théâtre ou au cinéma ; à plus forte raison rien à voir avec l'ennui qui exige le « divertissement » ou avec l'ennui baudelairien, définitif, celui qui prend les proportions de l'immortalité, et auquel est en proie l'esprit gémissant ; ni avec celui qui envahit Mme de Staël exilée à Coppet, ou encore celui qui torture Mme du Deffand : le temps qui ne trouve pas d'objet, celui qui ne coule pas, dont elle se plaint dans ses lettres à Walpole ; rien à voir avec l'ennui qui afflige Chateaubriand, ni avec celui que décrit Cioran où le temps « se décolle » de l'existence, vous devient extérieur, l'ennui sidéral ; rien à voir enfin avec l'ennui dont parle Rachel Varnhagen esseulée à Berlin comme dans l'Orient désert mais qu'alors justement elle appelle : *das Ennui*.

L'ennui, sinon, n'est pas une peur allemande.

Jamais, « il ne sort des étangs léthéens... pour boucher d'une main lasse les trous bleus que font méchamment les oiseaux ».

10 juillet

Réhabiliter Descartes

Pour moi, instruite par le Lagarde et Michard, le « rationalisme cartésien » avait toujours été un concept positif.

Il a fallu que j'attende de vivre en Allemagne pour découvrir tous les péchés dont Descartes était chargé dans une certaine tradition philosophique.

La dérive de l'homme moderne loin de la nature, c'est lui, la séparation brutale entre sensibilité et raison, c'est lui, l'amputation de l'homme réduit à ses facultés raisonnantes et le mépris français pour les animaux, ces « machines », c'est encore lui.

Il est l'ennemi numéro un des écologistes.

Et c'est à cause de tout cela que je reçois aujourd'hui un courrier d'un ami qui me demande quel philosophe français pourrait venir à un colloque à Berlin dont le thème est « Réhabiliter Descartes ».

12 juillet

Déjeuner à Paris avec Fritz Raddatz, le fameux critique littéraire allemand.

Il a beaucoup servi de trait d'union entre les écrivains français et le monde littéraire allemand. Il se plaint du petit nombre de ses pairs : « Ajoutez Bernard Lortolary, Michel Tournier, Lothar Baier, Enzensberger et peut-être un ou deux que j'oublie... et voilà toute la troupe de notre petit cirque ambulant. »

Il est frappé, lui aussi, de l'absence véritable de communication intellectuelle entre les deux pays, et comme moi de la différence de ton en général dans l'opinion publique. Pour se convaincre de cette différence, il suffit d'ouvrir les deux quotidiens qui « donnent le ton » justement, en Allemagne et en France : *Le Monde* et le *Frankfurter Allgemeine*, à la page des lettres des lecteurs. C'est à la lecture régulière de ces expressions typiques de l'opinion publique qu'apparaît le plus clairement le décalage entre les deux pays. La France continue globalement à se situer plus « à gauche » que — globalement — l'Allemagne. Nous en sommes peu conscients mais c'est évident à la lecture de ce que les lecteurs de la *FAZ* écrivent, particulièrement sur les femmes, les étrangers, l'école... ou l'euro.

Le consensus sur lequel repose la société française est malgré tout « républicain » et « citoyen », y compris dans le courrier des lecteurs du *Figaro*.

D'ailleurs, en 1997, dans cette Allemagne qui se met peu à peu à évoquer l'époque wilhelminienne, on se demande où est la gauche allemande dans les médias, en particulier dans la presse écrite : le *Spiegel*, inquiet de la concurrence de *Focus*, s'aligne sur celui-ci et s'emploie très pragmatiquement à satisfaire le besoin d'information factuelle de l'Allemand moyen. *Die Zeit* est en train de changer de rédacteur en chef. Les journaux économiques, *Handelsblatt* etc., évidemment ne remettent guère en cause l'ordre établi. Peut-être reste-t-il encore la *Frankfurter Rundschau* et la *TAZ* à défendre des thèses, pour nous Français, de toute évidence « de gauche » : la défense d'une conception de la nationalité qui ne soit pas uniquement ethnique, partant une réflexion sur les frontières, la réflexion sur la laïcité, les rapports entre l'Église et l'État, la situation de la femme en Allemagne, etc. Autant de sujets qui ne sont pas vraiment utilisés par les partis sociaux-démocrates, ni les Verts, dans leurs campagnes. Ne sont-ils pas eux-mêmes convaincus de l'intérêt de ces thèmes ou pensent-ils que dans la société allemande telle qu'elle est aujourd'hui, ils ne pourraient jamais fédérer une majorité sur de tels sujets ? La dichotomie entre l'est et l'ouest de l'Allemagne ajoute-t-elle encore au problème ?

12 juillet

Non, je n'y suis pas et n'ai aucune envie d'être à Berlin pour la Love Parade, *die größte Party der Welt*, la plus grande fête du monde, dixit la *Bild Zeitung*.

C'est très bien à Berlin. C'est fait pour Berlin : un million de personnes dans l'avenue du 17 juin qui traverse le Tiergarten avec une cinquantaine de camions qui diffusent de la musique techno. Au moins cela sera une journée où l'avenue ne sera pas déserte.

Et le lendemain il y aura, toujours d'après la *Bild*, 180 tonnes de détritus à évacuer et — vu la bière — 750 000 litres d'urine auront arrosé le sol du Tiergarten (c'est toujours *Bild*).

A chaque génération son Woodstock.

A Berlin, tout ce qui est techno, branché, très « nouveau Berlin » se passe toujours à l'Est.

16 juillet

Europe

Ça y est, « l'année » comme disent les Français, en pensant à l'année scolaire, touche à sa fin. Toute la suite habituelle des sommets de l'été est terminée : franco-allemands, G7, et même européens — et décidément, cette fois encore, chaque fois que j'entends les Allemands parler d'Europe, j'ai envie de pleurer.

Quoi de plus triste qu'un discours allemand sur l'Europe, de fait ? Peut-on imaginer plus terre à terre, plus terne (*nüchtern*), discours avec moins d'envolée, moins de visions ?

Ce qui miroite en Europe pour les Allemands, c'est la stabilité : pour les Bavarois, elle est faite d'un mélange de crucifix en salle de classe et de « hightech », pour le SPD, elle est la base de leur « internationalisme », et pour Bonn elle est la promesse de

« paix, prospérité et sécurité » qui revient, lancinante, dans tous les appels à accepter l'euro.

Comme on voit, franchement, pas de quoi rêver.

A personne, il ne semble venir à l'esprit que l'Europe soit aussi « une culture vécue, c'est-à-dire une façon de vivre et de mourir, un ensemble de règles définissant les rapports humains fondamentaux entre parents et enfants, entre hommes et femmes, entre amis et voisins », du moins personne qui l'articule audiblement dans l'opinion publique allemande.

Non pas que les Français soient d'un lyrisme convaincant ni sachent exactement ce qu'ils recherchent en Europe (pour ceux que le poujadisme moderne n'a pas atteint) mais ils ont en général une aspiration vague à quelque chose de « plus grand » ; comme le dit Braudel, « l'Hexagone n'est pas la seule mesure à laquelle il faille se référer : ... au-dessus de la France, il y a l'Europe et au-dessus de l'Europe, le monde ».

L'Europe est pour les Français la médiation entre la France et le monde, la mesure intermédiaire où prendre son essor, où assurer son identité.

Pour les Français pro-européens, l'Europe est évidemment avant tout « culturelle ». C'est-à-dire que tout le développement économique qu'elle est supposée apporter (lutte contre le chômage, relance de l'économie pour certains, obtention d'une taille suffisante pour les entreprises face à la globalisation pour les autres) n'a en fait qu'un but, ne sert qu'à une chose : permettre d'être soi-même ; avec tout ce que cela implique : indépendance militaire (nucléaire, satellites d'observation, forces d'intervention rapide), industrielle (industries électroniques, informatiques, cinématographiques), etc.

Bien sûr, les Allemands aussi veulent être « eux-mêmes » (et y réussissent fort bien) mais à la nuance près qu'ils savent moins bien qui ils sont, et que leur identité est moins nette. Elle a été passée au laminoir du choc atterré de l'après-guerre : du « *Wie konnte es geschehen* ? » (« Comment cela a-t-il pu se faire, nous arriver ? ») et de la rééducation américaine, et elle a de toutes façons toujours été moins encline à se situer dans des limites fixes.

Le Français a le goût du contour net, de la délimitation précise, de la forme claire, bref l'idée de frontière ne provoque chez lui aucun recul : il y a un « en deçà » et un « au-delà » (des Pyrénées) aisément (et plaisamment) décelable à l'œil ; l'Allemagne répugne à cette idée de ligne, de césure. Elle n'a pour désigner ce concept qu'un mot d'origine slave *Grenze* — et sinon, l'Allemagne n'a pas de frontières : elle a des marches, vastes étendues indécises servant à repousser le monde étranger grâce à l'installation de colons-soldats.

Pour un Français, avoir une frontière est aussi normal que d'avoir une maison : chacun la sienne ; un Allemand semble sans trêve rêver à comment s'en débarrasser. Un ami de Göttingen avec qui je parlais de frontière m'a confirmée dans cette thèse en me citant le gros titre du *Göttinger Tageblatt* du 10 novembre 1989, *Grenzenlose Freude eint die Deutschen* (une joie sans frontière unit les Allemands, jeu de mots impossible en français).

Pas un intellectuel, pas un homme politique allemand qui ne parle publiquement de « surmonter » les frontières (*Grenzen überwinden*), de coopération transfrontalière et d'Europe des régions.

Comme ils sentent le vague à l'âme qu'ils déclenchent chez les Français, avec cette bonne volonté affichée (les Français trouvant que les frontières sont certes faites pour être traversées mais franchement pas pour être « surmontées »), ils s'empressent d'expliquer que, eux les Allemands, veulent une Europe « ouverte », une Europe qui ne soit pas une « forteresse ».

Certes, répliquent (en général in petto) les Français, évitons le complexe obsidionnel mais évitons l'excès inverse aussi. Qui n'a pas de murs ne sait où il se situe et qui n'a que des amis sur terre n'en a aucun, car le concept de l'amitié est basé sur la préférence, la prédilection, et ne peut s'étendre à tous sans perdre son sens.

Méfiants, les Allemands qui perçoivent ce discours malgré l'autocensure, se disent que ce désir d'exclusivité des Français cache forcément un désir de dominance, que les Français voient surtout dans l'Europe un moyen de lutter contre leur peur principale, celle du déclin, et que leur Europe est un substitut de la grandeur française passée.

Bien sûr, ils ont un peu raison. Chacun cherche un remède à ses peurs ; eux-mêmes seraient moins séduits par l'Europe s'ils n'y voyaient un rempart contre leur angoisse primordiale : la terreur du désordre. Et les Français se font un malin plaisir de souligner que les désirs d'Europe des Allemands se portent en priorité vers les domaines où ils ont un retard technologique à rattraper. (De même, le désir d'exclusivité français est une manière de dire que les pommes de terre baltes ont plus vocation à se vendre sur les marchés de Moscou que de faire l'objet de montants compensatoires à Bruxelles.) Certes, quelle personne de bon sens pourrait le nier, bien qu'aucune, et surtout pas allemande, ne le dise volontiers ?

Mais à côté de ces raisons négatives qui plaident pour l'exclusivité, il y en a aussi de positives, et pour les Français, finalement, les fondements du principe de prédilection sont assez clairs.

Il s'agit d'être « entre soi », de préserver des manières, des modes de vie sans lesquels cette vie justement perd son charme et le plaisir de vivre s'amoindrit. Il s'agit de faire en sorte que l'argent ne devienne pas le sel de la terre, c'est-à-dire que l'économisme, le principe d'après lequel ce qui est bon pour l'économie est bon pour la politique, ne devienne pas le moteur exclusif de l'action.

Il s'agit peut-être aussi de conserver un rapport à la transcendance qui détermine les rapports de l'homme à la vérité et à l'histoire. Il s'agit d'éviter le simplisme des sentiments et l'accélération de leur versatilité, les phénomènes de mode sans fondement et sans durée, tels qu'ils sont propagés par une industrie des médias globalisée qui écrase tout sur son passage.

Et cela, les Français qui veulent l'Europe veulent le faire avec les Allemands. Est-ce si difficile à dire, et à entendre ?

18 juillet

Avant de partir en vacances, je reçois une lettre d'une jeune fille qui voudrait venir au pair chez moi l'année prochaine.

Depuis 14 ans que j'ai des enfants, il y a toujours eu une présence allemande chez nous.

La première jeune fille est venue à la suite d'un bavardage autour d'une table de fonctionnaires, une petite-nièce... Depuis, le fil ne s'est pas cassé : elles se sont toujours donné le mot et l'adresse.

Et je leur ai une reconnaissance infinie. Un certain nombre de familles françaises, sont, je pense, à même de comprendre ce sentiment.

Elles ont apporté dans le quotidien de notre famille ce que l'Allemagne a de plus séduisant. Une conscience professionnelle à toute épreuve ; une ponctualité qui permet une organisation efficace sans inquiétude ; un talent avec les enfants qui enchante les après-midi pluvieux : chansons, *basteln* (bricolage) — elles sont les as de la pâte à sel, les reines des étoiles de Noël en papier doré, les stars des petits gâteaux de fête. Elles n'ont pas leur pareil pour préparer les anniversaires ; elles savent gonfler les ballons et empaqueter les cadeaux comme personne ; bref elles sont parfaites. Et surtout, plus ou moins intellectuelles, plus ou moins gaies ou bavardes, plus ou moins jolies, elles ont toutes cette douceur allemande dont on parle si peu, sauf Mme de Staël qui s'en disait si séduite.

J'ai souvent eu l'impression qu'elles avaient reçu en partage le meilleur de l'héritage allemand, catholique ou protestant, voire piétiste. Ce calme efficace tourné vers l'intérieur, cette attention aux autres, cette simplicité ennemie du bluff ou de l'esbroufe. Ce sont elles qui écrivent pour mon anniversaire ; elles écrivent à Noël, elles envoient de petits cadeaux aux enfants des années plus tard et enfin se marient et m'envoient les photos de leurs enfants...

J'ai des pages de mon album toute pleines de leurs mariages.

20 juillet

L'Oder

L'Oder a toujours été capricieuse.

Elle est par endroits suffisamment étroite pour permettre à tous les passeurs de clandestins d'y faire nager leurs clients — et la police des frontières ne retrouve au matin que des petits tas de vêtements mouillés.

Elle est suffisamment peu profonde pour geler facilement, permettant aux mêmes clandestins de traverser à pieds secs, d'autant que la surface gelée est si rugueuse et inégale qu'aucune patrouille ne peut utiliser d'engins à patins pour la surveiller.

Et maintenant elle déborde.

Son cours est endigué mais les pluies torrentielles qui se sont abattues sur la région depuis quinze jours ont accru la pression ; les digues cèdent.

Les nouvelles m'en arrivent tous les jours en Provence, en même temps que les nouvelles des incendies de Marseille. Le monde est mal fait.

Du côté allemand, c'est « le potager de Berlin » qui est sous l'eau, la région de l'Oderbruch juste à l'est de W. et cela s'étend jusqu'à Francfort-sur-l'Oder. Le musée Kleist a monté tous ses trésors au premier étage : les lettres, les premières éditions, le buste du poète. L'armée est venue à la rescousse et a distribué 800 000 sacs de sable aux endroits névralgiques. Le gouvernement du Brandebourg a fait ce qu'il fallait et la solidarité intra-allemande a fonctionné.

Mais du côté polonais... D'abord le gouvernement, tout à ses préoccupations des prochaines élections, n'a pas réagi assez rapidement et malgré les secours offerts par tout le monde en Europe et particulièrement en Allemagne, on sent le désordre et la gabegie : il y a 48 morts et 200 000 hectares inondés. Je suis un peu la question — pour savoir —, et au téléphone, un ami du Brandebourg qui a dû se rendre sur place pour organiser les secours me raconte mi-figue mi-raisin qu'il est tombé en Pologne du côté de Kustrin (Kostrzym) sur un Polonais qui lui a dit en allemand : « *Jetzt wo die Deutschen weg sind, nu kann das Wasser tun was es will* » : « Maintenant que les Allemands sont partis, l'eau peut faire ce qu'elle veut. »

21 juillet

Il est de l'Est, très blond et plutôt mignon, il fait le signe de croix avant de monter sur son vélo et il est le premier Allemand à remporter le Tour de France.

D'après la *Bild Zeitung*, « les Champs-élysées étaient à ses pieds » et 20 000 fans l'attendent à Bonn « pour lui faire une ovation ».

Cela me fait plaisir de voir que cela leur fait plaisir.

2 août

En déplacement — fort plaisant — quelques jours dans un hôtel de la Riviera italienne, au bar, ce journal m'est tombé sous les yeux : « Riviera-Côte-d'Azur-Zeitung » ; en sous-titre : « Provence-Languedoc-Roussillon-Korsika-Monaco-Piemont — Kultur und Wirtschaft ».

En première page, on trouve une photo de Saint-Tropez avec Louis de Funès en gendarme et une publicité pour un hôtel de San Remo ainsi qu'un encart pour les journées mondiales de la jeunesse autour du pape avec « formation d'une chaîne humaine de 36 kilomètres ».

A l'intérieur, il y a tous les programmes culturels de la côte ligure et tout ce qu'il est nécessaire de savoir sur les contrôles fiscaux en France. Enfin des photos de personnalités, des publicités de compagnies aériennes et des articles sur des sujets tels que « Vivre et travailler là où les autres sont en vacances ».

L'« Europe des régions », pour certains (plutôt Allemands que Français du reste), est déjà une réalité. Dans ce cas, c'est aussi l'Europe des riches bien sûr — mais surtout cela implique une familiarité de longue date. Est-ce qu'elle se rétablira à l'Est aussi vite ? L'Eurorégion, par exemple, dont rêve à Dresde Kurt Biedenkopf : Saxe, Bohême, Silésie, aura-t-elle vite son journal dans les bars d'hôtels, et son gendarme de Saint-Tropez ?

5 août

Une nuit d'été en Provence, fraîche, comme elles le sont d'habitude loin de la côte. Il faut avoir moins de treize ans pour plonger avec cet entrain à onze heures du soir dans l'eau de la piscine éclairée. Je regarde avec plaisir les corps de nos enfants miroiter et projeter des ombres fantastiques sur les lauriers-tins lorsque leur petite troupe, manifestement attirée par une nouveauté, s'agglutine tout à coup dans le coin le plus éloigné de la piscine, en poussant des cris d'étonnement.

Ils ont trouvé une grosse grenouille, ou peut-être un crapaud, chose inusitée pour ces enfants des villes. Ils sont une petite dizaine, moitié allemands moitié français, que l'été a réunis et qui se précipitent vers les parents : ils voudraient une « cage » pour la grenouille.

Ils ? Non, c'est Louis qui voudrait une cage, et Victor ; Axel cherche déjà quelque chose ; mais

Andreas et Florian boudent, « la pauvre grenouille, il faut la laisser tranquille ». Très vite, les fronts ont été clairs : les enfants français voulaient leur grenouille, les Allemands voulaient le bonheur de la grenouille.

Où ont-ils appris cela ? Qui leur a dit que le concept de l'environnement était différent en Allemagne et en France, leur a expliqué que « civiliser » en France voulait dire améliorer, « réprimer » la nature, à laquelle l'homme se sent extérieur, tandis qu' un Allemand y voit l'homme tout entier plongé, partie intégrante de cette nature et proche des animaux, ses frères.

L'école, la famille, la télévision ont-elles déjà fait leur travail et transformé ces petits Français en défricheurs rationalistes, froids observateurs de la nature et ces petits Allemands en panthéistes presque animistes qui vibrent avec elle ?

Écouter, enfant, « les rêves tomber des arbres », doucement, Peterle, doucement, et lire les aventures de *Hans dans la forêt de myrtilles* ou des *Enfants des racines* forge-t-il une âme différente de celle que vous développez en écoutant les amours de bergères sous la pluie, n'ayant de moutons qu'avec un nœud rose au cou ? Impossible de nier que la chambre d'enfant en Allemagne soit marquée d'une empreinte, emplie d'une atmosphère totalement différentes de la française aujourd'hui encore : plus magiques — moins charmantes.

Pour combien de temps ? *Dragon Ball Z* les unira-t-il bientôt, avant de les livrer au feuilleton adapté au secteur socioculturel 12-14 ans, blanc, middle-upper-class ?

Quand ces enfants iront à la prochaine conférence sur le climat, dans 20 ans, la globalisation les aura-t-elle uniformisés ? Y aura-t-il un consensus européen sur l'attitude à avoir vis-à-vis de la nature, des animaux, de la couche d'ozone ?

Les fourrures, les expériences de laboratoire feront-elles définitivement l'objet de règlements précis ? Et verront-ils tous des bonshommes dans la lune ?

Ou bien l'apparition si nette de fronts distincts causés par cette grenouille était-elle déjà un hasard ?

8 août

Alexandra

Mon amie Alexandra von Sch., la marraine de ma fille aînée, est venue passer quinze jours avec nous en Provence. Elle est accompagnée de son fils de treize ans, Florian. Florian a le sans-gêne aimable qu'ont en général les enfants allemands ; mais surtout, Florian a tous les dons. Ses après-midi durant l'année sont répartis comme suit : trois fois par semaine, violoncelle (il est dans deux orchestres), trois fois de la natation, deux fois du football (le week-end, ont lieu les matches). Il n'y a guère qu'au tennis que nos enfants lui tiennent tête.

Comme en plus Florian est beau et gentil, tous sont éperdus d'admiration et nous demandent chaque jour pourquoi eux rentrent de classe à 17 heures avec deux heures de travail à faire à la maison.

Il vaut mieux être enfant en Allemagne, concluent-ils. Probablement ont-ils raison, chaque société privilégie certaines de ses composantes. En Allemagne, les enfants sont rois dans leur milieu même s'ils sont tellement minoritaires dans la société qu'ils n'y sont pas très bien accueillis (difficile de trouver des locations, d'aller à l'église, au restaurant avec des enfants).

La France est le pays des femmes, dit-on ; probablement est-il plus confortable d'être un homme dans tous les cas de figure.

Lors d'un dîner, la conversation s'est portée sur nos âges respectifs et de là, sur la date de naissance d'Alexandra. Or la date de naissance d'Alexandra contient à elle seule toute une partie de l'histoire de l'Allemagne. Je n'ai pu m'empêcher d'insister pour qu'elle raconte ; Alexandra von Sch. est née le 13 février 1945... à Dresde. Le jour où 200 000 personnes y ont péri sous les bombardements anglais.

Sa mère habitait B., une propriété des environs de Dresde. En février 1945, lorsqu'elle est proche de son terme, l'Allemagne est déjà dans un état de décomposition avancée et le seul établissement qui, dans ce quartier extérieur de Dresde — le plus facile à atteindre avec une carriole à cheval prêtée pour l'occasion — s'occupait encore d'obstétrique était un NSV Heim, un foyer populaire national-socialiste. C'est là que se présenta la jeune femme. Mais déjà égarée par la douleur, elle commit une erreur lourde de conséquences : elle oublia de saluer le Führer dont le portrait dominait l'entrée.

L'infirmière-chef rendue soupçonneuse par cet oubli insolite lui demanda immédiatement sa carte du parti. Or elle ne l'avait pas. Elle n'avait jamais vu aucune raison pour l'acquérir... Dans ce cas, l'infirmière chef refusa de s'occuper d'elle.

De retour dans la rue, la carriole partie livrer ses pommes de terre ailleurs, elle sentit la panique s'emparer d'elle : le travail avançait. Où aller ? Une jeune femme lui fit des signes discrets. « Venez. Je suis sage-femme ici, j'ai tout entendu, vous ne trouverez nulle part ailleurs où aller. Si vous voulez, je vous ferai entrer par une petite porte de côté. Je vous aiderai à accoucher dans la cave. »

C'est pendant la délivrance que commencèrent à arriver les vagues d'avions. Les étages supérieurs du NSV Heim souffrirent, mais dans sa cave, le bébé vit le jour sans encombre.

L'enfance d'Alexandra a été douloureuse. Trois mois avant sa naissance, sa mère était partie pour la Prusse Orientale dont était originaire son mari, pour se rapprocher de lui qui était sur le front russe et pour essayer de mettre en ordre les affaires de la propriété qui curieusement jouxtait la Wolfsschanze — le quartier général de Hitler (on en a des descriptions particulièrement sinistres dans les souvenirs de Paul

Schmidt, l'interprète de Hitler ; une campagne morne couverte d'une forêt sombre où ne pénètre jamais le soleil).

Mais l'avancée russe se faisant menaçante, elle demanda et finit par obtenir l'autorisation de partir en train, ce qui était extrêmement difficile, les autorités refusant d'accréditer toute idée de défaite prochaine : tout départ était considéré comme une trahison. Mais à peine arrivée à Dresde, elle apprend que les armées russes ont reculé devant une courte contre-offensive allemande, Goldap est repris ; avec sa sœur, elle prend le dernier train totalement vide vers l'Est et arrive chez elle pour y trouver installés tous les hauts dignitaires nazis de la région. Dans une scène qui semble droit sortie du *Coup de grâce* de Marguerite Yourcenar — et qui n'a pas encore inspiré de grande incarnation romanesque en Allemagne, l'Autant en emporte le vent de ces régions n'est pas encore écrit — elle se mit au piano tandis que sa sœur sortait les alcools. Quand tout eut sombré dans le sommeil, au plus noir de la nuit, sans bruit, elles roulèrent dans les tapis et les manteaux de fourrure tout ce qui pouvait s'emporter dans ces conditions, attelèrent une voiture bâchée et refirent la route en sens inverse jusqu'à Dresde, à B. tachant de gagner les Russes de vitesse à travers une Allemagne à feu et à sang.

A B., les Russes arrivèrent pour y rester dès le printemps. Entre-temps elle savait son mari prisonnier et blessé mais son frère, lui, avait réussi à rentrer, à échapper aux contrôles et se cachait dans la région, attendant de pouvoir passer à l'Ouest.

La pression s'accentuait : il avait déjà fallu quitter la maison principale pour s'installer dans la maison du jardinier, des rumeurs couraient sur une prochaine déportation de toutes les familles de propriétaires terriens à l'Est : découvert, un junker officier serait probablement fusillé sur-le-champ ou envoyé en Sibérie. Mais il fallait nourrir ce frère. Pendant trois mois, elle alla donc promener Alexandra dans sa voiture d'enfant dont le matelas recelait les trésors qu'elle avait pu trouver : pain, saucisses, fromage, denrées rares et dangereuses à transporter sans provoquer de questions. « Le plus éprouvant est que les Russes adorent les enfants, et Alexandra était un si joli bébé. Dès qu'ils nous voyaient, les soldats russes venaient, prenaient le bébé, le cajolaient, et je mourais de peur qu'ils ne découvrent les provisions... »

Son frère enfin réussit à partir, et son père mourut. A la BBC qu'elle écoute en cachette, des rumeurs se précisent sur la déportation des Junkers. Elle décide de prendre les devants : elle part à l'Ouest. Elle fait l'expérience de l'humiliation classique des réfugiés recueillis par une famille alliée, à l'Ouest, qui n'a rien perdu et à qui l'on pèse — mauvaise conscience, mauvais souvenir permanent. Elle les quitte. Commence l'époque du marché noir. Quand son mari rentre en 47, elle a pris l'habitude de survivre à base de trafic de café, de cigarettes, de petites cuillers en argent ; son mari horrifié préfère le dénuement total. Mais quand après 1949 tout se stabilise, qu'en 1953 il trouve un emploi convenable dans une maison d'édition, et que les années de plomb avec leur sécurité, leur aisance et leur silence s'étendent sur le pays, elle s'écroule. Alexandra sera élevée de longues années dans une famille adoptive : un couple de gardes forestiers.

C'est une histoire tellement exemplaire, tellement représentative, avec de nombreuses variantes, des destins de ces familles de l'est, de quelque milieu soient elles, dont un film *Deutschland bleiche Mutter* (*Allemagne mère blafarde*) de Margaretha von Trotta donne une assez bonne idée, que je ne peux m'empêcher de la pousser à raconter. Elle a valeur de paradigme historique.

Je remarque que si la génération de l'après-guerre immédiate a indubitablement souffert, leurs enfants en revanche semblent d'autant plus robustes. Les petits Blücher, Bülow, Schlieffen que je vois ici ou là ont des airs vigoureux de plantes bien marcottées.

12 août

Annonces matrimoniales

Vraiment, nous y sommes, nous sommes tombés à pieds joints dans ce que les Allemands appellent le *Sommerloch*, le « trou de l'été », l'époque où les médias n'ont plus rien à dire.

Heureusement les trombes d'eau des inondations ont rempli les colonnes des journaux, mais maintenant tout le monde s'époumone pour trouver de la copie.

Et les lecteurs comme moi épluchent leur journal... à tel point que je scrute aujourd'hui les annonces matrimoniales de la *FAZ*.

En France, ce genre d'annonces se trouvent dans *Le Chasseur français*. Les grands quotidiens n'en impriment pas et celles de *Libé* n'ont pas plus un style matrimonial que celles du *Nouvel Observateur*.

En Allemagne, par ailleurs, il n'y a pas de Minitel rose, puisque le Minitel ne s'est pas développé et n'est pas devenu un phénomène de société comme chez nous. Observations prosaïques, certes, mais après tout, la manière dont hommes et femmes se cherchent et se rencontrent en dit long sur une société.

La *Frankfurter*, le journal de l'establishment, contribue à sa manière, toujours très convenable, à ce rapprochement.

En haut de la page à droite, une agence annonce d'emblée quelle clientèle elle vise : élite universitaire, cadres, *Prominenz* (VIP) et fait paraître l'annonce d'une de ses clientes : « Munich, avocate de renom, possède son propre cabinet, femme remarquablement attirante, très classe, style Chanel, niveau international, quadrilingue, énorme succès professionnel, excellente réputation, fréquente la bonne société, véritable ambassadrice culturelle intercontinentale, sait en privé se montrer enthousiaste et entreprenante à la découverte du monde, gaie, libérale — ces qualités en plus de ses moyens financiers ne vous surprendront pas seulement agréablement, elles vous inspireront... ! »

Très bien.

Il y a moins flamboyant mais toujours international et multilingue : « Dans une merveilleuse propriété de la Côte d'Azur, avec parc et vue sur mer, luxueuse, romantique et d'une beauté inspirante... comme sa propriétaire, blonde, la cinquantaine restée jeune, “mondiale” (*weltfrau*), mince, élégante... elle gère votre fortune, parle quatre langues, connaît le monde et voudrait continuer ce qu'elle a fait pendant trente ans : gâter un époux merveilleux, intègre et “un peu fou”. Pourriez-vous être celui-là ? »

Les messieurs ne sont pas en reste et sont tout aussi transcontinentaux : « Grand industriel global, homme d'élite, 43 ans, 1,96 mètre, nom, origine sociale et présentation absolument de classe mondiale (*weltklasse*)... il a la culture et la musique “dans le sang”, excellent danseur, bon pianiste aime l'opéra... son mariage devra être constructif, enrichissant et durable. »

Il y en a de sympathiques : « Femme, 51 ans, agréable, sensible, déménage pour raisons professionnelles de Bonn à Berlin et cherche partenaire de bon niveau, affectueux. » D'autres inquiétantes : « Recherche femme allemande à épouser. »

Mais toutes se meuvent entre les deux mêmes bornes : le confiné, le privé, le romantique, le sensible, l'« inspirant » d'un côté et les vastes horizons du monde de l'autre.

Si, comme disait La Bruyère, « la Province est l'endroit d'où la Cour paraît admirable », peut-être a-t-il fallu dans un pays sans cour, sans centre, que s'y substitue un autre sujet d'admiration pour la province : à défaut de centre, le monde. La tradition classique allemande est celle du cosmopolitisme, du *Weltbürger*, sans cesse évoqué par Goethe, Schiller et leurs émules — et en contrepoint court le motif de l'intériorité.

Nous, nous sommes circonscrits dans l'Hexagone...

Repliant le journal, mon œil se pose sur la rubrique de la page suivante : *Deutschland und die Welt*.

Finalement, les annonces matrimoniales reflètent tous les rêves, les désirs d'un pays ; elles pourraient utilement faire l'objet de thèses, peut-être même est-ce déjà fait et quelqu'un d'intelligent s'est-il déjà penché sur cette irremplaçable source d'informations sociologiques dans quelque université américaine ? J'aimerais beaucoup le lire.

Ces annonces matrimoniales me rappellent une autre expérience allemande dans le même sens.
Visitant avec une délégation d'hommes d'affaires les sièges de quelques grandes entreprises allemandes dans le sud du pays, le paradoxe qu'ils nous offraient était frappant : des messieurs un peu timorés à l'accent souabe prononcé, commentaient d'un ton sans réplique des graphiques détaillant leurs succès aux quatre coins du monde.

20 août

On sait toujours à la télévision allemande combien rapporte un prix ; on sait aussi dans les journaux combien coûte une catastrophe.

La terre tremble en Italie ; la légende sous la photo dit : la coupole de Saint-François-d'Assise s'écroule (x millions de DM de dommages [*Schaden*]).

21 août

Fontane

Mais qu'est-ce qui plaît tant chez Fontane ?
Dans la pénombre d'une chambre aux volets

presque fermés, je lis le *Stechlin*. Voilà plusieurs jours que je lis le *Stechlin* et il ne se passe toujours rien. Un vieux monsieur va probablement mourir et un jeune semble vouloir se marier, c'est tout. J'avoue une faiblesse pour le *Stechlin* parce qu'on y trouve mentionné Genshagen. « Continuez, je vous rattraperai à la hauteur de Genshagen », dit à peu près le fils Stechlin à ses amis.

Ce n'est quand même pas une raison suffisante pour, pendant 400 pages, suivre avec attention les moindres détails de leur vie.

Mais Fontane émeut sans avoir besoin d'aucun effet ; il sait faire tenir la vie dans ses détails ; tout le drame humain est dans le quotidien, voire le banal.

Ses descriptions d'un dîner à l'occasion de la visite du fils de la famille, ou d'une maison qui s'éveille le matin de Noël, contiennent déjà toute une société, toute une époque — et tout un monde de sentiments.

Pour un lecteur français, ce fils de famille huguenote (on entend parler ses parents dans *Mes années d'enfance* : « *Meinst Du das wirklich*, Louis, vraiment ? » — « *Ach, es ist nur eine* façon de parler ») rappelle Proust et Stendhal par son goût de la description sociologique — mais ce qui intéresse, c'est à quel point il s'est déjà éloigné de cette tradition. Même dans *Schach von Wuthenow*, roman d'un amour-propre blessé, où la société joue un rôle primordial (et funeste), on voit que le *Gefühl* n'est déjà plus seulement le sentiment froissé.

C'est plus vaste.

D'ailleurs, pour cette raison même, la lecture de Fontane recèle mille petits plaisirs sémantiques. On observe la transmutation des sentiments français en leurs équivalents allemands. Chez Fontane, les personnages, comme Lewin von Vitzewitz, ont le *Schamgefühl ihrer Empfindungen*, ce qui est la traduction allemande la moins maladroite de notre « pudeur » qui sinon, dans ce sens, n'existe guère en allemand ; Effi Briest dans ses lettres à sa mère se plaint que son mari manque « d'indulgence » envers elle — ce qu'on ne trouve pas davantage sous la plume d'autres auteurs allemands. Et les choses sont souvent suggérées plutôt que dites.

D'une manière générale, un charme particulier de Fontane pour un Français, est ce regard encore à demi-français sur des choses françaises mais vues de l'étranger allemand.

Vor dem Sturm, par exemple, « Avant la tempête » décrit l'émoi provoqué en Prusse par la nouvelle de la défaite de la Grande Armée. Faut-il en profiter pour se retourner contre cet allié accepté de mauvaise grâce ? Faut-il trahir les Français ? Le père est pour, le fils contre, qui ressemble beaucoup à sa mère, une Madeleine von Dumoulin dont la perte, causée indirectement par les Français, a laissé le père inconsolable.

C'est aussi dans *Vor dem Sturm* que l'on voit se dessiner la réaction de l'Allemagne à la Révolution française. Dans une petite église, le jour de Noël, le pasteur dans son prêche ramène à lui l'attention de ses ouailles — tentées, du moins Lewin Vitzewitz, d'observer plutôt le rouge-gorge qui s'égosille dans la neige — lorqu'il conclut : « Dieu ne veut pas de peuple universel (*Weltenvolk*). Dieu ne veut pas de tour de Babel qui aille jusqu'au ciel, et nous allons dans son sens lorsque nous nous affirmons nous-mêmes. Notre foyer, notre pays, sont sacrés d'après la volonté de Dieu. Et sa fidélité ne nous abandonnera pas, si nous lui sommes fidèles jusqu'à la mort.

« Agissons, lorsqu'il sera l'heure ; en attendant, patience. »

Tout y est : la réaction contre l'universalisme français, la concentration sur la particularité identitaire, appuyée par le renouvellement de cette alliance de la raison et de la foi.

Ce qui fera si peur à Heine.

Mais à vrai dire, on est aussi simplement séduit par la grâce du monde qu'il décrit. Dans ces grandes maisons, dans cette région, a trouvé refuge un peu de l'esprit français d'antan, à la fois libéral et d'Ancien

Régime, qui s'y est reincarné sous une autre forme, avec la modestie de l'exilé. Il a contribué à cette floraison de la Prusse, lors de l'« Arcadie prussienne », cette Prusse heureuse si oubliée aujourd'hui où le sérieux savait se mêler à la légèreté. Une Prusse qui séduit tant sous la plume de Fontane ; avant tout par l'élégance des sentiments.

22 août

Touristes allemands

« Tiens, regarde tes chers Allemands... les voilà... Non, écoute... Que veux-tu ? Je ne peux pas ! Ils me terrifient... Attention !... tu vas en écraser un, en plus. »

Effectivement, sur cette route étroite et sinueuse de Provence, je n'avais pas vu le septième motard de cette petite cohorte.

Amusée par le haut-le-cœur manifeste qu'ils provoquaient chez mon amie, je les inspectai d'un peu plus près. Tous de cuir noir vêtus, avec ou sans cavalière, ils ont la même moto, immatriculée HOL.

« Oh ! HOL, tu sais ce que c'est ? Holzminden, une charmante petite ville sur la Weser, j'ai eu plusieurs amis là-bas. Je peux t'assurer que quand ils enlèvent leur cuir noir, ils traversent dans les clous — et uniquement au vert pour les piétons. C'est le club de moto local, en vacances. Franchement, je ne pense pas qu'il aient envie de jouer les Hell's Angels dans cette Provence perdue. Ils sont bien équipés, c'est tout. Tu sais... le groupe en Allemagne, comme dans toute l'Europe du Nord, a quelque chose de rassurant, alors que chez nous il est inquiétant... Mais tu vas voir qu'avec la globalisation, le phénomène collectiviste nous guette. Tu as vu qu'ils veulent faire une "chaîne humaine" pour la visite du pape. Je ne te donne pas longtemps pour te retrouver dans la rue avec ta bougie à la main. La prochaine fois que tu manifestes contre n'importe quoi, tu penseras à moi avec ta bougie qui coule...

« C'est drôle ; cela m'étonne toujours ce goût de l'unanimisme chez les Allemands. On dirait qu'ils ont peur de ce qui sépare : tu connais les paroles de *L'Hymne à la joie* : réunir... *"was die Mode scharf getrennt"*, le bonheur de réunir ce qui a été séparé. Curieux que ce goût de la fusion cohabite avec cette difficulté à intégrer : les hommes avec les femmes, les enfants dans la société, les étrangers en Allemagne, les protestants et les catholiques, les *ossis* et les *wessis*.

« Les spécialistes diront que ce sont les traces de la guerre de Trente Ans. Cette guerre civile entre princes protestants et catholiques dont ont profité les "étrangers", les Suédois et les Français. A la fin de la guerre, en 1648, au traité de Westphalie, l'Allemagne avait perdu pratiquement 40 % de sa population — et était divisée en d'innombrables petits États — *cujus regio, ejus religio*... Un pays sans frontières naturelles, sans unité religieuse ni étatique, avec une population habituée à la ségrégation religieuse et à la peur de l'étranger...

« Tu ris, cela ne te paraît pas convaincant ?

— Pas du tout ! Peur, eux ? C'est à moi qu'ils font peur... quelles qu'en soient les raisons. Ont-ils besoin d'être aussi parfaits ? Ces combinaisons impeccables, ces motos briquées, ces casques qui brillent, ces sacoches qui rutilent ; on dirait une armée avant l'inspection... C'est insupportable.

— Il faut bien qu'ils se rassurent. Rien ne doit être hors contrôle. Pas de mauvaises herbes dans le jardin, pas de poussière sur la table de nuit, pas de boue sur les chaussures, ça angoisse. Et ils quitteront ce coin de Provence après avoir tout vu consciencieusement. Et ceux-là sont de l'Ouest, mais j'en ai vu beaucoup de l'Est cette année. C'est la même chose. Peut-être qu'inconsciemment ils sont venus justement voir un monde qui leur parle autrement ; d'autres plaisirs que ceux de l'efficacité et du contrôle de son environnement, compensés par la bière... Ils sentent peut-être qu'ici, le monde a un autre rapport avec les hommes, "sous ce ciel où le temps suspendu et rêveur au haut d'un azur immobile nous oublie", comme l'écrit Colette à La Treille muscate.

« Non, ne ris pas, le rôle des Français, c'est de séduire les Allemands. Mais nous l'avons oublié, eux autant que nous. »

23 août

Gunter de Bruyn

Je l'avais vu déjà à un petit déjeuner à Munich au Kirchentag ; fin, fragile, réservé, presque timide ; il était exactement comme on l'imagine en lisant son livre *Zwischenbilanz,* bilan intermédiaire, le récit de sa vie : son enfance dans les années trente, son adolescence pendant la guerre et sa jeunesse dans la RDA naissante à nouveau sous le joug d'une dictature. Comme on l'imagine : c'est-à-dire l'être le moins fait pour l'embrigadement, pour crier avec les loups, pour les chambrées, les comités, bref le moins fait pour la vie qu'il a dû mener pendant de longues années.

Son goût de la solitude, des promenades infinies, il l'a satisfait plus tard et il a écrit un joli livre, fin et subtil comme lui, *Mon Brandebourg*. Il était venu en lire des extraits à Genshagen au cours d'une de ces « lectures » si courantes en Allemagne et que nous, Français, ne pratiquons pas. Aujourd'hui, j'ai le temps de le lire vraiment. Il réfléchit sur ce qui a rendu le Brandebourg unique : le fait de ne pas s'être constitué sur une pensée ethnique, d'avoir brassé au Moyen Age des populations slaves et allemandes, d'avoir accueilli à l'époque de la Contre-Réforme des émigrés de presque toutes les régions d'Europe et d'avoir mené l'industrialisation de sa capitale avec le concours d'ouvriers venant d'un peu partout : un Brandebourg qui n'a pas suivi la voie royale allemande de la formation de la nation autour des tribus.

24 août

« L'Allemand ment lorsqu'il est poli. »
Goethe.

La phrase est célèbre en Allemagne. Je viens de la retrouver en exergue d'un texte de Fontane — pour des raisons évidentes. Elle ne pouvait pas ne pas frapper un huguenot.

De fait, la différence de politesse entre la France et l'Allemagne est une des causes les plus fréquentes d'irritation, d'agacement, voire de malentendu entre les deux pays.

Depuis des siècles, ce qui est perçu comme l'afféterie française est mal supporté en Allemagne, au même titre que la « rusticité » allemande prête à sourire en France.

Les explications à ce phénomène se trouvent, parfaitement convaincantes, dans *La Société de cour* de Norbert Elias.

En résumé, la France qui a connu une cour centrale, a vu se développer sur tout son territoire une imitation des manières de cour ; d'autant plus que la bourgeoisie s'est trouvée mêlée très tôt à l'aristocratie, ne serait-ce que parce que le roi favorisait les roturiers et leur donnait des emplois à la cour pour contrebalancer le pouvoir de sa noblesse.

En Allemagne au contraire, l'aristocratie s'est développée dans les nombreuses petites cours à l'écart du monde bourgeois. A cela s'ajoute le mode de recrutement des intellectuels en France et en Allemagne. Toujours d'après Elias, en Allemagne, l'intelligentsia était dans une large mesure une intelligentsia de savants ou du moins d'universitaires ; en France, la sélection ne se faisait pas à l'université mais dans la société de cour, dans le « monde ». En Allemagne, le livre était le moyen de communication primordial, en France, les hommes communiquaient entre eux — en dépit de leur amour du livre — d'abord par la conversation. La position privilégiée de l'université en Allemagne par rapport à la séparation de l'université et de la civilisation de cour en France saute aux yeux...

Voilà, se dit-on, pourquoi au téléphone les gens s'annoncent d'entrée de jeu — sans se demander si ce n'est pas à la personne qui appelle de décliner son identité, vu leurs situations respectives dans la société. Voilà pourquoi les formules de politesse à la fin des lettres ne sont guère susceptibles de variations : les salutations seront « amicales », « cordiales » ou « les meilleures » comme il convient entre collègues et voilà pourquoi l'annonce automatique qui s'enclenche au téléphone me dit « *Bitte, warten Sie* » (s'il vous plaît attendez) au lieu de « Vous êtes prié de bien vouloir patienter ».

Mais bien entendu, cela ne s'arrête pas là.

A la cour où les hommes étaient réduits à l'oisiveté en dehors de leur rôle guerrier, la vie était une éternelle représentation. Pour s'y affirmer et y réussir, il fallait voir et y être vu, faire partie des élus, de ceux qui sont « bien en cour ». Tout signe faisait sens. Toute allusion à une prédilection éventuelle, tout privilège, si infime fût-il, pouvait entraîner une modification de la situation de l'intéressé, qui devait ainsi apprendre à observer la société, à la décrypter et à contrôler ses propres affects pour ne pas se laisser percer à jour.

L'apparence avait donc une fonction réelle. Il fallait savoir « faire sa cour », savoir « paraître » et «tenir son rang » pour subsister. On trouve tout cela chez Saint-Simon et aussi dans un joli petit livre de Mme de Genlis : *De l'esprit des étiquettes de l'ancienne cour (et des usages du monde de ce temps)*, écrit pour expliquer à la sœur de Napoléon, Elisa, ce qu'étaient les cours de Louis XV et de Louis XVI où elle avait vécu. A la lire, on réalise à quel point les formes, les manières sont pour elles porteuses de sens, c'est-à-dire le respect des bienséances, de ce qui est dû à chacun pour l'agrément de tous. Car « tous les usages autrefois étaient calculés pour l'agrément de la société » où devait régner « le bon ton ». Ce bon ton n'était autre chose jadis que le langage le plus pur de la bienséance et de la politesse auxquels l'esprit et le désir de plaire ajoutaient la grâce et l'élégance ».

L'important pour Mme de Genlis, c'est que les formes soient respectées : « Aucune femme n'aurait avoué avoir lu un ouvrage licencieux, par exemple les *Contes* de La Fontaine, *La Pucelle*, *Candide*, etc. L'aveu de ces lectures eût scandalisé peu de gens, mais tout le monde l'eût trouvé de mauvais ton. On dispensait assez facilement de la vertu, on ne dispensait jamais de la bienséance. »

Pas de vie plus agréable donc que la vie de cour pour Mme de Genlis, surtout les voyages, et en particulier Fontainebleau dont on disait que « si deux personnes brouillées s'y trouvent ensemble, elles se raccommoderont ».

Evidemment lorsqu'on lit cette même vie de cour sous des plumes allemandes, l'impression en est tout autre. Les témoignages les plus connus, les *Lettres* de la Princesse Palatine, mariée à Monsieur frère de Louis XIV, seraient plutôt les descriptions d'un enfer (mais les mémoires de la sœur de Frédéric II à la cour du Roi-Sergent décrivent une réalité encore bien plus abominable). La Princesse Palatine se plaint que Louis XIV « ait attendu pour dévaster le Palatinat que je l'aie prié de l'épargner ». Elle ne voit pas la perfection des formes, elle en voit la fausseté.

Et c'est toujours ce qui sépare les Allemands des Français. Pour un Français, la réalité est dans la représentation des choses et donc, en France, même si cela ne se fait plus dans la galerie des Glaces de Versailles, on s'observe, on se regarde vivre, on échange des signes. Les Allemands sont parfois étonnés d'être invités « pour rien » : il n'y a eu ni concert, ni véritable discussion, seulement un déjeuner avec un discours de table. Conversation pour eux n'est pas discussion et ils ne voient pas que « faire acte de présence » pour les Français a déjà un sens en soi. Le monde des signes et du paraître leur échappe ou les insupporte.

Ils comprennent donc peu de chose à demi-mot, ils entendent rarement ce qui n'est pas dit, même si c'est impliqué, souligné par un geste et paraît évident au locuteur français, à tel point qu'il lui paraît plus élégant de ne pas le dire. De même, ils n'ont pas le sens de ce qui est un détail. Pour eux, le diable est dans le détail, comme nous commençons à le dire, et tout revêt donc la même importance. *De minimis non curat praetor* n'est pas une maxime courante en Allemagne et ils vous citeront d'un même souffle deux faits dont l'un vous atterre ou vous transporte, et l'autre n'a aucune incidence, dont l'un vous paraîtra essentiel et l'autre infinitésimal et que vous aurez envie d'écarter d'un revers de main impatienté.

On comprend le succès de Rousseau en Allemagne. Les Français aujourd'hui encore sont toujours un peu « en représentation », la société tout entière leur paraît comme une énorme scène de théâtre et rien ne les amuse tant que de la dénigrer.

Les livres abondent qui sont des analyses sociologiques : études sur les BCBG, les NAPPIES (Neuilly-Auteuil-Passy), les Beurs, étude sur les mœurs aristocratiques en France avec *Le comte de Mirobert se porte comme un charme*.

En Allemagne, on vous dira que ces classes sociales n'existent plus, qu'il n'y a plus de bourgeoisie cultivée, ni d'aristocratie, qui aient gardé des manières spécifiques, que le grand brassage d'après guerre a tout égalisé dans la fourchette des salaires restreinte d'une énorme middle class.

C'est à moitié vrai seulement. En Allemagne aussi, il y a bien sûr un système de « distinction ». Il est même souvent plus hermétique que le nôtre mais il est plùs secret et surtout plus « honteux » ; on n'en parle pas et surtout on n'en rit pas.

Mais que les deux pays aient des sociologies différentes sur lesquelles se greffent des conceptions différentes de la politesse ne rend pas forcément la communication plus difficile... pourvu que chacun le sache.

Fin août

L'ardeur du soleil a diminué, la douceur de septembre s'annonce dans une lumière limpide, dorée, immobile, qui fait croire à un répit dans la fuite des jours.

C'est justement le moment où il va falloir partir, cesser de vivre par procuration, pour retrouver Paris et Berlin.

1er septembre

Diana, sans fin...

Diana und kein Ende, comme disent les Allemands : Diana, la rose d'Angleterre est une rose est une rose est une rose... la première mort du village planétaire.

Sur la route de la rentrée, la nouvelle a éclaté comme une bombe. L'émotion n'est pas moindre en Allemagne que chez nous et chacun se demande pourquoi il a été touché, pourquoi il aura fait partie des 2,5 milliards de spectateurs dévorant avidement les images des obsèques. Est-ce parce qu'on se souvient si bien de son mariage ? Alice Schwarzer, la célèbre féministe allemande, avoue avoir laissé en plan l'article qu'elle était en train d'écrire pour le brûlot mensuel des émancipées de l'époque, « Emma », et s'être précipitée devant la TV de la pièce d'à côté pour ne pas rater le moment où Diana descendrait du carrosse.

De son mariage à sa mort, Diana aura accompagné notre vie ; un peu comme les princesses de Monaco ; souriant radieuse dans la neige scintillante de Gstaad quand nous passions devant le kiosque à journaux sous la pluie fine d'un janvier parisien ; ou mince et bronzée en maillot de bain impeccable sur le papier glacé quand nous blêmissions à préparer la session de juin de nos examens... Du coup, sa mort est un peu la nôtre. Elle emporte avec elle une partie de nos souvenirs. Et comme un coup de tonnerre, ou plutôt un coup de cymbale retentit à nos oreilles abasourdies le terrible *memento mori*.

Elle était pourtant déjà entrée vivante dans une sorte d'Olympe d'où elle semblait échapper à la pesanteur humaine. Comme les dieux, elle était belle, légère, sans entraves, libérée des contingences par sa fortune, douée d'ubiquité : aujourd'hui en Angola, demain à New York, à Saint-Tropez ou à Portofino, princesse royale et reine du show-biz — et si compatissante.

Les journaux allemands n'échappent pas à cette attraction. Toute la *Sensationspresse* s'en donne à cœur joie et pleure l'« icône », s'apitoie sur les petits princes et blâme la famille royale pour sa dureté — *Bild, Stern, Welt am Sonntag, Frau im Spiegel, Bunte, Neue Revue*... Mais les autres, tout en accordant autant de place dans leurs pages à l'événement, le traitent d'une manière beaucoup plus froide — et nettement plus froide que chez nous.

Ce n'est pas en Allemagne qu'elle est morte, elle y venait moins souvent qu'en France où nous l'avions un peu adoptée ; peut-être les Allemands étaient-ils aussi moins sensibles à cette grâce, à ce véritable charme qu'elle avait, à ces regards en dessous, à cette timidité audacieuse, ce goût des gens, qui lui était propre et lui permettait de ravir son entourage quel qu'il soit ; et puis ce teint !

En tout cas, eux, ils analysent le phénomène de

société avec une certaine sévérité : élégamment dans *Die Zeit*, plus brutalement ailleurs. Bien entendu, ils prennent en compte le phénomène révolutionnaire qui ne concerne que la Grande-Bretagne : la reine est venue à Canossa, elle a porté la cocarde : elle a mis son drapeau en berne. Mais au-delà, ils s'interrogent sur notre société.

Comment se fait-il qu'une mort fasse autant pleurer qui, il y a dix ans encore, aurait paru ignominieuse ? Mourir dans une voiture qui roule à tombeau ouvert, conduite par un chauffeur ivre, et au bras d'un play-boy douteux : autant de raisons, aurait-il alors semblé, d'étouffer l'affaire. Les journaux allemands n'hésitent pas à souligner que la mère de Dodi est la sœur de Kashoggi, et sous-entendent qu'il y a un certain paradoxe à lutter contre les mines anti-personnel tout en étant proche du plus célèbre vendeur d'armes du monde. Ils ne se gênent pas non plus pour souligner la naïveté de Diana et laissent entendre qu'elle se nourrissait d'une inculture notoire (effectivement, on peut penser que Diana est morte aussi de la conception de la classe dirigeante britannique de l'éducation féminine : éviter de ne jamais rien dire ou penser d'intelligent ; ce serait mal élevé).

La question reste donc ouverte : pourquoi ces foules ? Pourquoi cette béatification de Diana ? Notre société est-elle en voie d'infantilisation rapide ? Les images ont-elles vraiment pris tout le pouvoir ? Sans croyance, sans foi, les foules se précipitent vers une image de rêve, une sorte de sœur à laquelle s'identifier dans une société où il n'y a plus de figure de père, d'autorité, d'institution qui dise la norme.

Le glas est-il définitivement sonné des valeurs chrétiennes qui ont formé l'Occident depuis des siècles : oubli de soi, sacrifice, dévouement, croyance en des valeurs qui vous dépassent ? Les causes humanitaires ont-elles seules pris la relève ?

La princesse rebelle qui voulait le bonheur *hic et*

nunc, embrassait les malades du sida devant les photographes ; les Allemands sérieux appellent cela du kitsch.

4 septembre

Le marché immobilier de l'Est continue à s'effondrer, dit cet article de la presse spécialisée, surtout les locations de bureaux.

En revanche, l'Ouest repart et en particulier Francfort-sur-le-Main où commencent à s'installer des banques est-européennes.

6 septembre

A propos de kitsch

Il y a le kitsch anglais, à base de famille royale et de jolies écervelées au cœur tendre et au teint lumineux qui font trembler la *stiff upper lip* et au lieu de *never explain, never complain* déballent leurs affaires de cœur à la télévision.

Et puis, il y a le kitsch allemand. Un ami qui en ce moment fouille dans des archives vient de m'en envoyer un spécimen particulier :

Lieber Gott im Himmel droben,
Alle Engel, die dich loben,
Laß rings um mein Bettchen stehen,
Wenn ich muß zur Ruhe geh'n !

Doch das schönste Engelein
Mit dem lieben Gotteschein
Und dem silbernen Gefieder
Sende unserm Hitler nieder.

Es behüte seinen Schlummer
Und verscheuch ihm allen Kummer,

Daß er morgens froh erwache
Und sein Deutschland glucklich mache. »

Cher Bon Dieu au ciel là-haut
Envoie tous tes anges
Qui chantent tes louanges
Autour de mon petit lit
Quand je dois fermer les yeux

Mais le plus beau de tes anges
Celui aux ailes d'archange
Avec les reflets d'argent divin
Envoie-le à notre Hitler

Qu'il veille sur son repos
Et éloigne de lui tout souci
Afin que demain il se réveille d'humeur joyeuse
Et rende son Allemagne heureuse. »

Écrit par une élève d'une école primaire catholique pour filles de Breslau en 1936.

On aurait pu trouver ce genre de production un peu partout en Allemagne, catholique comme protestante.

6 septembre

Il y a des jours où j'adore la *Frankfurter Allgemeine Zeitung*.

Oui, geint aujourd'hui un journaliste, Hans Scherer, en dernière page de la partie littéraire, il a souffert hier.

Invité par l'Office du tourisme allemand, il a assisté à une présentation des films de promotion de l'Allemagne. (L'Allemagne vient en quatrième place comme destination touristique, en septième pour les recettes de devises et en première pour les sorties.)

Tout allait à peu près bien : la tour des souris de Bingen, le rocher de la Lorelei se sont enrichis du Brocken où dansent les sorcières, de Dresde et ses merveilleux musées, de Weimar la ville de Goethe et Schiller, de la Wartburg de Luther... Et justement, il était là dans le film, ce gros moine, on l'avait assis sur un fauteuil de metteur en scène marqué LUTHER, et la voix disait : « *Visit Germany, the home of the monk who loved bibles, beer and ballads*. »

Si, si, lui a-t-on affirmé, d'après les spécialistes des agences de publicité, c'est exactement l'image que les Américains veulent voir de l'Allemagne.

8 septembre

La rentrée

Encore une école qui fait du zèle. Cette fois les élèves ont fait un film qui les propulse dans les médias : *Être étranger en Allemagne*. Madame Nolte, la ministre de la Jeunesse leur a certifié qu'ils étaient les « vrais ambassadeurs de l'Allemagne ». Leur film a été présenté à la Maison de l'Histoire à Bonn en présence des plus hautes autorités fédérales.

On ne sait ce qui est le plus abyssal : la bonne volonté allemande ou à quel point manifestement on est étranger quand on est étranger en Allemagne ? — Et de quel côté de la barrière étaient les élèves « étrangers » de l'école ?

9 septembre

Encore la rentrée

L'avortement a toujours été un sujet compliqué en Allemagne, surtout pendant la Réunification.

La législation de l'Allemagne de l'Est, plus libérale que celle de l'Ouest créait un problème. Les femmes de l'Est allaient-elles comme celles de l'Ouest être soumises à des autorisations accordées par des commissions chargées de juger du bien-fondé de l'acte ?

La question fut une des plus vivement débattues dans le traité d'union des deux républiques et a trouvé une solution de compromis relativement libérale.

Les statistiques aujourd'hui parlent de 130 000 interruptions de grossesse en Allemagne en 1996. Hambourg et Brême viennent en tête, nettement au-dessus de la moyenne fédérale, suivies par Berlin, la Saxe-Anhalt, le Mecklembourg-Vorpommern, la Thuringe et le Brandebourg. Il ne manque que la Saxe à l'appel des Länder de l'Est.

Cela corrobore une réalité : le taux de natalité a fortement chuté depuis 1990 dans l'est de l'Allemagne. Inquiétude, peur des lendemains incertains, et surtout perte des infrastructures sociales (crèches, etc.) ; en cette rentrée où les petits enfants de la Réunification sont pour la première fois scolarisés, les classes, à l'Est, sont beaucoup moins nombreuses.

12 septembre

Feuilletant un vieux *die Welt* du mois d'avril, je m'arrête sur une caricature qui prend tout son sel au vu de notre débat sur les 35 heures.

Le président du syndicat IG Metall marche d'un pas assuré, tirant de sa besace des graines de « semaines de 32 heures » qu'il sème à la volée sur un champ où un panneau promet : « Ici pousse de l'emploi. »

Mêmes causes, mêmes effets, mêmes débats avec un léger retard.

(*Die Welt*, samedi 12 avril)

13 septembre

Après le livre de Xavier Marias, *Un cœur si blanc*, qui a été un best-seller, et *Le Lecteur* de Schlink, après les *Mémoires* de Weizsäcker, un autre livre attire l'attention en Allemagne : *Les Souvenirs* de Freya von Moltke.

Je les ai lus et j'ai moi aussi été séduite. Est-ce parce que c'est écrit par une très vieille dame ? Le livre est empreint d'une parfaite sérénité. Les Moltke, ou plutôt ces Moltke-là (des petits-neveux du Moltke de 1870 qui ont de la famille en Afrique du Sud), et en particulier Helmuth James, ont été un des centres de la résistance à Hitler.

Freya von Moltke, l'épouse de Helmuth James, raconte aujourd'hui leurs efforts pour créer un réseau d'opposants réfléchissant à ce que serait l'Allemagne après Hitler : les réunions à Kreisau dans leur maison de Silésie, leurs liens avec les milieux socialistes, les syndicalistes, les Églises. Helmuth James a des convictions nettement plus progressistes qu'il n'est courant dans son milieu social.

Freya von Moltke écrit avec un naturel désarmant ; ni elle ne pose à la châtelaine : elle est dépourvue de toute arrogance de classe et de tout esprit de caste ; ni elle ne pose à la grande résistante : elle est trop profondément modeste pour accorder à ces tentatives de résistance plus d'ampleur qu'elles n'en ont eue ; même si les conséquences ont été tragiques — car après l'attentat de Stauffenberg, les nazis traquent avec fureur tous ceux dont l'esprit n'a pas plié.

Elle est femme jusqu'au bout des ongles : chez elle, les idées ne sont jamais séparées de leur gangue de quotidien, elles font corps avec la vie ; enfin elle possède l'assurance et la force que donne la bonté. De la jeune femme qui a dénoncé les rencontres de Kreisau, elle remarque qu'« elle croyait empêcher ainsi qu'encore plus de soldats allemands ne meurent » ; d'une tante, nazie convaincue, qui les a surpris mais pas dénoncés, elle avance « qu'elle n'en attendait pas moins, car c'était "une bonne personne" », et la douleur de voir exécuter un mari qu'elle adorait, elle la garde pour elle.

Grâce à elle, on voit la constellation politique de l'époque avec clarté. Les troupes allemandes en déroute, les Russes blancs du général Wlassow cantonnés dans la région, essayant désespérément d'échapper à l'avancée des troupes soviétiques victorieuses. Un matin elle retrouve morte toute la famille d'une ferme voisine. Ils ont été assassinés, dans la cuisine où ils s'étaient réfugiés, par des fuyards des armées de Wlassow à la recherche de vêtements civils.

Des Russes en général, blancs ou rouges, elle remarque que « la seule chose qu'ils ne supportaient pas était la peur ; elle les rendait fous ». Sinon, elle a d'eux une vision plutôt plus fataliste que ce qu'on lit d'habitude : le commandant russe à qui elle vient demander s'il sait comment se comportent ses soldats, lui répond, rogue, « qu'il faut bien que chaque homme ait une femme », et elle a quand même moins souffert sous leur régime probablement parce qu'elle a un chiffon de papier sur lequel est écrit en russe que son mari a été exécuté par les nazis.

C'est plutôt avec les Polonais qu'elle a de vrais problèmes. Et d'eux, dont elle a l'occasion d'avoir très peur, elle dit que « certains avaient la haine inscrite sur leurs visages : ils avaient tant souffert en Allemagne ».

A plusieurs reprises, elle se mettra sous la protection des Russes pour échapper aux Polonais. Jusqu'à ce qu'il faille définitivement partir, quitter la maison, les champs, quitter Kreisau et la Silésie devenus polonais. Elle le fait sans amertume, sans haine, acceptant d'être par deux fois du côté des perdants : elle a perdu contre les nazis (son mari et tant d'amis) et elle a perdu à cause des nazis sa maison et son pays natal.

Elle a une dernière phrase pour souhaiter que ce qui est aujourd'hui « Krzyzowa » et la fondation germano-polonaise qui s'y est installée, contribue à la construction européenne.

Aujourd'hui Kreisau, malgré la nouvelle frontière est toujours à trois heures de Berlin.

14 septembre

Pourquoi cette différence d'attitude entre les associations d'Allemands de Prusse Orientale, de Silésie et Poméranie d'une part et les associations d'Allemands des Sudètes d'autre part ?

Bien sûr, dès le départ, la situation n'est pas tout à fait comparable. Dans les régions à l'est de l'Oder-Neisse (quand même un territoire plus grand que celui de la RDA) les populations allemandes ont été expulsées après avoir connu la guerre et l'invasion des troupes étrangères. Leur départ était en outre partiellement justifié par l'arrivée des populations elles-mêmes expulsées des régions plus à l'est : il s'agissait, selon les accords de Potsdam, de transferts de populations.

En Tchécoslovaquie (Bohême et Moravie) en revanche, les populations ont été épargnées par la guerre et les Allemands des Sudètes ont dû avoir le sentiment que l'orage éclatait dans un ciel serein. D'autant qu'ils vivaient depuis toujours en symbiose avec les Tchèques ; à Prague il y avait une université allemande et une université tchèque.

Par ailleurs, les populations expulsées des Sudètes en 1945 étaient d'origine sociale plutôt petite et moyenne bourgeoise : commerçants, petits entrepreneurs, fonctionnaires, paysans ; cela leur a-t-il rendu le départ plus difficile ? Peut-être avaient-ils moins de moyens de se refaire une vie ailleurs, eux n'avaient pas la chance d'avoir des parents en Afrique du Sud, d'amis anglais, etc. Et puis est-ce aussi parce que, eux, n'avaient pas de Freya von Moltke ou de Marion Dönhoff ?

15 septembre

Le premier Russe que voit Freya von Moltke à Kreisau est un cycliste avec une énorme branche de lilas sur son guidon...

Beaucoup d'Allemands pourraient l'envier, qui ne gardent pas de leur première rencontre avec les vainqueurs de l'Est un souvenir aussi idyllique, ceux de la Prusse Orientale les premiers.

Pour s'assurer que ceux-là n'exagèrent pas quand ils décrivent l'enfer qui s'est abattu sur eux, il suffit de lire les *Nuits de Prusse Orientale* de Soljenitsyne. C'est un long poème, une épopée de carnage, de pillage, de viols et d'incendies avec un refrain obsédant : l'étonnement et la jalousie sauvage des soldats russes (souvent des troupes d'Asie centrale) qui découvrent « dans chaque village un trottoir, dans chaque maison un miroir » et n'ont d'autre réaction que de saccager ce luxe insolent du vaincu.

Plus on va vers l'ouest, plus la rencontre s'est faite tardivement et en général moins elle se fait brutalement.

Selon leurs implantations géographiques et d'ailleurs aussi leurs origines économiques et sociales, les Allemands gardent donc un souvenir très différent des Russes. Pour les uns, la propagande nazie qui en faisait des croque-mitaines (contre lesquels lutter jusqu'au dernier survivant) a été encore en dessous de la réalité : les commissaires politiques faisaient régner une terreur absolue. Les autres gardent un souvenir presque ému des colonnes de soldats russes entrant, après la fin de la guerre pour prendre la relève des Américains, dans les petites villes du Mecklembourg et de la Thuringe, en chantant ; comme ils chantaient rentrant des champs où ils travaillaient à la moisson quelques mois plus tard.

Cela s'ajoute à la complexité de la relation germano-russe.

Elle est d'une part quelque peu endogamique. Comparez « Paris-Berlin » avec l'exposition « Berlin-Moscou » et la deuxième vous paraîtra presque incestueuse. « Un Russe » me disait récemment un Berlinois bien placé pour le savoir, « est heureux à Berlin : il est à l'ouest tout en étant encore chez lui : il fait –3° à Moscou quand il fait –1 à Berlin et +10 à Paris. Et chacun sait que Catherine II est une princesse Anhalt-Zerbst et que le grand-père de Lambsdorff, l'ancien ministre de l'Économie, était page à la cour du tsar.

Pourtant, les Allemands gardent chevillée au corps la panique qu'ils ont ressentie en 1945 quand l'immensité du chaos et de l'anarchie russe s'est déversée sur eux.

Die Russen kommen était l'équivalent longtemps après la guerre de l'annonce d'une catastrophe naturelle et un jeu enfantin classique.

Néanmoins, il leur est interdit de se voir en victimes car comment pourraient-ils oublier les vingt millions de morts soviétiques ? Ils sont bien plutôt les bourreaux de ces mêmes vainqueurs.

Ensuite, *tempora mutantur et nos in illis*, ils ont vu ces vainqueurs au fil des années perdre leur superbe jusqu'à devenir ces pauvres Ivan à qui ils distribuaient des paquets de vivres dans les casernes de l'Allemagne de l'Est... en attendant qu'ils les évacuent. Ils ne détestèrent pas alors de poser aux bienfaiteurs officiels, apaisant ainsi leur mauvaise conscience, avec ce délicieux mélange de sentiment de supériorité et de certitude de faire le bien ; de même ils leur ont construit des maisons en Russie pour y habiter après leur départ de RDA ; et ainsi l'accélérer.

Aujourd'hui volontiers « bienfaiteurs », hier victimes, bourreaux, et toujours voisins consanguins, comment s'y retrouver dans les sentiments qui lient Allemands et Russes ? On y trouve un spectre tellement large : de la peur, du mépris et du dédain jusqu'à l'admiration et la pitié, avec toujours une certaine familiarité, le souvenir d'avoir été amis...

Difficile analyse.

18 septembre

Catastrophes

Voilà une semaine que le sort s'acharne sur les Allemands. D'abord cet avion de la Luftwaffe qui entre en collision avec un avion américain au large des côtes d'Afrique, du côté de la Namibie ou de l'Angola : 12 morts. Quelques jours plus tard, le monde apprend avec consternation qu'un hélicoptère des forces de maintien de la paix s'écrase en Bosnie : il y avait 5 Allemands à bord. Enfin, aujourd'hui, c'est un car de touristes allemands qui est pris pour cible au Caire par des islamistes fanatiques : on parle de 9 morts. La télévision diffuse ce matin un film amateur pris d'une fenêtre de l'hôtel devant lequel le car stationnait. C'est horrible.

Mais ce qui m'étonne le plus, c'est le calme relatif avec lequel l'opinion publique accueille cette série noire. Il paraît même qu'au Caire, le voyagiste n'a noté aucune défection parmi les touristes qui prenaient le même car le lendemain.

C'est tout à fait atypique pour l'Allemagne et plutôt réconfortant.

19 septembre

Quand même, une amie allemande me raconte que son frère l'a appelée de Münster cet été, alors qu'elle était tranquillement dans les Landes, pour lui demander si l'on parlait aussi en France du *killermosquito* ?

Depuis trois jours, les journaux télévisés allemands

ouvrent sur l'histoire inquiétante d'un moustique californien dont un croisement malheureux aurait rendu la piqûre mortelle.

Mon amie tombant des nues, son frère est parti rassuré pour San Francisco. Le goût des Allemands pour les catastrophes ne se dément donc pas complètement.

20 septembre

Hier, j'ai participé à une émission télévisée en Allemagne sur une chaîne d'information. A Cologne.

Arrivée quelques heures à l'avance, j'ai pu m'offrir le bonheur de revoir la cathédrale, avec la Vierge de Milan, les vitraux et le retable de Lochner.

Une guide, une de celles qui adorent leur métier, racontait qu'on ne connaissait avec certitude l'auteur du retable que grâce à Dürer. D'une parcimonie méticuleuse, celui-ci notait ses moindres débours. C'est ainsi que nous savons ce qu'il lui en a coûté pour pouvoir, dans la cathédrale de Cologne, admirer le fameux retable : « Tant de pfennige pour voir le retable de Lochner », écrit-il ; suivent quelques phrases de description enthousiaste.

Dans une chapelle latérale, devant la *Vierge aux bijoux*, là où flotte cette mer de bougies, il y avait deux jeunes gens auxquels je n'ai pu me retenir d'adresser la parole : leurs vêtements étaient si bien faits pour retenir l'attention. Velours noir avec passementerie bleu vif, gilet, chemises blanches à manches larges et col fraise, chaîne de montre, pantalons pattes d'éléphant avec crevés, soulignés du même bleu vif.

« Oui, m'ont-ils dit... compagnons du bâtiment. Non, non, il y a encore quelques associations vivantes, au niveau européen : nous faisons le serment de ne jamais nous approcher de moins de 60 kilomètres de chez nous pendant trois ans et demi. Oui, cela fait déjà deux ans que nous allons de chantier en chantier apprendre toutes les techniques, Portugal, Espagne, Angleterre et Suède... Maintenant, on part pour la France. Oui, disent-ils, manifestement très fiers, nous existons depuis le Moyen Age. »

Et c'est bien du Moyen Age aussi qu'a l'air de venir le... qui est-il ?... diacre ? prêtre ? vêtu d'un surplis rouge, il porte autour du cou, suspendue par une courroie de cuir, une boîte en bois destinée à recueillir les aumônes. Je l'observe depuis un quart d'heure : il est aussi immobile qu'une statue ou du moins qu'un gardien de musée — image d'un autre temps.

La Rhénanie a ses rémanences.

Heureusement, Cologne a aussi toujours sa Grand-Rue avec l'immuable Kaufhof (sorte de Prisunic) qui vend toujours au rez-de-chaussée les mêmes sous-vêtements pour hommes et dames depuis les années 60, depuis que j'ai fait la découverte de l'Allemagne et particulièrement des petites culottes pour dames en laine qui vont presque jusqu'aux genoux en promotion par paquet de quatre.

En revanche, il y a une nouveauté : ils ne ferment qu'à 20 heures. « Oui, m'explique la vendeuse, belle quadragénaire, ici avec la cathédrale, ça vaut la peine, sinon... plus loin non. »

Effectivement, je voulais me livrer à mon vice favori en pays rhénan : ingurgiter de grandes assiettes de riz sucré à la cannelle ; cela s'avère impossible. Il est six heures et demie passées. Pourtant, deux rues plus loin, je trouve un *Suppenkaspar*, une boutique qui vend des soupes sous l'enseigne du *Struwelpeter*.

Qui connaît encore ce *Struwelpeter*, Pierre l'Ébouriffé qui ne voulait jamais ni se coiffer ni se couper les ongles ? ou Konrad qui suçait toujours son pouce ? Jusqu'à ce que *Schwoup*, le tailleur vienne lui couper les deux pouces, remède radical ; ou Pauline au sort funeste : « Deux tas de cendres, voilà tout ce qui reste » — pour avoir joué avec des allumettes ; ou encore justement ce *Suppenkaspar*, ce Gaspard, forte tête, qui refusa quatre jours de rang de manger sa soupe et — foudre divine — le cinquième jour mourut d'inanition.

Les personnages de Wilhelm Busch, pour peu qu'ils vous soient tombés sous la main assez jeune, restent gravés dans la mémoire. Le trait du dessin est d'une simplicité cruelle et la rime et le rythme vous hantent. Le monde enfantin qu'ils décrivent est absolument sans issue, comme il devait sembler aux enfants de l'époque.

Konrad, sagte Frau Mama,
Ich geh aus und du bleibst da.

Konrad, dit maman,
Je m'en vais et tu restes là.

Moi, j'ai trouvé une issue, j'ai réussi à attendrir le propriétaire du *Suppenkaspar* qui m'a tendu par le passe-plat ce qui lui restait de chaud : une soupe de pois cassés avec une cuiller en plastique. Fameux.

Il y a en pays rhénan, une chaleur, une tranquillité, un enracinement qui par contraste donne à l'Est un air encore plus vulnérable.

25 septembre

En gros titre dans tous les journaux depuis hier : l'échec de la réforme fiscale.

Le président de la Fédération des contribuables déclare que « l'échec de la réforme fiscale est une honte nationale » en haut des pages économiques de la *FAZ*.

Chacun rejette la faute sur l'autre. De grandes photos montrent Waigel, Schäuble et leurs alliés FDP, la mine sombre.

Mais curieusement, on a l'impression que c'est l'opposition qui porte la plus grande partie de l'opprobre. Au lieu de trouver que le SPD fait son métier d'opposant politique, l'opinion publique semble penser que le SPD est *unseriös* et lui reproche de ne pas endosser les projets gouvernementaux pour faire avancer le pays. C'est reprocher au loup de ne pas être berger ; mais c'est dans la ligne du mode de pensée fort peu politique assez courant en Allemagne.

26 septembre

Vulgarité

Cette rentrée, une publicité sur NTV (la chaîne information qui marche non stop sur les télévisions de tous les bureaux des hommes politiques allemands) m'agace particulièrement.

Il s'agit d'un investissement à incitation fiscale. « X DM par mois d'impôt » assène une voix de stentor, « cela fait tant par an, tant tous les dix ans, tant sur trente ans ! » (La voix enfle de plus en plus !) Suit un désespéré : *Muss das sein ?* est-ce vraiment inévitable ?

On peut comparer les qualités de deux modes de vie différents, on peut aussi comparer leurs défauts.

La vulgarité française est assez bien répertoriée. Cabu en a donné une assez jolie définition dans ses dessins. L'épouvantable beauf mal rasé, en « marcel » douteux, le cheveu gras, la cendre d'un mégot tombant dans son ballon de rouge, refait le monde d'un ton sentencieux. Tout chez lui est relâché, le vêtement, les idées, la langue. Ignoble.

Rien de tel dans la vulgarité allemande. La vulgarité allemande est propre, briquée même ; le beauf vous écœure de son laisser-aller, son cousin germain, le *Spiesser*, vous asphyxie de sa présence envahissante et reluisante ; le beauf cause de tout, le *Spiesser* sait tout, et ne vous laisse rien ignorer ; le beauf a une bonne conscience élastique, le *Spiesser* a le bon droit pour lui et le fait savoir.

Je ne sais lequel des deux est le plus pernicieux mais quand j'entends cette pub, l'image du second s'impose à mon esprit.

27 septembre

L'Indonésie brûle.

Les déséquilibres climatiques causés par *El niño* ont transformé en brasiers incontrôlables les incendies de défrichage allumés par les grandes sociétés exploitantes de forêts.

Bien sûr, les Allemands y sont encore plus attentifs que nous. Dans les articles, on retrouve une particularité de langage bien allemande : cette manière de personnaliser, d'anthropomorphiser le monde où nous vivons. J'ai toujours trouvé gênant, presque impudique, cette habitude d'appeler la terre « mère » (*Mutter Erde*), le Rhin n'a jamais non plus été mon père et ce sont les forêts qui brûlent et non pas comme le titre de l'article de la *Süddeutsche* d'aujourd'hui : « la robe verte de la terre ». Ce manque de distance, curieusement, m'a toujours mise mal à l'aise.

Et bien sûr, les fumées dégagées sont cancérigènes. Sans guillemets.

28 septembre

Ce matin à Berlin au petit déjeuner dans la pension quasi familiale de Grunewald où je descends très souvent, pratiquement tous les hôtes étaient en tenue de sport — avec des dossards.

Après une première tasse de café, j'ai réalisé qu'ils participaient au marathon de Berlin. Le couple à côté de moi était franconien (pas bavarois ont-ils souligné) mais en dehors des régions allemandes, parmi les 18 000 coureurs, il y avait 427 Français et aussi des participants néerlandais, danois, américains... Tout à coup, je comprends la présence de ces deux sportifs noirs américains handicapés dans l'avion Paris-Berlin de vendredi dernier, avec leur chaise roulante de compétition. Comment penser un moment que les

Allemands organiseraient un marathon sans songer à les inviter ?

Dans les journaux, je lis qu'effectivement 120 handicapés paraplégiques participaient. En allemand, on dit *Rollstuhlfahrer*, coureur de chaise roulante !

29 septembre

Le cinéma est à 20 h 30 du côté de la Neue Wache. Où aller vite dîner, avant ?

Pour le Kudamm pas le temps, trop loin. Plutôt du côté de la nouvelle synagogue, c'est à la mode, genre Marais.

« Oh ; oui, *gehen wir zum Juden.* »

Interloquée, je regarde celui qui vient de prononcer cette phrase que je croyais disparue en Allemagne. Nous allons bien acheter « chez l'Arabe du coin », voire « chez l'Italien » ; nous allons aussi dîner dans un restaurant juif mais je croyais que les Allemands...

En fait, depuis la chute du Mur, la situation a changé. Le quartier juif de Berlin renaît autour de la nouvelle synagogue qui resplendit à nouveau de toute sa coupole dorée.

La communauté juive comporterait 40 000 membres dont une grande partie vient de Russie ; on trouve ainsi à nouveau des journaux russes à Berlin.

Le quartier tout autour a un aspect *destroy* peu attirant au premier coup d'œil mais, c'est là, dans ce paysage de maisons promises à la démolition ou flambant neuves que renaît le Berlin culturel. Autour de la Oranienburgstrasse et des *Hackesche Höfe*, se sont installés les galeries, les « cabarets », les librairies, les ateliers d'artistes, dans ces grands immeubles à cours multiples immortalisés par Pabst et Lang. Les rues sont peuplées d'individus a l'air plutôt dangereux, cheveux rasés ou teints, oreilles et nez percés, vêtements déchirés, look très grunge mais qui sont de la plus désarmante courtoisie lorsqu'on s'adresse à eux — ce qui est un paradoxe courant en Allemagne.

Le quartier fait concurrence au Prenzlauer Berg où s'est installée la bohème, les anciens dissidents de l'Est, les petits restaurants indiens, pakistanais, turcs, dont sont très fiers les Allemands de l'Est, tout ébahis de se voir soudain si cosmopolites.

Il faut dire que la place Käthe Kollwitz a beaucoup de charme — même si tous les immeubles autour sont taggés à l'extérieur et à l'intérieur comme le pire des métros new-yorkais.

Dans cette énorme agglomération berlinoise, ce sont des lieux nettement circonscrits, des sortes d'îlots qui semblent vivre d'une vie indépendante, chaotique et excitante.

Et tous, surtout les plus « nouveaux », les plus « branchés », les discothèques Trésor ou Delicious Doughnuts sont à l'Est.

30 septembre

Aujourd'hui, la première pierre du futur Bundeskanzleramt, la future Chancellerie, vient d'être posée. Helmut Kohl s'est déplacé pour l'occasion. On commence à voir à quoi va ressembler la Postdamer Platz et en particulier le quartier gouvernemental.

On commence d'ailleurs à voir à quoi va ressembler Berlin en général. La ville se voudrait solide, plus dense, sans grande fantaisie ni innovations à vrai dire. Elle voudrait surtout rassurer ses habitants et les autres, ceux qui viennent la visiter. Une ville moderne normale qui renouerait avec le Berlin d'avant la guerre, d'avant le nazisme, le communisme et tous ces avatars de l'histoire.

C'est ce à quoi s'emploie le trio d'architectes dont on dit qu'ils règnent sur Berlin : Kleinhues, Kollhoff et Sawade. Bien sûr, il y a aussi Renzo Piano, Pei, Jean Nouvel, Aldo Rossi... et Norman Foster refait le Reichstag. Mais leurs projets, de retouches en retouches, sont devenus très sages.

Nous allons avoir un grand, un beau Berlin moderne.

1er octobre

Une de ces discussions « Loch Ness » qui reviennent indéfiniment à la surface de la vie politico-économique en Allemagne concerne le *Solidaritäts-Zuschlag*, l'impôt supplémentaire versé pour les Länder de l'Est.

Les libéraux du FDP veulent depuis longtemps le supprimer (à quoi bon tous ces transferts d'argent vers l'Est ?), la CDU hésite et la *FAZ* reflète ces atermoiements dans de longs articles détaillés de première page.

Curieusement, on voit relativement peu de protestations de la part des Länder de l'Est.

3 octobre

Il semble qu'une décision soit prise : on abaissera la surtaxe de solidarité de 7,5 % à 5,5 %. Comme le budget, de l'avis de la CDU, ne peut supporter plus d'un milliard de diminution des revenus des impôts, il faudra trouver à boucher le trou : 6,5 millions de DM.

Vu le matraquage médiatique, aucun citoyen allemand ne peut ignorer la manière dont Waigel a résolu le problème : pour 1,5 milliard de DM, la coalition vend des créances de la vente de terrains à un consortium bancaire. Et les autres 5 milliards de DM, la coalition les trouve en réduisant le service de la dette qui doit être liquidée au nom de l'ancienne RDA (*Erblastentilgungfonds*).

Dans l'article de *Focus* qui explique la finesse de ce mécanisme financier, les décisions prises ne sont jamais attribuées au gouvernement mais à la « coalition ».

Il semblerait, à lire les journaux en Allemagne, que la *Koalitionsrunde* soit devenu l'organe exécutif.

Et l'article de *Focus* ne parle pas non plus des réactions des Allemands de l'Est.

Etonnée, j'ai fait hier l'effort de regarder les journaux de l'Est. On y trouve les protestations les plus vigoureuses des différents ministres-présidents, qui tous manquent cruellement d'argent.

3 octobre

Décidément, cette question des expropriations opérées entre 1945 et 1949 par le régime soviétique et de l'exception qu'elles constituent dans la loi sur les restitutions, continue d'agiter les esprits.

Au lieu de devenir plus petites et moins fréquentes, les annonces dont le but est de protester contre cette mesure jugée inique, s'étalent de plus en plus largement, de plus en plus souvent dans les journaux. J'en ai vu encore de pleines pages ces derniers jours.

On ne sait que penser.

Il aurait fallu, semble-t-il, loger tout le monde à la même enseigne. Excepter ces cinq années d'après-guerre de la loi qui restaure en Allemagne de l'Est le statu quo ante, revient finalement à discriminer une classe sociale.

Ce sont surtout les familles aristocratiques terriennes qui ont tout perdu à cause de la réforme agraire soviétique, tandis que les milieux citadins aisés ont retrouvé les maisons des villes, les usines expropriées après 1949 par la RDA.

Déjà ces familles terriennes, traditionnellement familles d'officiers, avaient payé le plus lourd tribu à la guerre ; et c'est en partie parmi ces mêmes familles que se joua la résistance à Hitler : les milieux de l'Église Confessante, ceux du Kreisauer Kreis avec les Moltke, ceux de l'attentat du 20 juillet 1944 avec les Stauffenberg, Tresckow, etc. La décimation fut terrible, les exécutions sauvages.

Alors, comment ne pas se dire que l'Allemagne traite mal cette classe particulière ?

En tout cas plus mal que les autres, de toute évidence.

Certains, plutôt soulagés finalement d'être hors d'état de reprendre l'ancien domaine familial font quand même remarquer avec une ironie un peu amère : les grands domaines de plus de 100 hectares ont tous été expropriés ; quitte à rendre tout à tous les autres, n'aurait-on pas pu nous en rendre à nous 99 hectares ?

4 octobre

Les femmes

Ça y est, après trois minutes de conversation, elle a lâché le mot, cette jeune femme rencontrée hier au cocktail de l'ambassade d'Allemagne donné à l'occasion de la fête nationale. Et son regard a vacillé ; blessée ; elle était blessée en prononçant ce mot qui l'avait manifestement atteinte : *Rabenmutter*, une mauvaise mère de conte de fées, comme celle de Cendrillon, une marâtre, voilà ce qu'on lui a reproché d'être quand elle habitait en Allemagne.

Pourtant, il lui semblait n'avoir eu que le bien de ses enfants à l'esprit — du moins tel qu'on l'envisage en France.

Mais justement, ce bien, en Allemagne, on l'envisage différemment. C'est là le problème. Et c'est aussi pour cela que pratiquement toutes les Françaises qui ont vécu là-bas — aussi peu d'allemand sachent-elles — connaissent ce mot qui les a piquées au vif, et le citent.

Mais en fait, que leur a-t-on tant reproché là-bas ?

En gros, de vouloir se débarrasser de leurs enfants.

Les mères allemandes (de l'Ouest) sont horrifiées de voir la façon dont les femmes françaises déposent leurs enfants à la crèche, les laissent à la halte-garderie, les mettent à la maternelle ou les confient aux « jeunes filles ». En Allemagne, un enfant n'est vraiment scolarisé qu'à six ans. Auparavant, il sera peut-être allé un peu au *Kindergarten*, quelques heures par-ci par-là, s'il y a une place libre pas trop loin de chez lui. Sinon, dans la grande majorité des cas, sa mère s'est occupée de lui. Et elle va continuer, elle est là pour cela ; puisqu'elle a des enfants... Pendant toute leur scolarité primaire, les enfants iront en classe irrégulièrement entre huit heures et midi (si le professeur est absent, ils sont renvoyés à la maison ; il y a sûrement quelqu'un chez eux) et ils passeront le reste de leur temps avec leur mère qui organisera les après-midi : sport, musique, goûters d'enfants...

Avoir des enfants en Allemagne est pratiquement un métier à plein temps. Ni l'État ni l'état des mœurs n'encouragent aucune femme à faire autre chose. Certaines le font, bien sûr ; généralement médecins associés dans un cabinet, voire avocates ou professeurs, elles sont courageuses car elles sont en butte à la réprobation morale plus ou moins tacite de leur entourage. Faire garder ses enfants n'est « pas bien », comme d'ailleurs se faire servir, et elles ne peuvent compter sur aucune aide publique, ni AGED, ni défiscalisation des heures de service, ni bien sûr cantine ou centre aéré (le taux d'activité des femmes est donc nettement plus élevé en France qu'en Allemagne, l'écart se creusant dans les milieux aisés).

La plus grande partie des mères ne s'élève pas contre cette attitude de la société à leur égard. Elles acceptent de passer l'après-midi chez le pédiatre qui ne respecte pas les horaires ; car qui pourrait, de fait, sérieusement penser à une autre solution ? A qui fera-t-on croire que les enfants trimballés par une jeune fille de passage, exotique et indifférente, n'en sont pas plus ou moins traumatisés ? Et soyons sérieux, si les Françaises tiennent autant à travailler, c'est aussi que les salaires en France ne sont pas ce qu'ils sont en

Allemagne et enfin c'est parce que, en cas de divorce — et le taux de divorce est encore plus élevé en France (particulièrement à Paris) qu'en Allemagne — la législation est beaucoup moins favorable à la femme en France qui, donc, ne peut risquer de « baisser la garde », ne peut pas oser arrêter de travailler.

On sent une certaine impatience parmi les femmes allemandes ; les jeunes étudiantes disent souvent vouloir être mères et exercer un métier mais ce serait un modèle nouveau. (De 71 à 85, on remarque cependant qu'un million de femmes en plus se sont mises au travail, portant le chiffre total d'emplois féminins à dix millions.)

Mais pour l'état d'esprit courant, il va de soi qu'un petit enfant n'est heureux qu'avec sa mère. Le couple mère-enfant est beaucoup plus symbiotique que chez nous qui voulons « ouvrir » l'enfant, le socialiser, le distraire.

Il vient difficilement à l'esprit d'une mère allemande que son enfant pourrait s'ennuyer chez elle, avec elle, ce que redoute toute mère française.

J'ai toujours été frappée par le poème de Theodor Storm, en exergue d'un des livres pour enfants les plus célèbres, un classique indéfiniment réédité : *der kleine Häwelmann.*

Auf meinem Schoß sitzet nun
und ruht der kleine Mann.
Mich schauen aus der Dämmerung
die zarten Augen an

Er spielt nicht mehr, er ist bei mir,
Will nirgend anders sein.
Die kleine Seele tritt heraus
und will zu mir herein.

Délicieux en allemand, ces vers sont très difficiles à rendre ; enfin...

Sur mes genoux, repose maintenant
Le petit homme

Dans l'obscurité qui approche
Ses yeux me regardent avec douceur

Il ne joue plus, il est avec moi,
Ne veut plus être ailleurs
Sa petite âme le quitte
Et veut venir à moi.

Les illustrations justement célèbres de Else Wenz-Viëtor du voyage du petit Häwelmann sur les rayons de lune ajoutent à l'infini charme du livre.

Même si les mères lisent aujourd'hui bien autre chose le soir avant de s'endormir à leurs enfants, ainsi les histoires du petit tigre de Janosch, — à l'observateur extérieur, il semble bien qu'elles cherchent toujours à ce que la petite âme de leurs enfants rejoigne la leur — plus qu'en France.

On comprend le choc qu'a signifié la Réunification pour les femmes de l'Est. Elles étaient habituées à vivre — sous cet aspect — « à la française », à disposer des mêmes infrastructures, aujourd'hui disparues, à faire partie à part entière de la société, tout en étant encouragées dans leur rôle de mères.

Si on y ajoute la sécularisation qui a aussi influé sur l'image de la femme, Potsdam était certainement plus proche de Paris que de Munich — de ce point de vue.

5 octobre

Les femmes, toujours les femmes

Mais même lorsque les enfants grandissent, qu'ils peuvent prendre leur bicyclette pour aller du foot au piano, délivrant ainsi leur mère de son rôle de chauffeur, qu'ils savent se servir du micro-ondes, la délivrant de son rôle de cantinière (les enfants déjeunent tous à une heure différente), le rôle de mère continue à être déterminant, car une femme en Allemagne est avant tout mère.

Alors certaines, plus nombreuses qu'en France, choisissent de ne pas l'être. Le nombre des couples qui déclarent ne pas vouloir avoir d'enfant étonne. On entend des phrases comme « avoir un enfant ? Je ne peux pas lui faire ça... » ou des raisonnements basés sur les craintes justifiées que provoque l'explosion démographique : il y a aujourd'hui plus d'hommes sur la terre qu'il n'y en a eu pendant toute l'histoire de l'humanité réunie. Comment participer à cette folie ?

Ces arguments sont moins fréquents que pendant la grande crise écolo-pacifiste des années 80 mais ils sont relayés par des arguments économiques : la crise, le chômage. Il serait irresponsable de vouloir mettre des enfants au monde et d'ailleurs, pourquoi vouloir à tout prix se reproduire ?

Quoi qu'il en soit, le résultat est là : la société allemande possède un des taux de fécondité les plus bas au monde, à peine 1,2 par femme.

Mais il y a aussi celles dont la révolte est plus radicale, celles que l'on appelait les *Emanzen*, les adeptes de l'émancipation, les chantres de la libération de la femme et les combattantes des mouvements féministes. Cette grande vague provoquée par les années 60 est retombée, on rencontre beaucoup moins de collectifs féminins et de groupes autonomes de lesbiennes, mais ce mouvement à la Germaine Greer né du modèle américain a quand même pris infiniment plus d'importance que chez nous. Encore récemment, un journaliste de la deuxième chaîne de télévision française me racontait avoir couvert un événement féministe en Allemagne. Il s'était d'abord rendu compte qu'il était le seul homme dans les équipes de télévision et ensuite s'était entendu dire qu'il ne serait toléré qu'à l'ouverture du congrès. Lui qui était venu les soutenir, leur donner de la visibilité !

Mais cette idée de complicité entre hommes et femmes ne pouvait vraiment venir à l'esprit que d'un

Français. Car la société française semble seule avoir institué ce rapport familier, amical, entre les sexes. Mona Ozouf, dans son remarquable essai sur la singularité française, *Les Mots des femmes*, parle même de métissage des sexes propre à la France.

Certes, cela a varié au fil du temps ; la position des femmes n'était pas la même au XVIIIe siècle pendant les Lumières, à la Révolution ou au XIXe siècle, et leur situation variait selon leur origine sociale et géographique. Aujourd'hui encore, il y a une différence nette entre Paris et la province. Mais le constat n'en reste pas moins qu'être femme en France est tout autre chose que d'être femme en Allemagne.

Pourtant, nous avons eu le même Moyen Age que les Allemands, avec le même amour courtois, les mêmes chansons de geste et la même chevalerie. Mais ensuite, nous avons dû évoluer différemment puisqu'aujourd'hui nos archétypes féminins sont différents.

D'abord, probablement Luther a-t-il fait « rentrer les femmes dans le rang » en sécularisant les couvents et en assignant aux femmes un seul destin : le mariage. Plus de grandes abbesses, plus de mère Angélique.

Surtout, l'Allemagne s'est développée sans véritable centre, sans Cour suffisamment importante pour qu'y règnent les intrigues propices aux femmes.

Diane de Poitiers n'a pas son équivalent dans le Saint-Empire romain germanique ; pas de Mesdames de Maintenon, de Montespan, Pompadour, du Barry, etc.

Au siècle des Lumières, quand les salons fleurissent, que l'influence féminine dans une société monarchique oisive est à son zénith, le rapprochement entre les sexes en France s'accentue. Les hommes et les femmes se côtoient, se mêlent à tel point, dit Montesquieu, « qu'il n'y a plus qu'un sexe et que nous sommes tous femmes par l'esprit et si, une nuit nous changions de visage, on ne s'apercevrait pas que, du reste, il y eût du changement ».

En Allemagne aussi, fleurissent des salons à la même époque et un peu plus tard. Au tournant du siècle, les plus célèbres s'étaient établis autour de deux jeunes femmes d'origine juive : Rachel Varnhagen et la ravissante Henriette Herz. Bien sûr, les deux milieux se côtoyaient. Sous la plume de Henriette Herz, on voit apparaître Mirabeau, en poste à Berlin pour Vergennes vers 1787 : « le nez le plus épaté qui soit, les lèvres affreusement épaisses, un teint abominable, mais dès qu'il ouvre la bouche, on oublie tout. » On sait que Madame de Staël devait beaucoup à Schlegel et Madame Récamier avait bien entendu séduit le prince Auguste de Prusse, que l'on retrouve chez Sainte-Beuve incitant, au cours d'une promenade, Benjamin Constant à faire « un petit galop en avant » pour rester en arrière avec Juliette Récamier.

Et pourtant, dès cette époque, le ton des deux cercles est bien différent. Il suffit de lire leurs lettres. Alexander von Marwitz, un junker prussien, épris de Rachel Varnhagen, lui décrit ainsi la semaine qu'il vient de passer : « Je n'ai ressenti ni vacuité ni crainte mais j'étais sans élévation de l'âme, sans paix intérieure douce, sans battement de cœur tranquille, sans profondeur de sentiment, sans réceptivité de l'âme, sans essor vers le pur et le sublime. »

Elle lui répond : « Qui ne se meut dans le monde comme dans un temple ne saurait en trouver un », et lui parle de la « musique fracassante » qui l'habite.

Un des leurs, le philosophe Schleiermacher, dans une lettre à la même Rachel, se représente ce milieu berlinois : « Soyons heureux et fiers qu'il n'y ait peut-être pas tellement de cercles comme le nôtre aussi unis par l'amour et l'amitié et composés aussi miraculeusement de presque toutes les nuances du monde moral. Tous ceux qui en font partie intégrante sont présents à mon âme. Puissent-ils s'unir toujours plus étroitement autour de toi chacun à sa manière, avec ses dons particuliers de l'esprit et du cœur. »

Les lettres de Chateaubriand à Madame Récamier ou même à Pauline de Beaumont mourante sont bien loin de ce ton, et personne n'affirmerait que l'amour, l'amitié, l'union des âmes aient été les grands ressorts des salons parisiens.

Madame de Staël d'ailleurs avait bien perçu cette différence, qui se plaignait tant qu'en France l'esprit ait tué le sentiment, « soufflé un vent aride sur les jouissances du cœur » et elle devait bien sentir que les femmes allemandes n'avaient pas la même position que les Françaises dans l'esprit des hommes puisqu'elle souligne que par rapport aux Françaises, « elles ont une douceur qui intéresse en leur faveur ». De fait, tenues en général écartées du centre de la société, recluses aussi de par leur symbiose avec leurs enfants, elles sont à part ; elles sont différentes des hommes. Et elles en tirent de grands avantages : elles sont admirées, sublimées, fantasmées, protégées, comblées. Que la femme allemande gagne en sécurité ce qu'elle perd en liberté, Madame de Staël l'avait aussi parfaitement vu et écrit.

Mais ces femmes, que les hommes voient comme des êtres plus parfaits qu'eux-mêmes, ces « anges », ces « créatures célestes » qu'ils chantent et qui ornent si souvent la littérature allemande : Minna von Barnhelm, Käthchen von Heilbronn, la Gretchen de *Faust*, la Lotte de *Werther*... créatures toutes de pureté et de bonté pour ne citer que celles que les Français connaissent un peu, doivent prendre garde à ne pas chuter — plus dure sera la chute, comme pour Gretchen — ou plus tard Effi Briest. Quant aux autres figures féminines de la littérature allemande, celles qui ne correspondent pas à ce schéma, ce sont généralement de grandes dames sophistiquées, corrompues, parfois étrangères, en particulier Anglaises, foncièrement mauvaises.

Que l'on ne croie pas que cette différence allemande ait complètement disparu à la fin des années 90. « Les femmes en France sont toujours beaucoup plus étroitement associées aux hommes dans toutes les circonstances de la vie », comme dit Mona Ozouf.

Un restaurant parisien à l'heure de midi continue à être un des seuls endroits où l'on voit tant de couples déjeuner sans que la nature de leur relation — amour, amitié, nostalgie, curiosité, intérêt, affaires — pose à quiconque question.

La couverture de *L'Express* de cette semaine, « 100 femmes qui font bouger la France » est impensable en Allemagne ; aucun hebdomadaire ne s'y risquerait, et l'on met facilement un Allemand dans l'embarras en lui demandant de citer dix femmes célèbres « allemandes » : Elisabeth de Thuringe, Catherine II de Russie (princesse allemande d'Anhalt-Zerbst), Rosa Luxemburg, Annette von Droste-Hulshoff, Lou-Andréa Salomé ? Suivent parfois Marie-Luise Kaschnitz, Gabriele Münter, Käthe Kollwitz... est-ce que Sissi d'Autriche compte ? non ? Ni Marie-Thérèse d'Autriche ? Oh ! Ingeborg Bachmann ? — et puis on s'essouffle, tandis qu'un Français ne sait où commencer, ni où s'arrêter.

La « différence » d'aujourd'hui, encore sensible, que doit-elle aux aléas de l'histoire allemande ? Le nazisme, bien sûr, l'a pervertie en exaltant la *deutsche Frau* procréatrice, forte et fidèle, la *deutsches Mädel* aux nattes blondes réunies sur la tête, pure et propre comme un sou neuf, sans artifices, sans maquillage, honnête et le regard droit, planté droit dans les yeux du Führer.

Depuis 1945 et le réveil brutal, certaines ont réussi à renouer avec le passé, à garder dans les yeux un reflet lointain de ce que fut, jadis, le charme de leurs grand-mères et arrière-grand-mères : un talent à écouter vibrer les âmes et rire les enfants, à créer des atmosphères magiques, à retenir son souffle en allumant les bougies juste à temps, avant qu'il ne rentre... baisse un peu l'abat-jour...

Mais d'autres, ou souvent les mêmes, par ailleurs, ont interprété autrement cette différence qui les sépare des hommes. Dans le grand vent de l'américanisation d'après-guerre, elles ont, dans le dégoût de ce qu'avait été le nazisme pour les femmes, emboîté le pas des Anglo-Saxonnes. Leur différence par rapport aux hommes leur est apparue comme la caractéristique principale de leur condition féminine, fondatrice de leur identité. Alors qu'une femme française se sent avant tout solidaire de la nature humaine, avant que femme, caractéristique secondaire, les féministes anglo-saxonnes se sont tout entier définies dans leur particularité. Habituées avec Herder à penser la particularité comme déterminant l'identité, les féministes allemandes se sont établies dans leur qualité de femmes séparées des hommes. Habituées à l'universalisme, les femmes françaises refusent de se considérer comme une catégorie à part, une minorité et surtout comme une minorité opprimée. Et elles refusent de voir dans l'homme leur ennemi, de considérer que le rapport entre les sexes est une lutte. Impossible en France de faire passer une loi comme celle que les Verts ont fait passer ce printemps avec l'appui du SPD sur la pénalisation du viol dans le mariage. Impensables les couvertures des magazines racoleurs sur ce thème. Le harcèlement sexuel ne fait pas recette en France : la grande majorité des femmes françaises considère avec commisération ce pauvre Clinton aux prises avec ces bizarres créatures. Elles hochent la tête devant les programmes des campus américains qui veulent rompre avec la culture dominante réputée déformée par ses protagonistes d'origine blanche, européenne, mâle et hétérosexuelle. Elles refusent de croire qu'il n'existe ni mariage heureux, ni rapport sexuel consensuel, ni maternité comblée soutenue par une paternité voulue.

Voilà bien la preuve éclatante de l'aliénation des Françaises, disent les féministes allemandes : la victime est consentante. L'homme n'a même plus besoin de menacer pour régner. Peut-être les femmes en France sont-elles au centre de la société, peut-être y avait-il en 1963 43 % des étudiants français qui étaient des femmes contre 24 % en Allemagne, mais jamais elles n'ont eu le vrai pouvoir — politique — malgré la présence de figures emblématiques plus nombreuses qu'en Allemagne.

Les Françaises sont les lanternes rouges du peloton de la participation à la vie politique. Elles sont les dernières à avoir eu le droit de vote (après les Turques et les Indiennes) et leur participation à la vie publique s'établit toujours à un taux particulièrement faible, notamment à l'Assemblée nationale.

A ce phénomène paradoxal, il y a des raisons historiques, balbutient les Françaises, particulières à la France : la longue méfiance de la République vis-à-vis de l'Église à laquelle les femmes paraissaient inféodées — au contraire des hommes. Le caractère extrême de la démocratie française qui n'a pas établi pour les femmes de vote progressif représentatif d'intérêts, censitaire, mais ne pouvait envisager que de le faire voter d'un bloc, en tant qu'individu. En outre, la France était un pays rural ; l'industrialisation avait donné aux jeunes filles en Allemagne dans les années 60 une liberté d'allure et de mœurs qu'enviaient les Françaises.

Cette argumentation ne convainc guère les Allemandes pragmatiques — d'autant plus qu'elles sont horrifiées à chaque séjour en France de l'indolence des hommes français, rebelles au biberon, aux langes et au fer à repasser, aux réunions de parents d'élève, aux papiers de l'URSSAF, aux locations de vacances.

Les Allemandes sont tentées de plaindre les Françaises, apitoyées par les fardeaux que celles-ci doivent assumer, car en plus, les Allemandes le voient bien, les Françaises vivent dans cette société française où sévit une règle de fer : plaire.

Que la grande règle soit de plaire et de toucher, nous l'avons appris en classe en même temps que la règle des trois unités et toutes, parfaitement intériorisée.

Plaire, c'est le fin mot de l'affaire dans une France où tout se plie à ce diktat inconscient. Et dans ce pays où l'œil joue un si grand rôle : l'architecture, la peinture, l'organisation des jardins, la description de l'homme et de la société plus que la musique ou la philosophie — tout doit être plaisant à l'œil. On entend donc en France une foule de phrases inconnues en Allemagne, du moins pas avec la même intensité intempestive. « Arrange-toi un peu mon chéri, fais-toi un peu mignonne, tu n'es pas présentable, attife-toi un peu, de quoi as-tu l'air, mets-toi un peu en valeur », etc. !

En Allemagne, « que la petite Untel soit ravissante » ne bouleverse pas les réunions de dames et il faudrait toute une longue phrase pour dire en allemand ce qui est sous-entendu en français par le lapidaire « elle plaît ».

De fait, être jolie ou pas n'est pas aussi décisif en Allemagne. Les Allemandes sont souvent belles mais comme cela ne ravit pas autant leur entourage, elles l'ignorent ou n'y accordent pas tant d'importance, ce qui est extrêmement rafraîchissant pour les Français habitués à voir beauté aller de pair avec vanité.

Évidemment, Claudia Schiffer vit en France et Jil Sander s'y vend beaucoup.

A contrario, être laide en Allemagne n'est pas vraiment un handicap. On dirait même que, fières de leur manque de vanité, elles prennent plaisir à respecter l'œuvre du Créateur. Inconsciemment, « faire un effort » leur paraîtrait indigne ; c'est du moins l'explication qui vient à l'esprit devant cette foule de têtes rasées et de vêtements informes qui sévissent dans les universités et dans les rues — libérées de l'obligation de plaire.

Tant pis. Tant pis, se disent les Françaises, plutôt notre servitude au centre de la société que notre libération contre elle, tant pis surtout parce qu'à côté de plaire, et allant de pair avec le mot en français, il y a plaisir — ce qui sémantiquement n'est pas vrai en allemand (en allemand, il faudrait dire bonheur).

Et que rien ne vaut — entre autres plaisirs — le plaisir d'aimer des hommes qui aiment les femmes, le plaisir de vivre dans une société où hommes et femmes sont persuadés d'avoir une conscience commune, de partager la même essence, la même condition humaine.

Si j'avais une seule prière à adresser à mes consœurs allemandes, ce serait de leur demander, sans adopter tous nos défauts bien sûr, de nous aider à lutter contre le différentialisme anglo-saxon qui insidieusement gagne en France ; de se souvenir de nos origines européennes communes, du rôle qu'ont joué les femmes dans la civilisation de nos sociétés, dans notre Moyen Age commun, de résister aux sirènes du matérialisme anglo-saxon qui veut que tout se compte, que dans cette guerre entre les sexes, on compte aussi les coups et les points.

Le plaisir ne se compte pas. Le mode de vie européen doit conserver cette profonde sagesse et s'il n'y avait que cette raison-là pour « faire l'Europe », elle me semblerait déjà suffisante.

6 octobre

Le procès Papon

Dans les journaux allemands, l'opinion publique est comme soulagée de voir les Français enfin aux prises avec les mêmes démons, avec les mêmes spectres du passé qu'eux, ce que les Allemands appellent « ce passé qui ne passe pas ».

Pourtant en règle générale, en France, le passé passe.

En France, quelquefois, il se peut qu'il soit trop tard.

7 octobre

Aussi bien dans la presse écrite qu'audiovisuelle, la saga des investissements de Total en Iran est suivie avec attention ; mais cette fois, on a le sentiment que les Allemands, très discrètement, font plutôt front commun avec les Français dans une logique européenne.

La phrase de Mme Albright, « les Européens ne comprennent pas cette histoire avec l'Iran », est souvent reprise. On se montre désolé de ce cruel malentendu auquel on ne peut rien mais... On trouve aussi désolant que D'Amato cause ainsi des ennuis à Clinton...

8 octobre

« Non », me dit cette amie qui a longtemps vécu avec un Allemand dans une grande ville de Sarre, et à qui je m'ouvre de mes réflexions sur les femmes, « il faut être complet : *Rabenmutter*, bien sûr, mais ce n'est que le premier panneau du triptyque. Il faut ajouter les deux autres : *Superfrau* et *Schlampe* : marâtre, superwoman et souillon. »

Et voilà, à changer de société on vire comme du papier tournesol plongé dans un autre liquide.

« On se connaissait jeune femme plutôt consciencieuse, attentive et relativement ordonnée, me dit-elle, avec des convictions politiques de centre droite. On se retrouve perçue comme égoïste, négligente et supersexy, avec des tendances “de gauche”. La vie vous ménage de ces surprises... », soupire-t-elle.

9 octobre

Les vols Paris-Berlin sont de plus en plus souvent complets et lorsque je rentre de Genshagen — le dimanche matin, je dois maintenant parfois passer par Munich !

Dimanche dernier, sur le tapis roulant, j'avais devant moi un « nouveau Russe » que j'ai pu inspecter à loisir : chaussures Weston étincelantes, costume italien, cravate épaisse (Hermès ?), Rolex. Il ne cessait de parler dans son téléphone mobile, en russe, mais aussi démonstrativement qu'un Italien.

Je repense à lui parce que ce matin, la télévision allemande ouvre ses journaux avec une nouvelle attristante : le jeune Christian Hintze, vingt ans, a été retrouvé mort dans une forêt du Mecklenburg-Vorpommern, dans une cachette creusée dans le sol. Il avait été enlevé par deux Russes qui tentaient de rançonner sa famille.

Ces deux Russes avaient été arrêtés, soupçonnés, mais on cherchait leur victime *a priori* dans des terrains qui avaient auparavant abrité les troupes de l'Armée rouge casernées en RDA.

Difficile de comprendre l'Allemagne sans prendre en compte la pression qu'exerce l'Est sur elle.

Aujourd'hui, je déjeune avec un ami universitaire allemand politologue. Il rit quand je lui demande si cet enlèvement est une *asiatische Tat*, une action asiatique.

Il faut savoir que, pendant la querelle des historiens qui a tant occupé les intellectuels allemands dans les années 80, une des grandes questions était de savoir si les cruautés nazies avaient été « des expressions du mal absolu » ou devaient être comprises comme la réponse à la peur provoquée par la cruauté stalinienne et donc explicables par l'antériorité de cette *asiatische Tat* communiste, et par là « historisables ».

Les photos des deux Russes arrêtés feraient presque pitié : hâves, mal rasés, chafouins, une humanité blanche sous-développée. Ils ne deviendront pas deux « nouveaux Russes ».

10 octobre

A propos de Russie.

Rien n'est plus amusant que de voir le même objet observé de deux points de vue différents.

Une amie allemande qui travaille à Bruxelles vient de m'offrir le livre d'un journaliste russe sur l'Allemagne. D'abord, c'est très drôle, ce Gorski a de l'esprit. Ensuite, l'Allemagne vue de Russie n'est certes pas méconnaissable mais... inhabituelle.

D'une part, parce que les Allemands manifestement, ne se présentent pas aux Russes comme aux Français, leur comportement de fait change inconsciemment selon qu'ils ont affaire aux uns ou aux autres ; mais surtout parce que les préjugés de départ sont différents.

Pour les Russes, dit l'auteur, le cliché habituel est que les Allemands sont des gens *mit dünnen Seelchen und dünnen Beinchen*, des gens « aux âmes et aux jambes grêles ». A nous, les Allemands ne semblent en aucune manière grêles. Cela me rappelle une amie russe, me confiant un jour, désabusée : « pour nous, les Russes, tous vos petits pays avec vos petites frontières, cela nous paraît tellement mesquin. Comment avoir de grands sentiments dans de si petits pays ? »

Mais à côté de ces différences, on retrouve quand même des similitudes. Gorski est encore plus étonné que nous, bien sûr, par les *Stau* et par la docilité avec laquelle les Allemands les acceptent (nous comprenons mieux ce phénomène). A propos de transport, il fait sur le caractère des Allemands les mêmes remarques ironiques que n'importe quel Français : « En Allemagne, dit-il, qui conduit une auto approuve Tchernobyl, les essais nucléaires français et l'abattage de la forêt tropicale humide. Les cyclistes sont les vrais petits héros, les sauveteurs, les protecteurs de la planète, bref des hommes meilleurs (*bessere Menschen*) » (très difficile à traduire ; en français, nous avons des hommes « supérieurs » mais pas des hommes « meilleurs »).

Le goût pour la sécurité et l'ordre chez les Allemands le frappent autant et plus que nous ; et du nouveau Berlin, il dit sa crainte que cela ne devienne « petit-bourgeois et stérile comme un Bonn en plus grand, car partout on peut voir comment l'ancienne République fédérale, propre, sans odeurs, hygiénique et lavable comme un Tupperware, est en train de transformer les cinq nouveaux Länder à son image ». Là aussi, il rejoint les craintes françaises, le propre de la rénovation allemande étant d'être trop parfaite. Les Italiens sont les seuls à avoir ce talent extraordinaire de faire croire au hasard. Le cyprès a toujours l'air d'être planté par inadvertance exactement dans l'axe voulu. En Allemagne, on ne peut pas douter une seconde que l'administration compétente n'ait décidé du lieu exact d'implantation et, en général, il y a même un panneau dans les cours des châteaux pour vous dire quel article du Code civil des transports s'applique à la circulation des véhicules dans le parking.

11 octobre

La Cour des comptes vient de rendre son rapport. Comme toujours, elle critique le gaspillage des administrations, mais cette année, elle critique en particulier l'achat de 180 Eurofighter par le gouvernement allemand.

Le Rafale de Dassault se vend mal, les ventes de l'Eurofighter, résultat d'une coopération allemande, britannique, italienne et espagnole s'envolent.

A quand une coopération européenne ?

12 octobre

Les critiques continuent.

Les Verts en particulier demandent en quoi il est justifié de dépenser tant d'argent pour acheter des avions de combat à une époque où il n'y a pas de menace. Les Allemands de l'Est comprennent encore moins.

13 octobre

La Cour des comptes fait aussi part de ses inquiétudes que le déménagement de Bonn à Berlin n'entraîne la création d'emplois supplémentaires de fonctionnaires. Ne risque-t-il pas d'y avoir des doubles emplois si certaines fonctions restent à Bonn ?

Ces craintes de la Cour des comptes sont ressenties à Berlin comme des réserves vis-à-vis du déménagement. Berlin a hâte de voir la réalité de son rôle de capitale rejoindre son rôle virtuel.

16 octobre

La nouvelle qui fait tous les gros titres dans les journaux : Kohl veut Schäuble pour successeur.

20 octobre

Les usines Trabant cotées en Bourse

Tiens, une Trabant !

Quand on en voit une aujourd'hui, de ces petites voitures couleur de bonbons acidulés anglais, on est déjà saisi par la nostalgie.

Le premier acte de libération des Allemands de l'Est après la *Wende* fut de jeter aux orties leur Trabant (quand enfin après une dizaine d'années d'attente, ils avaient réussi à en avoir une) pour acheter une voiture de l'Ouest incomparablement plus performante.

D'ailleurs, les usines Sachsenring de Zwickau ont cessé de les produire dès avril 1991. Mais aujourd'hui, ces mêmes usines, spécialisées dans la sous-traitance automobile (et avec des effectifs réduits de 10 000 à 350) produisent avec tant de succès — en particulier pour Volkswagen — que Sachsenring fait aujourd'hui son entrée à la Bourse.

Elle sera la seule société originaire de l'Est cotée en Bourse. Est-il nécessaire de rajouter qu'elle a été reprise par des Wessis courageux ?

On peut toujours trouver des Trabant dans les boutiques de cadeaux à l'aéroport.

21 octobre

Ce matin, un fait divers secoue l'Allemagne.

Un homme de cinquante-quatre ans, libéré de prison il y a cinq semaines, originaire de Thuringe, vient de violer une petite fille après l'avoir enlevée sous la menace d'un revolver.

On le recherche activement. Peut-être un peu trop activement. Pour l'instant sa culpabilité n'est pas prouvée et la première chaîne de télévision diffuse ce matin son nom et sa photo (son identité a été établie sur la base de portraits-robots dressés d'après les indications des enfants). Est-ce vraiment le rôle d'une chaîne de télévision publique de donner les éléments de la chasse à l'homme ? C'est étrange.

Les rédacteurs du journal télévisé sont convaincus d'agir pour le Bien. Et ce n'est pas indifférent en Allemagne. On dirait même quelquefois que c'est déterminant. Le Bien, la Vérité, le *Höheres* (le « plus haut ») sont des valeurs qu'on ne remet pas en question. Que ce désir d'être bon soit extrêmement bien canalisé par le marketing ou les partis politiques, particulièrement de droite, est une autre question.

En forçant un peu le trait, on pourrait dire qu'il importe avant tout à un Allemand d'avoir le sentiment d'être du « bon côté », du côté des « gentils » ; avec les bons Tutsis contre les mauvais Hutus, les bons Croates contre les méchants Serbes, les bonnes bicyclettes contre les méchantes voitures, les bons arbres contre les méchantes machines, etc. Il faut à un Allemand se situer sans cesse sur l'échelle du bien et du mal : il évalue le monde en ces termes. Là où un Français aura tendance, pour régler son attitude, à juger d'un coup d'État selon le résultat (cela contribue-t-il à stabiliser la région ou bien cela implique-t-il un risque accru de déstabilisation ?), un Allemand se demandera plutôt si le coup d'État avait un semblant de légitimité ou non, dans quelle mesure les principes démocratiques ont été bafoués. Les moyens lui paraîtront plus primordiaux que la fin.

Bien sûr, c'est en partie une réaction de chat échaudé. La fameuse phrase de Hitler : « *der Zweck heiligt die Mittel* », le but sanctifie les moyens, a tellement servi à tout excuser que l'on comprend qu'aujourd'hui les Allemands soient circonspects. Mais Hitler savait à qui il s'adressait en parlant de « sanctification » : à des gens qui allaient accepter d'écrire ou de voir écrit à l'entrée des camps de concentration *Arbeit macht frei* sans y voir la pire dérision ou qui verraient sans sourciller écrit : *Suum cuique* (à chacun le sien) la devise des Hohenzollern, sur la grille d'entrée de Buchenwald.

Même au pire de l'horreur, les nazis n'ont jamais accepté de faire cause commune avec le Mal ; non, il s'agissait d'une mission « purificatrice », de la tâche « salvatrice » de l'Allemagne, d'être « dur » pour être digne du Führer : les discours de Himmler en ce sens sont édifiants.

Les Français sont toujours menacés par le danger opposé, le cynisme, et ressentent donc particulièrement cette différence d'attitude des Allemands. Il semble que, sans bien se poser la question de l'origine de ce moralisme (il y faudrait une étude poussée, « scientifique » dirait-on en allemand), ils aient sans cesse eu l'impression que les Allemands prennent particulièrement à cœur la parole de l'évangile : « Si vous ne devenez pas comme des petits enfants, vous n'entrerez pas dans le Royaume des cieux. »

Giraudoux dit même que « l'or du Rhin », c'est la bonne foi, la « naïveté allemande ».

Impossible, de fait, de dire en allemand que quelqu'un est de « mauvaise foi ». Le concept n'existe pas (pas plus qu'on ne peut ricaner contre les « bien-pensants » ou encore se moquer des « bonnes âmes »).

Personne, du moins personne qui ait laissé un souvenir marquant dans la biographie culturelle allemande, n'a jamais expliqué que « qui veut faire l'ange fait la bête », et ainsi les Allemands ignorent en général les dangers de l'angélisme, pour lequel ils n'ont pas non plus de mot.

Leur manière d'éviter l'écueil de la mauvaise foi serait plutôt, avec Max Weber, de réfléchir à la différence entre l'éthique de conviction et l'éthique de responsabilité, la seconde étant lestée du poids des réalités du monde existant. D'autre part, les Allemands se souviennent que Hegel avait identifié les problèmes de la « belle âme » paralysée par la contradiction entre l'absolu des valeurs qu'elle se donne pour mission de défendre, et l'impossibilité de les incarner ; mais justement, elle se réfugie dans l'impuissance et non dans la mauvaise foi.

Pourtant, on aurait tort de penser que nos deux sociétés peuvent vivre de plus en plus côte à côte sans s'influencer, même et peut-être surtout, de façon inconsciente. Depuis la guerre, les Allemands « s'européanisent », comme le témoigne leur attitude de plus en plus majoritairement négative envers le « droit du sang » et, à en croire Alain-Gérard Slama qui le déplore amèrement, nous, nous nous sommes terriblement « moralisés ».

Dans son livre, *L'Angélisme exterminateur*, il souligne « l'ampleur de la transformation qui, depuis quelques années, tend à aligner la société française sur des normes étrangères à sa culture ». D'après lui... dans le passé, « les républicains, toutes sensibilités confondues, avaient toujours concilié supérieurement l'éthique de la conviction et l'éthique de la responsabilité... Non seulement la République se méfiait de l'angélisme mais elle faisait du civisme des individus éduqués à l'école la condition du bon gouvernement et non du gouvernement vertueux la condition d'existence du bon citoyen ». Tandis que maintenant, nous sommes, sous l'influence des « pays du Nord », tombés dans une sorte de nouvel ordre moral qui avait déjà fleuri sous Vichy : « Vigilance en matière de mœurs, invocation tous azimuts de la culpabilité collective, procès ininterrompus des responsables, recherche du salut par la vertu, célébration télévisuelle des "héros" d'une nuit dont les valeurs se résument à une morale de secouristes, l'hygiénisme, l'évergétisme : soit solidarité (par l'impôt ou le service civique), soit charité, incarnée indifféremment par l'Abbé Pierre ou par Coluche, critique de l'argent, lutte contre les "fléaux sociaux" (alcool, tabac)... recherches de communautés organiques (New Age, les charismatiques), commerce des superstitions (utilisation des horoscopes jusque dans les procédures de recrutement), repli par rapport à l'étranger, défense crispée de la langue et de la culture, etc., bref, persistance des structures mentales dont les effets sont connus : montée de l'intolérance et exacerbation du contrôle social. »

Pour Slama, ce nouvel ordre moral dont il décrit les effets en détail repose surtout sur trois piliers : la tyrannie du consensus, la sacralisation de la vie et la sacralisation de la sécurité.

Comment ne pas reconnaître là les grands moteurs de la société allemande ? On ne peut nier que cet angélisme exterminateur qui nous menacerait, ait certaines de ses racines dans un pays qui en ignore les dangers.

Quiconque se pose des questions sur le précipité que peut produire l'euro entre l'Allemagne et la France devrait lire Slama.

D'autant que chacun a en général les qualités de ses défauts. Que se passe-t-il si nous acquérons les défauts des Allemands sans leurs qualités et vice versa ? L'angélisme des Allemands mais sans leur capacité à croire et à adhérer ? le cynisme des Français mais sans leur jugement et leur humanisme ?

Il serait temps qu'on se pose ce genre de questions. Les revues du groupe Prisma Presse d'Axel Ganz (*Gala, Voici...*) ont déjà nettement accru la « pression morale » sur la vie privée des personnalités, dont la vie était jusque-là privée, au sens français du terme.

Ou bien faut-il croire Nietzsche, cité par Slama, lorsqu'il prédisait, ne s'inquiétant pas outre mesure : « La perspective résultant de cette décadence certaine (de l'État et du Sacré) n'est pourtant pas catastrophique sous tous les rapports : le bon sens et l'égoïsme des hommes sont, de toutes leurs qualités, les mieux développées ; quand l'État ne répondra plus aux exigences de ces forces, ce n'est pas le chaos qui lui succédera le moins du monde, mais une invention plus efficace encore que ce que n'était l'État arrivera à triompher de celui-ci. »

Nietzsche décrivait-il le néo corporatisme mou dans lequel nous vivons, est-ce le syncrétisme européen de l'avenir ?

23 octobre

Hier soir, c'était *vesper horribilis* pour le PSG : le Bayern de Munich a gagné 5 à 1 : un score impressionnant, et au courant duquel j'étais tenue très précisément par les hurlements réguliers de mon fils de 11 ans.

Il soutient le Bayern.

« Mais enfin, dis-je un peu agacée, pourquoi es-tu partial à ce point ?

— Mais maman, tu ne vois pas leur jeu ? Regarde leurs dribbles, regarde leurs transversales... et leur défense ! L'acharnement aussi ! Jamais, ils ne considèrent qu'ils ont perdu. Ils sont meilleurs, c'est tout. »

Mon fils est un meilleur européen que moi.

Pour moi, c'était une piètre consolation d'entendre sur toutes les chaînes allemandes le lendemain que ce score était une énorme surprise.

24 octobre

Les intellectuels allemands sont ravis ; enfin, les vœux qu'avait exprimés le président Herzog sont exaucés : il y a une discussion intellectuelle crépitante en Allemagne.

Bien sûr, c'est Günter Grass qui l'a lancée. Il a prononcé le discours en l'honneur du lauréat du prix des Libraires allemands, l'écrivain turc Yacher Kemal, et à cette occasion accusé le peuple allemand de xénophobie et critiqué la politique du gouvernement turc envers les Kurdes, ainsi que les livraisons d'armes allemandes à ce même gouvernement.

Un tombereau d'explosifs.

Les milieux proches du gouvernement se sont contentés de répondre : « Gunter Grass s'est mis au ban des écrivains sérieux... »

Mais, vu de France, Gunter Grass a-t-il raison et les Allemands sont-il vraiment xénophobes ?

Eh bien... comment dire ? Non.

Non, si l'on voit l'énorme effort, l'immense bonne volonté, les sommes considérables qu'ils prodiguent à ceux qu'ils appellent leurs « étrangers allemands ». Aucun pays européen n'a fait autant que l'Allemagne pour les demandeurs d'asile ; la Constitution, même amendée, leur en fait un devoir. Aucun n'a recueilli autant d'ex-Yougoslaves, n'a financé autant de cours de langue, de stations de radio et de chaînes de télévision autochtones (deux canaux turcs pour le seul Berlin), aucun ne subventionne autant, ne fait autant de propagande positive, aucun pays n'a autant de préposés aux étrangers (une institution par Land), bref aucun ne se donne un tel mal, les chiffres sont éloquents : aucun pays n'intègre économiquement aussi bien que l'Allemagne. En tout cas, certainement pas la France.

Promenez-vous dans les « quartiers turcs » de Berlin ou d'autres villes allemandes — ils se situent aux antipodes de la Goutte d'Or. A Kreuzberg, pratiquement rien ne trahit l'habitation majoritairement (presque exclusivement) turque de certaines zones ; quelques inscriptions sur les vitrines des magasins, quelques lambeaux de musique turque, quelques rares odeurs de *döner kebab* et quelques femmes brunes avec des foulards voyant autour de la tête qui traversent, toujours rapidement, les rues, entourées d'enfants. C'est tout.

Rien à voir avec les souks parisiens que nous connaissons à Barbès.

A tel point qu'on finit par se demander... pourquoi diantre se fondent-ils dans la grisaille de Kreuzberg à ce point ?

On pense aux histoires de « racisme », de « xénophobie » qui défrayent de temps en temps les journaux, aux « néo-nazis » ou « skin-heads » qui laissent à intervalles réguliers quelques Vietnamiens ou Africains pour morts dans quelque square ; aux maisons qui brûlent avec ténacité : magasins turcs ou foyers de demandeurs d'asile. Évidemment, on remarque que lorsqu'il s'agit d'étrangers et de violence en Allemagne, la violence s'exerce plutôt sur eux qu'à partir d'eux, comme dans nos banlieues, mais on se rassérène en se disant que ces incidents sont l'équivalent en petit de ce qu'ont été nos tristement célèbres « ratonnades » ; que chez nous, c'est sur les quais de la Seine que cela se passe et surtout on se demande ce qui arriverait si le gouvernement français s'avisait d'organiser les mouvements de migration avec autant de « rigueur » et de justice qu'en Allemagne, où chaque Land a son « quota » de demandeurs d'asile ou de *Aussiedler* (rapatriés des minorités de l'Est) qu'il installe par petits groupes dans des bâtiments plus ou moins désaffectés. On imagine le village d'Ardèche ou de Lozère qui verrait tout à coup son château (désaffecté depuis deux générations) habité par 60 Roms et Sintis (nos « romanichels » et « gitans ») ou par quarante Maliens qui téléphonent des cabines publiques de la grand-place la nuit (c'est moins cher) tout en s'interpellant à grand renfort d'éclats de rires. En Allemagne, c'est souvent ce genre de situation qui provoque les faits divers.

Mais aussi, c'est justement le côté « organisé », « appliqué », de tout ce qui concerne les « étrangers allemands » qui finit par intriguer. Le manque total de spontanéité, d'évidence, de désinvolture arrête l'attention. Pourquoi donc se dégage-t-il de tout ceci un tel sentiment de gêne, d'effort volontariste ? La comédienne de père turc à qui l'on demande si elle se sent turque au lieu de l'interroger au sujet de son dernier film, l'écrivain turc qui publie des livres en édition bilingue avec des intellectuels allemands sur la « solidarité » germano-turque en Allemagne. Bien sûr, il y a des petites entreprises turques qui marchent, des groupes de rock turcs et des journalistes turcs qu'on ne félicite pas à chaque article de bien manier la langue — mais à vrai dire, ils sont encore l'exception.

Le dernier petit scandale « étranger » en Allemagne date du jour où Besiktas Istambul est venu jouer à Munich (ils se sont fait battre). Sur les gradins des supporters sont apparus tout à coup des centaines de sacs en plastique de chez Aldi. Comme si chez nous, lors d'une rencontre contre Tunis, les Français brandissaient des sacs de chez Tati. Impensable (d'ailleurs, le Besiktas a battu le PSG une semaine plus tard à Istambul). Mais d'abord, acheter chez Tati n'est pas reservé à la clientèle maghrébine, et ensuite, parmi les supporters français, il y aurait eu un grand nombre de supporters maghrébins de toute façon, en tous cas des beurs dont le cœur aurait balancé. Sur les gradins du Bayern Munich, le clivage était sans bavures.

Eux, c'est eux, et nous, c'est nous, semblent dire sans cesse les Allemands. Ils sont différents.

Et de fait, à cette différence, les Allemands n'ont guère eu le loisir de s'habituer. L'étrangeté des étrangers ne cesse de les dérouter. Les trente années de Guillaume II ont été trop brèves pour qu'ils se familiarisent avec les teints basanés, les yeux bridés ou les cheveux crépus. Les physiques exotiques frappent en Allemagne, retiennent l'attention infiniment plus qu'en France, aujourd'hui comme à l'époque où Giraudoux faisait s'exclamer son héros avec horreur que « les Français avaient amené le Nègre sur le Rhin ». Je me souviens personnellement d'une fermière de la Forêt-Noire qui me racontait sa terreur lorsqu'elle avait aperçu pour la première fois un soldat français africain.

Ce manque d'expérience est renforcé par le côté provincial de l'Allemagne ; nulle part de vraie grande ville avec son foisonnement. Paradoxalement, la fascination des Allemands pour les voyages, la découverte du monde, le cosmopolitisme ne contrebalancent pas ce manque de familiarité Au contraire, il semble que chez eux tout doive être d'autant plus idyllique, parfait, ordonné, connu : *gemütlich*.

Bien entendu, le substrat intellectuel sur lequel repose cette attitude est la législation allemande en matière de droit de la nationalité. Depuis l'Empire de Bismark, le droit du sang a été déterminant dans un pays qui s'est fait autour d'un peuple plus qu'autour d'un territoire, dont les limites au demeurant ont été très fluctuantes.

A chaque époque, ce droit du sang a eu des effets différents, mais l'Allemagne a toujours soutenu ses minorités : dans le Banat roumain, en Transylvanie hongroise, en Russie... Langue, culture, religion, les Allemands ont essayé de faire vivre des petits foyers allemands dans des contrées lointaines, au risque de renforcer des corps étrangers dans des identités nationales. En contrepartie, ils font des efforts louables pour bien traiter « leurs » minorités : rien de plus édifiant que ces photos et articles que la presse bien-pensante publie scrupuleusement sur la fameuse minorité sorbe, photos d'école où les enfants apprennent le wende, photos d'église où se déroulent des offices en wende, photos de groupes folkloriques. Personne ne peut rien ignorer de cette minorité « d'exposition » cajolée.

Mais le monde change. De même que notre droit du sol se trouve confronté à ses limites dans nos banlieues en proie au chômage, le droit du sang en Allemagne avec le temps qui passe devient absurde. Rentrent aujourd'hui en Allemagne et sont considérés comme « Allemands » les descendants de ces paysans partis coloniser l'Est à l'invite des sergents-recruteurs de Catherine II (on dit qu'ils seraient à l'origine de la légende du joueur de flûte de Hamelin : tous ces jeunes gens disparus des villages...).

Dans les camps d'accueil, comme celui de Friedland par exemple, proche de Hanovre, on rencontre des paysans kazakhs avec des bonnets d'astrakan qui savent à peine quelques mots d'allemand et vous expliquent qu'ils veulent *heim* (rentrer à la maison) ; et à la question « où était donc votre *Heimat* ? », il arrive qu'ils vous répondent tout uniment *Elsaß*, l'Alsace, sans se douter le moins du monde qu'il y a eu quelques changements en Europe depuis « leur » départ, il y a plusieurs siècles. Eux sont poussés par la nostalgie. Ce sont en grande partie les Allemands de la Volga exilés par Staline plus à l'est, au Kazakhstan ou en Sibérie, qui veulent rentrer ; ils rêvent de prospérité et de Noël allemand ; mais de plus en plus souvent, leurs enfants adolescents sont venus avec des pieds de plomb et boudent leur nouveau pays.

La législation, normalement, autorise tout Allemand de ces minorités (toutes provenances confondues, ils sont estimés à 3 millions) à rentrer en Allemagne avec la qualité de citoyen. Après la chute du Mur, le flux annuel s'établissait à quelque 200 000 par an. Un examen de langue, des aides sur place, des mesures diverses ont notablement freiné le mouvement.

En général, ces *Aussiedler* sont très bien vus de l'opinion publique. Ils sont les aventuriers qui ont souffert, les fils prodigues auxquels on ne peut fermer ni son cœur ni sa porte. Mais, avec le chômage grandissant, des voix s'élèvent de plus en plus pour mettre en évidence le manque de logique de la situation. D'un côté des gens qui n'ont plus d'allemand que leur lointaine origine, de l'autre des enfants de Turcs, d'Italiens qui n'ont jamais rien connu d'autre que l'Allemagne et qui ne seront jamais Allemands, car seuls 1 % des Turcs demandent et obtiennent la naturalisation. D'ailleurs, l'Allemagne ne naturalise, bon an mal an, que 4 000 à 5 000 personnes (la France environ 80 000). La raison principale du manque d'empressement des Turcs à prendre la nationalité allemande, outre les problèmes de coûts et les complexités bureaucratiques, est l'obligation d'abandonner la nationalité turque. L'Allemagne refuse la double nationalité. Ceci commence à gêner, d'autant plus qu'à couvert circulent des chiffres inquiétants : dans les grandes villes de l'immigration, Francfort-sur-le-Main par exemple, le taux de non-citoyens parmi les jeunes de moins de quinze ans atteindrait 35 %, voire 40 %.

Ne serait-il pas temps de ne plus seulement considérer l'étranger comme un bel oiseau exotique qui demande beaucoup de soins (il est si fragile, exposé à la pauvreté, à la haine, à la brutalité des déshérités allemands de la société) mais de penser à l'intégrer, de quelque manière que ce soit, dans la communauté nationale, d'imaginer une communauté nationale qui ait pour principe le désir de participer et non plus seulement l'origine ethnique ? Le troisième millénaire approchant, la subsistance de ce concept ethnique de la nationalité prend des allures fantomatiques de reliquat d'avant les Lumières.

Mais à vrai dire, le problème n'est pas seulement circonscrit à la législation.

A Roissy hier, une petite scène donnait à réfléchir. Un enfant au teint basané, bien vêtu et parlant un français correct faisait, avec une certaine désinvolture, réciter à la vendeuse du petit kiosque les ingrédients contenus dans les bonbons qu'il voulait acheter. Et dans Mars ? Et ceux-là ? Et dans les M & M ? Il y a aussi de la graisse animale ? Arrivée à Toblerone, la vendeuse, exaspérée, lui conseilla d'aller demander à sa mère de lui faire des bonbons s'il ne pouvait pas manger « comme tout le monde ». Je la regardai, c'était une belle Noire, à l'air passablement revêche par ailleurs.

En allemand, il est difficile de dire « comme tout le monde ». Il y a « chacun », il y a « nous » et « tous ». Mais ce vague « on » au contour flou et englobant qui fait « comme tout le monde » est presque impossible à rendre. Il y a bien sûr de nombreuses raisons... mais cela est une autre histoire.

26 octobre

Günter Grass a bien choisi sa date pour son discours. Aujourd'hui, un grand débat sur la double nationalité a lieu au Bundestag. On voit une majorité se dessiner : SPD, Verts, libéraux et une partie de la CDU sont pour. La CSU et la droite de la CDU sont farouchement contre. Qui va l'emporter ?

1er novembre

De tous les 1er novembre que j'ai vécus en Allemagne, celui qui m'est le plus resté en mémoire est un 1er novembre sarrois : dans un petit village qui aurait été charmant si les autorités ne s'étaient appliquées à lui donner un petit air de banlieue, une messe de Mozart superbement chantée par les paroissiens — et ensuite une procession jusqu'au cimetière pour y chanter « *dies irae, dies illa* » au milieu des tombes.

Le soir, le cimetière sur la colline qui descend jusqu'à la Sarre était illuminé de toutes les bougies, à même le sol dans leurs verres rouges, vacillant dans l'air froid.

Mais la Toussaint n'est pas une fête protestante. Dans la *Bild* du 1er novembre de cette année, je n'y trouve pas la moindre allusion. *Das Bild* est un journal de Hambourg, Hambourg est protestante et l'Allemagne un pays décentralisé.

2 novembre

Mon correspondant qui écrit Sütterlin m'avait envoyé une photo des supporters du Bayern Munich avec leurs sacs en plastique. Je la retrouve aujourd'hui et la regarde avec attention. La photo est assez grande et on voit distinctement les visages : ce sont tous des jeunes garçons bien convenables, les cheveux bien coupés, le teint rose, le sweat-shirt propre.

3 novembre

Un problème technique a les honneurs du journal télévisé aujourd'hui. Dans le nord de l'Allemagne, certains possesseurs de cartes bancaires qui les ont utilisées en début de semaine ont vu leur compte débité de deux zéros supplémentaires : 5 000 DM au lieu de 50 !

Cela ne va pas encourager les Allemands à utiliser la carte. Déjà, elle n'est pas d'usage courant en Allemagne (chaque retrait d'un automate est payant), guère plus que le chèque d'ailleurs (utilisable seulement avec une carte).

En Allemagne, on paye cash : on a le respect de l'argent. On va à la banque le chercher, on ne le retire pas en attendant le bus ; on ne l'enfourne pas en vrac dans sa poche, on sait que « seul celui qui respecte le pfennig est digne du mark ».

L'argent est une valeur en soi, ce n'est pas un moyen : « le nerf de la guerre » ou un outil pour représenter, voyager, séduire.

Ce respect de l'argent n'a d'ailleurs rien à voir avec l'avarice. Les plus généreuses de mes amies comparent soigneusement les prix... avant de faire des cadeaux somptuaires.

Mais la vendeuse chez qui on vient de dépenser 432,60 DM de joujoux en bois attendra patiemment les dix derniers pfennings manquants qu'on peut chercher très... très longtemps. Je le sais, c'est un petit jeu auquel j'avoue m'être plusieurs fois prêtée.

Les Allemands se souviennent de Luther, faisant de l'économie une vertu ; nous nous souvenons, Français, de grands gestes nobles où des bourses volent à travers les théâtres ou par la fenêtre, comme fit le duc de Richelieu pour enseigner à son fils à tenir son rang.

4 novembre

Des nouvelles filtrent sur la fusion Krupp-Thyssen. « L'annonce des deux directoires d'après laquelle la fusion permettrait des économies de 450 millions de DM par an et ne coûteraient que 2 000 emplois sur les 190 000 des deux entreprises réunies, a rencontré au sein du personnel comme auprès des hommes politiques locaux beaucoup plus d'approbation que la tentative d'OPA de mars », dit le journal. Dont acte.

La preuve est faite que les offres d'achat inamicales sont toujours aussi peu *salonfähig*, toujours aussi « mal vues », Le modèle du capitalisme rhénan subsisterait-il ?

5 novembre

Le criminel recherché pour viol et meurtre aurait été un temps dans la Légion Étrangère. Plusieurs médias le soulignent. La Légion Étrangère ne fait pas que fasciner les Allemands ; elle les angoisse aussi.

Tout à nos propres peurs, nous sommes inconscients de celles que nous provoquons. Que nous ayons peur des Allemands, nul besoin de l'expliquer, mais il faut connaître un peu les Allemands pour réaliser que notre tempérament les inquiète aussi. Cela commence avec notre tradition « de cape et d'épée » (ni d'Artagnan, ni Lagardère, ni Cyrano en Allemagne), notre goût du « beau geste », du « geste gratuit », notre fascination pour le panache, notre désinvolture. Cela continue avec ce qu'ils ressentent comme notre « arbitraire », les décisions prises rapidement par un petit nombre, volontiers modifiées, la confiance, excessive à leurs yeux, faite à une « élite ». Puis vient notre conception de la liberté comme étant celle d'abord de dire non, notre goût pour la désobéissance et la fronde, notre goût pour la rapidité et pour la nouveauté (César disait déjà des Gaulois qu'ils étaient *rerum novarum cupidi*), et donc notre capacité à jeter aux orties les principes les mieux établis — qui va avec un certain détachement, une conviction non formulée que la vie n'est jamais que la vie, que le temps efface tout, de toute façon, et le refus d'accorder trop d'importance aux choses humaines.

Tout cela insécurise les Allemands qui y puisent les raisons de nous trouver *unzuverlässig*, peu fiables, *unseriös* et surtout, en vérité, de craindre cette capacité française de faire la Révolution.

A l'orée du XXIe siècle, il est peut-être intéressant de remarquer que ce qui nous angoisse chez l'autre, c'est justement souvent ce dont nous aurions besoin comme complément.

6 novembre

Entretien ce matin à la télévision (ARD) d'une jeune comédienne d'origine vietnamienne. Étonnant : on lui pose même, aussi, des questions sur son film ! Bien sûr, elle a expliqué d'abord que tous les Vietnamiens n'étaient pas de pauvres créatures craintives qui rasent les murs (comme ils en ont l'image en Allemagne en général, mais surtout à l'Est, parce qu'en RDA ils étaient — Viêt-nam du Nord oblige — les seuls étrangers. Ils vivaient totalement coupés du monde extérieur et repartaient après quelques années de dur travail avec autant d'expérience de l'Allemagne qu'ils en avaient à leur arrivée). Elle ajoute ensuite que « ce n'est pas vrai, ils peuvent très bien prononcer les *r*, le son existe parfaitement en vietnamien », Et elle explique tout cela dans un allemand parfait.

C'est peu courant en Allemagne de voir quelqu'un avec un physique non européen parler couramment l'allemand, je me surprends à être étonnée moi-même. Presque comme le serait un Japonais qui entendrait un « Blanc » parler un japonais parfait.

Mais après toutes ces explications, eh bien ! elle parle de cinéma, de metteurs en scène, de Hollywood... L'Allemagne change.

9 novembre

Chez nous, tout se passe en mai. Élections, manifestations, drames.

En Allemagne, novembre est un de ces mois fatidiques. Et particulièrement, aujourd'hui le neuvième jour du mois.

C'est le 9 novembre 1918 que Guillaume II abdique et s'enfuit en Hollande, laissant Max von Baden donner les rênes du gouvernement à Ebert, qui, débordé par les événements de Munich, proclame la République, juste à temps pour qu'elle signe le 11 l'armistice.

C'est, bien sûr, un 9 novembre que Hitler fait sa tentative de putsch avortée à Munich.

C'est le 9 novembre qu'a lieu en 1938 la Nuit de Cristal — le son « cristallin » étant dû aux milliers de vitrines brisées et d'appartements juifs ravagés.

Et c'est encore un 9 novembre 1989 que tombe le Mur dans une allégresse indescriptible signifiant la fin de l'après guerre.

Il y a des gens pour dire que le 9 novembre aurait été un jour parfait pour la fête nationale, au lieu du 3 octobre qui commémore une date choisie bureaucratiquement.

Au moins, disent-ils, le 9 novembre est chargé de significations ; il porte la douloureuse histoire allemande.

9 novembre (bis)

De tous ces 9 novembre, il est curieux de voir que celui dont on parle finalement le moins en Allemagne, c'est celui de la proclamation de la République en 1918.

Probablement, la suppression brutale de la monarchie n'a pas été la meilleure solution pour l'Allemagne : une évolution plus progressive aurait créé moins de manques. Mais la révolution de 1917 venait d'avoir lieu, la République des Conseils, *Räterepublik* de Liebknecht était au coin du bois. Et comme disait Lénine, « Qui tient Berlin, tient l'Europe ».

La République du SPD Scheidemann a eu au moins le mérite de couper l'herbe sous les pieds au « bolchevisme ».

10 novembre

Un peu de sémantique

Cette année, après quelques années de controverse, l'appellation Nuit de Cristal (*Kristallnacht*) a quasiment disparu aussi bien dans la presse écrite que parlée — au profit de *Pogromnacht* (la Nuit des pogromes). Il est d'ailleurs curieux de constater que l'appellation *Kristallnacht* avait survécu depuis l'époque nazie, sans rupture, jusqu'à présent.

Mais un autre événement, lui, est toujours connu sous le vocable reflétant l'idéologie nazie : le *Röhm Putsch* que nous appelons la Nuit des longs couteaux.

Certains mettent des guillemets : der *Röhm Putsch* ; pour la plupart, Röhm semble encore être accusé de velléités de putsch contre Hitler.

11 novembre

C'est le 11 novembre.

Pour cause de jour férié, un grand nombre de bourses sont fermées aujourd'hui dit le commentateur financier de NTV, la chaîne de l'information.

Comme les informations passent en boucle cette discrétion, curieuse pour un Français, se répète d'heure en heure.

A quand une mémoire européenne ?

11.11 à 11 h 11

Le 11 novembre pour nous est une chose, mais en pays rhénan, le 11.11, à 11 h 11, est le moment où commence « le temps des fous » qui après une suite de festivités s'achèvera le mercredi des Cendres.

A Düsseldorf, des milliers de gens étaient venus saluer le *Hoppeditz*, poupée de paille qui finira brûlée et jetée dans le Rhin en février.

A Mayence, la tradition veut qu'il y ait une « Constitution des Fous » qui institue la « République des Fous », occasion de réceptions où les discours des hommes politiques conviés se doivent de faire preuve d'esprit et d'irrévérence... (la tradition remonte à 1842).

Enfin, à Cologne, comme chaque année, une foule de 15 000 fous a salué la traditionnelle trinité du prince, du paysan et de la jeune fille.

Ce qui me frappe le plus dans le carnaval rhénan, c'est l'organisation qu'il demande et la continuité qu'il implique.

La Love Parade de Berlin, elle, est neuve, elle est seulement en train de créer ses traditions mais... implique déjà la même organisation.

11 novembre

Chez mes amis sarrois ce 11 novembre, c'est la fête.

La fête de la Saint-Martin.

Pas de carnaval chez eux, mais, à la nuit tombée, dans ce petit village très civilisé, les enfants allumeront des lanternes et iront de porte en porte chanter et réclamer des sous et des bonbons.

C'est ravissant, c'est calme... c'est prémoderne ; comment arrivent-ils à y intéresser encore les enfants ?

12 novembre

Daimler-Benz tire les conséquences des discussions sans fin sur les défauts de la nouvelle Classe A des Mercédès et stoppe la livraison a priori jusqu'en février.

Avec le petit drame autour de Schumacher, ce sont deux petits accrocs dans l'image de marque allemande de la « performance », la fameuse *Leistung*. Que se passe-t-il ?

13 novembre

Une petite note sympathique en feuilletant le *Spiegel* de cette semaine. Dans la liste des best-sellers, cinq ouvrages français : deux Christian Jacq sur Ramsès, le Jean-Dominique Bauby, *Le papillon et le scaphandrier*, le Viviane Forrester sur *L'horreur économique* et

Daniel Geudevert, le « Français » qui a fait carrière dans l'industrie allemande.

Cela crée une agréable impression de communauté d'esprit — et ce n'est pas si courant. Pas si courant que cela ne se remarque.

Et puis le beau livre de souvenirs de l'ancien président Richard von Weizsäcker semble s'installer durablement en tête des essais, témoignant de sa toujours grande popularité. Il faut dire qu'il est parmi le personnel politique de la si prosaïque Bundesrepublik celui qui a le plus conservé l'aura et le charisme de « l'Allemagne » d'antan. La retrouver sous sa plume est un grand plaisir.

14 novembre

Coup de téléphone d'un ami avec qui j'avais, il y a une dizaine d'années, visité la frontière entre la Bundesrepublik et la Deutsche Demokratische Republik du côté de Braunschweig. C'était très impressionnant — presque plus qu'à Berlin — cette frontière qui courait dans la campagne. Du côté ouest, on pouvait s'en approcher et une petite tour avait été construite pour pouvoir regarder au loin ; mais on ne voyait à l'est qu'une série de couloirs de barbelés et de grillages à perte de vue : un paysage emprisonné.

Il y est retourné en pèlerinage cette semaine pour l'anniversaire de la chute du Mur et a été ému d'y trouver un troupeau de moutons.

Quel plus beau symbole ? Les moutons paissent là où les barbelés déchiraient la terre.

Mais le berger, lui, ne partageait pas tout à fait son émotion ; il trouvait les temps durs. Le chômage, les restitutions aux gens de l'Ouest et la décollectivisation difficile des terrains agricoles (si l'industrie a perdu 40 % de ses emplois, l'agriculture, elle, en a perdu 75 %, dit-on) vont, pendant encore un bon laps de temps, marquer le tissu social est-allemand.

Habiter dans les nouvelles cités mises par le gouvernement à la disposition des gens obligés de céder leurs maisons aux gens de l'Ouest n'est pas forcément désagréable, dans le quotidien ; mais avoir dû partir ne s'oublie pas facilement.

18 novembre

Le sommet de Luxembourg. On essaie de se mettre d'accord sur l'Europe sociale.

L'Irak cause des soucis. Réunion du Conseil de Sécurité ; les Allemands y seraient volontiers ?

... Et l'Église évangélique allemande demande à nouveau le rétablissement du *Buß und Bettag* en tant que jour chômé légal.

Les Allemands étant des gens sérieux, il avait été supprimé pour financer la *Pflegeversicherung*, l'assurance en cas de dépendance.

Le sondage exécuté à la demande de l'Église évangélique indique que deux tiers des Allemands sont en faveur d'un rétablissement.

C'est la première fois que je vois un sondage non ventilé en deux secteurs, Allemagne de l'Est, Allemagne de l'Ouest.

Peut-être serait-il apparu qu'à l'Est personne n'y prête attention ?

20 novembre

Pendant cette année, presque sans bruit, sommet européen après sommet européen, l'idée de l'euro s'est établie.

On n'entend plus parler de 3 % ni de *Drei komma null* (3,0) pour cent. Et le *Spiegel* qui, en février encore faisait sa une contre l'euro, s'est tu.

L'évidence s'est installée. Les Allemands de l'Est s'apprêtent à changer à nouveau de monnaie, après avoir acquis le DM il y a sept ans avec une parité de change que curieusement en Allemagne personne ni à droite ni à gauche, ni à l'Ouest ni à l'Est, ne remet en question. Et pourtant... il pourrait y avoir une discussion sur le bien-fondé de cette mesure psychologiquement compréhensible.

En France, on considère en avoir souffert par ricochet ; la discussion existe et ne concerne pas seulement les intérêts français. On entend souvent soutenir que d'autres solutions auraient été plus légères à supporter par les Allemands de l'Est, particulièrement en matière de chômage.

Quoi qu'il en soit, les grandes manœuvres vont bon train dans les banques allemandes pour se préparer à l'euro. On parle toujours restructuration, et cela fait déjà quelque temps que Hilmar Kopper, après vingt ans de présidence du directoire, a quitté la Deutsche Bank !

Les Allemands de l'Est vont devoir s'habituer à un monde qui change de plus en plus vite.

21 novembre

Reçue, il y a quelques jours, de l'ambassade d'Allemagne, une invitation me touche.

Adressée aux « chers compatriotes », elle invitait à venir se recueillir le 16 novembre dans un cimetière de Versailles pour honorer la mémoire des morts des deux guerres. Hier était *Volkstrauertag*.

Malheureusement, j'étais à Berlin ; mais j'espère recevoir la même invitation l'année prochaine.

Ce n'est pas seulement du point de vue politique que le mois de novembre est le mois fatidique en Allemagne. C'est également un mois très lourd de signification religieuse : une sorte de mois de l'expiation.

Le 31 octobre 1517, Luther avait affiché ses thèses sur les portes de l'église de Wittenberg parce que le lendemain était la grande fête catholique de la Toussaint. Ainsi, il était sûr de la publicité de son acte ; et en Allemagne chacun connaît les premiers mots de la fameuse déclaration de foi de Luther, « *Tut Buße* »... Faites pénitence... Et pour cette pénitence, il choisira le troisième mercredi de novembre : le *Buß und Bettag*, jour de l'expiation et de la prière.

Comme si les fêtes religieuses ne suffisaient pas, on trouve donc en novembre ce *Volkstrauertag* auquel j'étais invitée à participer. Instituée en 1952, c'est la journée de recueillement pour les soldats morts au cours des deux conflits mondiaux. Son origine date de 1934 (il s'agissait des morts de 1914-1918) et Hitler en avait fait *der Heldengedenktag*, le jour du souvenir des héros. Comme après la guerre, le concept de « héros » dont avait usé et abusé le nazisme était totalement dévalorisé et inutilisable, il disparut vite au profit de cette « journée de deuil du peuple ».

On se croit quitte... et on bute sur le *Totensonntag*, le Dimanche des Morts, traditionnellement dernier dimanche avant celui du premier Avent.

Autant dire que le premier mois de novembre vécu en Allemagne dirige les pensées vers une question évidente : pourquoi les Allemands, dès Luther (ou même avant) ont-ils toujours eu tant à expier ? Pourquoi cette pénitence ? Quel est donc leur péché ?

Leur péché ? Il est partout, partout où nous commettons des « fautes ». Là où nous disons « désolé, c'est ma faute », ils disent « désolé, c'est ma culpabilité (*Schuld*) ». Même dans la prière, nous disons : « c'est ma faute, c'est ma faute, c'est ma très grande faute » et eux disent, bien sûr : « c'est ma culpabilité (*Schuld*) ». Dans le Notre Père où nous demandons « le pardon de nos offenses », ils prient pour le pardon de leur culpabilité. Lorsque nous avons un accident de voiture, nous cherchons qui est « responsable » quand eux recherchent « le coupable ». Et ils ne « s'excusent » pas non plus, tant qu'ils « se disculpent » (*entschuldigen*).

Il serait intéressant de savoir à partir de quand nous avons cessé de battre notre « coulpe » (*Schuld-culpa*) pour considérer que nous avions commis une erreur, une faute ; concept laïc, déthéologisé. Et quel cheminement avons-nous suivi, Renaissance, Lumières, Révolution pour comprendre tout à fait ce que voulut dire Talleyrand à Napoléon après l'exécution du duc d'Enghien : « C'est plus grave qu'un crime, sire, c'est une faute » ?

Qui s'est trompé répare, qui est coupable expie.

Luther, ce moine terrorisé à l'idée de ne pas être sauvé, a beaucoup renforcé cette idée de culpabilité fondamentale de l'homme : il l'a « rethéologisée » et, en supprimant la confession et donc l'absolution, il l'a rendue beaucoup plus difficile à évacuer.

Comment se savoir pardonné ?

Pour un catholique français, il semblerait que l'Allemagne — catholique ou protestante — ait plutôt la culture de l'expiation que du pardon : « A tout péché, miséricorde » ; « Il faut laisser les morts enterrer les morts » ou encore « Je ne veux pas la mort du pécheur » : autant d'expressions tirées de la Bible que l'on entend plus rarement en Allemagne qu'en France.

On pourrait même avoir le sentiment que les Allemands ont un certain mépris envers la culture du pardon. Ils voient surtout le danger de « facilité » que fait courir une absolution donnée à bon compte. Une « histoire catholique » classique est celle du meurtrier qui, tourmenté par sa conscience, cherche à se délivrer de sa faute auprès d'une instance religieuse. Il va d'abord voir un rabbin : « Crime inexpiable », s'entend-il dire, « peut-être si vous faites pénitence sept fois sept générations... » Le pasteur, lui, l'écoute avec attention, l'interroge en détail et finit par laisser tomber : « Une vie entière toute de pénitence peut-être vous libérera de cette culpabilité ». Le prêtre catholique, dans un bâillement, lui, demande seulement : « Combien de fois (avez-vous tué) mon fils ? »

Du coup, le pardon n'est guère présenté comme l'idéal de la plus haute vertu, ce qui dépasse et ôte toute pertinence à la loi du talion. Ce n'est pas une ascèse, une ascension de l'âme vers un but presque surhumain, comme cela était présenté dans les cours de catéchisme des petits Français catholiques qui apprenaient avec une certaine terreur qu'il leur faudrait tendre la joue gauche et aimer leur ennemi, et, en tout état de cause, ne jamais chercher à « se venger ».

En Allemagne, l'idée de pardon est vidée de sa substance par l'amalgame que l'on fait avec « l'indulgence », avec le souvenir de ce trafic du pardon auquel se livrait l'Église catholique et contre lequel Luther s'éleva avec une telle violence.

Jusqu'à aujourd'hui, le mot indulgence a, en allemand, un champ sémantique amoindri : pas d'indulgence du juge, du jury, du professeur, des parents mais leur « compréhension » ou « douceur » (*Milde*), voire aujourd'hui, en anglais, leur « compassion ».

Dans l'Allemagne moderne qui perd son imprégnation religieuse, les raisons de cette attitude s'éloignent dans un brouillard diffus, mais on est frappé de voir qu'il en reste un moralisme ambiant, une volonté de ne pas tourner la page, de ne pas prendre les choses à la légère. Et dans une version peu sympathique mais qui ne choque pas vraiment en Allemagne, il y a deux semaines, ce grand titre de *Focus* : « Nous ne pardonnerons jamais » (à propos de la Bande à Baader, il y a plus de vingt ans).

Notons une conjonction étrange. Ce rapport réservé au pardon, d'origine religieuse, rend les esprits d'autant plus réceptifs à un phénomène de sécularisation-globalisation que nous connaissons bien en France aussi et qui concerne les changements de la notion de vengeance, en particulier chez nos enfants : ils apprennent dans les dessins animés japonais que se venger est pratiquement indispensable à l'affirmation de la personnalité ; de même feuilletons et films américains présentent la vengeance comme une catégorie regrettable mais très courante et au fond normale du comportement humain.

Comment leur expliquer que ce n'est pas l'Europe que souhaitent leurs parents ?

22 novembre

En feuilletant la partie littéraire de la FAZ, je tombe sur un dessin de Hodler. C'est un fusain (la reproduction remplit les deux tiers de la page) : le visage de sa femme à l'agonie. On a tant parlé de la nostalgie de la mort dans la culture germanique... Les hymnes à la nuit de Novalis, les histoires de *nixes* qui vous entraînent doucement sous les eaux ; mais là, le visage de cette femme mourante, la nuque cassée sur l'oreiller, est une sorte de révélation.

Ce visage est tellement loin, tellement absent, tellement intérieur ; il a atteint une telle profondeur qu'on se sent à son tour glisser. On la regarde, le souffle court, dans cet endroit magique où elle se trouve... Je n'avais jamais si bien compris. Le titre de l'article : « La mort emplit toute mon âme. »

23 novembre

Jolie promenade

Un des grands plaisirs de la Réunification pour un Français est d'avoir retrouvé Berlin *Mitte*, Berlin-centre. Car là on peut *promenieren* comme dans une « vraie ville ». C'est le Berlin des huguenots, construit en partie par eux, après qu'ils se soient établis en Prusse après la Révocation de l'Édit de Nantes en 1685 et que le Grand Électeur Frédéric-Guillaume les ait *akzeptiert*.

Rien de plus agréable que de *flanieren* sur le *Gendarmenmarkt*, du nom d'un *Regiment* de Frédéric II dans lequel étaient *rekrutiert* tant de descendants de huguenots. *Loyal*, ils avaient *adoptiert* leur nouvelle nation sans *schickanieren*, ni *finassieren*, jamais ils ne l'ont *desavouiert*, ni *düpiert* : la *Strategie* et les *Manöver* des *Bataillen* de Frédéric II étaient *animiert* par eux qui ont *kommandiert* comme La Motte Fouque et Centuins, *Dragoner*, *Kanoniers* et *Grenadiers* : ils ont *réüssiert*.

A gauche de la place, der Deutsche Dom, l'église allemande, à droite sa réplique exacte, l'église française, der Französische Dom avec son restaurant (!) dans sa coupole où l'on peut *dinieren*, et le musée des Huguenots.

On pourrait continuer ainsi, tout le long de la Französische Strasse, aller jusqu'à die Charité, le grand hôpital de Berlin, ou remonter jusqu'à la Pariserplatz où se trouve l'hôtel Adlon et la Porte de Brandebourg, s'offrir le plaisir de prendre un taxi pour avoir le droit de passer directement en dessous des arches et arriver au Reichstag, tout étonné qu'une fois le Mur tombé, les deux se révèlent si proches. Partout, on retrouve *kontinuierlich* la tradition française de Berlin.

Si on s'attend, à Potsdam, à retrouver un certain air français — et on y retrouve en effet les tableaux de Pesne et les jardins de Lenné — Berlin lui-même conserve aussi les traces de la symbiose entre la Prusse et la France qui s'était faite au début du XVIIIe, où, paraît-il, un habitant sur quatre à Berlin était d'origine française. En plus de l'architecture, de l'urbanisme surtout (*Mitte* ressemble, ou plutôt a ressemblé, avant les destructions, aux villes françaises), c'est aujourd'hui dans le langage qu'on retrouve des traces de la présence française.

Il arrivait à Frédéric II d'écrire des lettres presque françaises en dehors du fait qu'elles étaient structurées par la syntaxe allemande ; depuis, beaucoup s'est perdu mais il reste des champs sémantiques entiers marqués par le passé français.

La chose militaire vient en premier : *Leutnant* et *Kommandant*, *Bataillons* et *Kompanien*, toute la stratégie : *operieren, konstruieren, manövrieren* sont de source française ; vient ensuite bien sûr la mode : *Jacke, Manschetten, Weste, Taille, elegant, Dekollete,* etc., puis la cuisine : *Sauciere, Filet, Frikasse, Omelett, Kotelett* et *servieren*. La politique : *Regime, Gouvernement, Dementi, Revolution, Konspiration, Arrangement, Restauration, Revolte, Zensur, Revanchismus, Revirement* ; l'Administration : *Diplomatie, Attache, Kompromiß, Institution, Finanzen* ; et enfin les *Journalisten* et *Juristen* avec leurs *Paragraphen* et *Artikeln*.

Mais le plus amusant à constater, c'est le glissement de sens qu'ont subi un certain nombre de mots français restés enclavés dans la langue allemande. Typiques de ce qui frappait le plus les Allemands chez les Français, ils ont souvent pris une connotation péjorative, comme s'ils représentaient ce qui était le plus contraire à l'esprit allemand, et déclenchait des réactions de rejet. *Raffiniert* ne veut plus vraiment dire raffiné mais bien souvent rusé, *frisiert* veut dire « maquillé », *präpariert* veut dire truqué. *Intrigant, ambitioniert, pikiert, kokett, filou, frivol, brillant, charmeur, leger* ou *eklatant* sont restés tels quels, tout comme *trist, detestabel, konsterniert, geniert, blamiert, camoufliert ; salopp* veut dire désinvolte, *partout* veut plutôt dire absolument et *peu à peu* veut toujours dire peu à peu.

Il n'y a plus grand monde qui utilise le terme *etepetete*, dérivé du français *et peut-être*, pour accuser quelqu'un de préciosité. Ce *peut-être*, accompagné du léger haussement d'épaules qu'on imagine, avait dû particulièrement marquer les Berlinois. Il n'y a plus personne non plus qui dise, comme cette vieille dame me l'avait confié dans une famille amie où je passais des vacances, « *Kusine Lili ist embelliert* », mais c'était déjà une très vieille dame dans les années 60 et elle me parlait avec nostalgie des bals à la cour de Guillaume II et de la splendeur de la barbe de Tirpitz.

Pourtant, dans quelques textes, dans quelques romans (comme *Les Nouvelles Souffrances du jeune Werther* de Plenzdorff, « classique » de la RDA), chez quelques personnes qui manient la plume, on retrouve ce goût d'une civilisation amie différente qui avait su si bien apporter à la Prusse une sorte d'accomplissement et y puiser ce qui lui manquait.

Aujourd'hui, entendre ces sons étrangers (*Fremdwörter*) a un charme suranné, procure un sentiment bienfaisant, comme une sorte de repos, de havre de paix dans une Bundesrepublik en marche.

24 novembre

Tic, tac, toe, un groupe de chanteuses allemandes, toutes trois de type très « étranger », c'est-à-dire non-blanches, a depuis quelques mois du succès en Allemagne. Elles sont ce matin reçues par le président Roman Herzog.

25 novembre

Ce matin, j'ai suivi l'actualité en Allemagne sur la chaîne (privée) SAT 1. *Le Testament français* d'Andreï Makine était recommandé aux clients des librairies allemandes pour Noël. Suivait une émission de cuisine sur le miel : le cuisinier de SAT 1 est bavarois et il avait invité une Frau Doktor biologiste, tout aussi bavaroise, venue en tenue folklorique et avec un accent terrible parler du miel sous toutes ses variétés. On se serait cru à la télévision bavaroise qui présente tellement d'émissions folkloriques qu'on comprend pourquoi, avant-hier, au Congrès de la CSU, M. Stoiber a cru bon de déclarer : « On ne se défait pas d'une identité bavaroise au vestiaire de l'Europe. »

Waigel, lui, a été réélu président de la CSU avec 85 % des voix — ce qui est, paraît-il, médiocre pour les scores de la CSU, reflétant d'habitude un plus grand unanimisme.

26 novembre

Voilà un an que l'on a modifié les horaires d'ouverture des magasins, le *Ladenschlußgesetz*. Une seule question s'est posée, une seule question a été dans toutes les bouches, à la radio, à la télévision, dans les journaux : « Le résultat est-il positif pour le chiffre d'affaires du commerce ? »

La réponse est plutôt non. Les achats se sont étalés, c'est tout.

Éventuellement on entend une phrase par-ci par-là sur ce que représente pour le client de pouvoir acheter après 18 heures — et que ce sont surtout les jeunes qui en profitent.

Mais pas un mot sur l'agrément de vie, sur le charme des centres-villes, sur le rideau de fer du week-end qui ne tombe plus qu'à 16 heures le samedi (au lieu de 13 heures). Ça ne compte pas, vu que cela ne se compte pas.

Et puis, on ne change pas la vie par décret. L'Italien n'ouvre après 18 heures que si les autres le font... Il a peur d'être mal vu... Quelques grandes surfaces, bien sûr... Quand même, il semblerait que les petits pains frais, les *Brötchen*, se soient frayé un chemin dans le désert dominical.

27 novembre

Grève des routiers

Même punition, même motif qu'en novembre 1996.

L'année dernière, c'était la première fois que les médias allemands traitaient d'une grève française de cette manière ; sans ton moralisateur ; ils avaient d'ailleurs trop de grèves eux-mêmes (les « grèves d'avertissement ») dans les secteurs les plus variés, pour se le permettre ; et surtout la question du paiement intégral du salaire en cas de maladie mettait le désordre dans le paysage social.

Cette année aussi, les médias font des comptes rendus calmes et précis : la grève des routiers français touche les transporteurs allemands : c'est donc une grève européenne. Ni plus ni moins.

J'ai l'impression que c'est la première fois que nous « partageons » une grève ; à Berlin, un chauffeur de taxi m'a demandé « où on en était » d'un ton plein de sollicitude.

28 novembre

Ce matin à la télévision, je n'en croyais pas mes oreilles : revoilà la réforme fiscale. Cette fois, un comité de médiation a été chargé de s'entremettre — même chose pour la réforme du système des retraites où l'on s'est adressé à Helmut Schmidt dont la sagesse fait autorité.

Heureusement il y a un sujet nouveau : les étudiants s'agitent. Sinon ce serait à croire au mythe de l'éternel retour.

30 novembre

Premier dimanche d'Avent. Il faut allumer la première bougie sur la couronne d'Avent et chanter avec les enfants *Macht hoch die Tür* (Ouvrez grand la porte) ou bien *Leise rieselt der Schnee* (Doucement tombe la neige). Qui le fait encore maintenant ? Combien jouent à un jeu électronique et écoutent d'une oreille distraite la cassette des chants de Noël ?

On se plaint que plus personne ne sache les paroles...

Je souhaiterais tellement que les enfants allemands et leurs mères maintiennent la tradition, qu'ils préservent la beauté de ces chants de Noël venus tout droit du XVIIIe et même du XVIe siècle — avec leurs ruptures brutales de rythme, leurs envolées, leur profondeur, en un mot, leur mystère. Nous, nous l'avons perdu. J'aime tellement le retrouver là-bas.

2 décembre

Ma jeune fille au pair, en cette fin de matinée de décembre, rentre du Jardin du Luxembourg les joues roses et me fait part de l'agrément qu'elle a trouvé à la promenade.

Je lui en sais gré car je me souviens d'une autre jeune fille avec qui le Luxembourg tournait au jardin des supplices.

Elle venait d'une très jolie ville de la Forêt-Noire, et s'était retrouvée peu de jours après son arrivée sur l'étroit quai du RER à Saint-Michel à 18 h 30 par une journée étouffante de juillet. Horrifiée par le bruit, les odeurs d'asphalte, de foule pressée, la bigarrure raciale, la bousculade, la rapidité des mouvements, elle en était descendue pour être terrifiée par la rue de Buci en fin de journée, les étals désordonnés, les restes dans lesquels fouillaient des êtres semi-clochardisés. Des SDF faisaient la manche avec leurs chiens, une droguée lui avait demandé de l'argent.

Sa description de mon quartier me rappelait mes impressions dans le New York des années 70.

Pour la réconcilier avec Paris, je l'emmenai au Luxembourg. Ce fut pire. La nature torturée, tous ces arbres taillés, émondés, en espaliers, en allées, en voûtes, toutes ces fleurs en pots lui faisaient regretter la beauté calme et simple de la Forêt-Noire, les pigeons étaient pour elle une armée de rats ailés au cou agressif, et les ânes de la promenade lui faisaient pitié. Comment pouvait-on martyriser ainsi ces pauvres animaux ? Et tout était payant : manège, vélos, toilettes, parc à jeux ; le guignol était prétentieux et les balançoires injustes : l'arbitraire y décide du temps dont dispose chaque enfant. La seule activité moralement acceptable, le bac à sable gratuit pour les petits, n'était pas hygiéniquement irréprochable.

J'abandonnai.

Plus ou moins accentuée, c'est la réaction de la plupart des jeunes filles fraîchement arrivées de leurs petites villes « idylliques », que ce soit Celle ou Bad-Säckingen. En général, au bout de quelques semaines, elles apprivoisent la grande ville, en goûtent la liberté et s'y épanouissent.

Mais la vision qu'elles ont de votre environnement est un peu contagieuse et le Jardin du Luxembourg mettra un certain temps à retrouver son charme à vos yeux.

Pour celle dont il est question ici, le dégoût était trop fort. Elle repartit au bout de trois semaines, mais m'envoya pour successeur une très charmante amie qui se plut tellement à Paris qu'elle habite aujourd'hui Berlin.

3 décembre

Je ne sais pas pourquoi, depuis le début du mois, après le *Morgenmagazin* des chaînes publiques ARD-ZDF, je reçois maintenant par satellite, à 9 heures le programme de la télévision du Brandebourg.

L'émission consiste à envoyer des vœux à Gisela X. ou à Petra Y. dans le foyer du troisième âge de Ludwigsfelde, de Luckenwalde ou de Königswusterhausen de la part des enfants, du conseil paroissial, ou souvent du personnel de la maison de retraite. « Bonheur, santé, des brassées de fleurs, un rayon de soleil ou un peu de l'éternité de Dieu dans ton cœur », entend-on souhaiter.

J'écoute volontiers les noms de toutes ces petites localités que je connais un peu et les chanteurs qui font les intermèdes entre les vœux d'anniversaire. Ils sont agréables, dans le style « Auberge du cheval blanc » ; à côté d'eux, Mireille Mathieu est un monstre de modernité.

Et leurs petits-enfants, me dis-je, sont à la Love Parade ou au Tresor, le Coffre-fort, « la » boite de Berlin, à se droguer de musique techno — alors qu'en RDA, on ne pouvait même pas vraiment écouter du rock.

Pendant des années, le monde a changé sans eux — terriblement vite dans les vingt dernières — et le fossé entre les générations s'est accentué.

Comment font-ils pour combler le leur ?

6 décembre

Je rentre d'un colloque à Genshagen.

A l'hôtel de Großbeeren, le bourg voisin « célèbre » à cause d'une... défaite de Napoléon (lors de sa dernière campagne d'Allemagne après la retraite de Russie), réside toujours dans ces occasions la délégation française. Ses fenêtres donnent sur le monument qui orne la grand-place et commémore cette défaite d'Oudinot contre des généraux prussiens dont beaucoup portaient des noms français.

Ce matin, en ouvrant la porte de leur chambre, les membres de la délégation française ont trouvé un petit père Noël en chocolat qui les attendait sagement dans le couloir. C'est la Saint-Nicolas.

Et à l'aéroport, au contrôle de sécurité, les policiers avaient, à côté du portique de sécurité, une bougie rouge d'Avent qui brûlait devant une assiette de petits gâteaux et du café.

Noël s'empare de l'Allemagne.

7 décembre

Depuis le début décembre, le sujet préoccupe tout le monde : comment supporter le choc de Noël ?

En Allemagne, il y a autant de gens qui vivent seuls qu'en France (dans les grandes villes, un ménage sur deux est composé d'une seule personne) et vu l'intensité que prend la fête de Noël...

Manifestement, étreint par la peur, on s'organise. Des restaurants installent des tables de six personnes auxquelles se joindre, des associations publient des listes de *hobbies for singles*...

Chacun serre les dents.

7 décembre

Deuxième dimanche d'Avent. Il faut allumer la deuxième bougie sur la couronne.

A la télévision, j'apprends qu'une classe d'une école catholique du sud de l'Allemagne a décidé de mettre au programme une nouvelle discipline, la *compassion* (le terme en anglais). Et aux cours théoriques, ils ont ajouté quinze jours de pratique. Interrompant les cours, toute la classe a passé quinze jours dans les hôpitaux, centres pour grabataires, etc. On les interviewe. Ils ont seize ou dix-sept ans, c'est impressionnant.

Leur professeur donne le mot de la fin : « *Ein Mensch ist kein Mensch* ». On n'est pas homme tout seul.

8 décembre

Confidence

L'avantage du *Stau*, c'est qu'il prête à la confidence. Enfermé dans une voiture qui n'avance pas, que faire d'autre ? J'apprends ainsi beaucoup sur la manière dont on a ressenti la Réunification en Allemagne de l'Est : « Il est évident que personne ne voudrait retourner en arrière, personne ne regrette la STASI, la SED, le Mur, les dix ans d'attente pour une voiture, le fait d'être sans cesse contrôlé. Mais si vous me demandez vraiment de résumer d'un mot ce qu'a été pour moi la Réunification, je vous dirai : *Demütigung*, l'humiliation. Nous ne sommes pas seulement les parents pauvres, nous sommes les dindons de l'histoire. Bien sûr, le système avait perdu sa crédibilité, rongé de l'intérieur. Mais que reste-t-il aujourd'hui de ceux-là mêmes qui l'avaient attaqué ?

« Le changement a été terrible : la perte de l'infrastructure industrielle qui n'en était peut-être pas une mais qui soutenait toute l'organisation de la vie, la disparition du parti, détesté, mais qui s'occupait de tout ; des tas de gens se sont retrouvés sans logement et sans métier, — avec des allocations de chômage, dans des cités construites par l'Ouest. Et bien sûr, les gens ont réagi différemment : il y a ceux qui ont tout de suite compris et se sont adaptés très rapidement et ceux qui n'y sont pas arrivés. Ils étaient dans le mauvais créneau : professeur d'histoire, d'économie, irrécupérables de fait. Les médecins se sont mieux retournés, les techniciens aussi, bien sûr... Dans les couples, cela a créé des fossés terribles : l'un a réussi à s'adapter, l'autre pas, et ils ont divorcé — comme moi. J'ai réussi, j'ai suivi le mouvement... et voilà. Dans ma tranche d'âge, la trentaine, pratiquement tous mes amis ont divorcé. Quelquefois, ils avaient, en plus, appris des choses désagréables sur le passé... Bien sûr, avec le temps... Mais pour avoir bien supporté la *Wende*, il ne fallait pas avoir plus de dix ans en 1990...

« Ah voilà ! Ça repart, regardez, c'était seulement des travaux devant le croisement, les voitures sont obligées de se mettre sur une file. Nous ne serons pas en retard. »

8 décembre

En accrochant à mon arbre de Noël les figurines en étain et les anges en laiton, je souris au souvenir d'un ami cher aujourd'hui disparu ; longtemps célibataire il m'avait raconté qu'un mois de décembre lugubre, particulièrement exaspéré par l'envahissement que Munich, sa ville natale, subissait (branches de sapins en plastiques hérissés de boules de couleurs, boîtes à musique égrenant les chants de Noël, etc.) il avait fait paraître une annonce : « Qui veut passer Noël à Münich sans sapin, sans ange et sans bougie ? » (*ohne Lametta*) Il gardait un excellent souvenir du résultat de cette initiative. L'histoire avait même duré un bon moment.

15 décembre

J'ai souvent tendance à trouver que l'on crie au loup un peu vite en Allemagne ; mais cette fois, moi aussi, je suis tentée de crier. Et j'observe que je ne suis pas la seule.

L'histoire que « sort » le *Spiegel* de cette semaine est assez dérangeante. La Führungsakademie, c'est-à-dire l'équivalent de l'École de guerre en France, aurait invité un certain Roeder à faire des conférences. Roeder est un personnage bien connu pour ses opinions politiques d'extrême droite ; ce n'est pas seulement un intellectuel de la « Nouvelle droite ». A la suite du scandale, interviewé à la télévision, il a expliqué que l'Est était le territoire d'expansion naturel de l'Allemagne et que Hitler était « un génie de la Communauté » qui, d'un peuple affaibli en proie au chaos, avait fait un peuple soudé et *machtbewußt*, conscient de sa force.

Bien sûr, il y a toujours en Allemagne des punks, des skins et des néonazis. Tous les journaux ont des pages de publicité qui offrent des vidéos érotiques, livrées discrètement à domicile, ainsi que des vidéos de « la véritable histoire de la Waffen-SS » ou « Africakorps, la campagne de Rommel », quand ce n'est pas « la véritable histoire de la Gestapo ».

Que les anciens soldats qui ont « fait » Stalingrad aient envie de se procurer *Panzer nach Stalingrad* n'est que trop normal, voire naturel, mais que les jeunes dans les casernes chantent des chansons nazies le jour de l'anniversaire de Hitler, que des photos de la Wehrmacht en train d'envahir la Russie ou la Belgique ornent les murs des casernes sans aucune légende explicative, que les soldats s'amusent à tourner des vidéos avec salut hitlérien et simulacre d'exécutions de partisans est beaucoup plus alarmant. Et c'est ce qui maintenant se dit partout. Car tout à coup, les langues se délient : chez les jeunes qui ont fait leur service militaire et qui n'osaient pas trop s'étonner, chez leurs parents, chez tous ceux qui ont des contacts avec la Bundeswehr, chacun y va de son anecdote. Les diplomates, eux, regrettent que les militaires soient si *unpolitisch*.

Mais on ne peut pas dire que la Bundeswehr soit vraiment *unpolitisch*. Créée après la guerre avec pour ambition d'être un modèle d'armée démocratique, elle a, sous l'impulsion du général Baudissin, mis en œuvre le principe de *l'innere Führung*, la conduite intérieure, une espèce de contrepoids à l'accent mis auparavant sur les valeurs de « fidélité » et « obéissance ».

Mais elle a malgré cela toujours été attaquée par « la gauche » ; tout de suite après la guerre, par tous ceux qui ne voulaient pas d'armée du tout (pas de réarmement de la Bundesrepublik) : les *ohne mich* (sans moi) ; ensuite, les mouvements des années 60 ont fait l'amalgame entre l'arme nucléaire qui devait être déployée en Allemagne (les fameux Pershing) et la Bundeswehr elle-même pour les vouer tous deux aux gémonies. Dans les manifestations, les banderoles disaient « *Soldaten sind Mörder* », « les soldats sont des assassins » — et la Cour constitutionnelle a jugé que cette affirmation n'était pas pénalisable. Les objecteurs de conscience sont devenus extrêmement nombreux (plus de 100 000 par an !) et ont acquis l'aura tellement prisée en Allemagne du « moralement meilleur » (on ne sait plus comment les services sociaux, centres de grabataires ou handicapés, fonctionneraient sans eux).

Bref, la Bundeswehr a toutes les raisons de se sentir agressée moralement par un ennemi qui lui paraît exclusivement « de gauche ». Mais on était en droit d'espérer que ses chefs — ceux justement qui sont et qui forment l'élite dans la fameuse Führungsakademie — auraient une vue plus nuancée, feraient rayonner un esprit plus libéral, feraient preuve de plus de hauteur de vues, auraient réfléchi aux moyens de redonner une tradition à la Bundeswehr et auraient récupéré l'histoire de l'Allemagne d'une manière constructive qui permette aux soldats allemands de se sentir membres d'une communauté, et non pas à nouveau agressivement « allemand » et rien d'autre.

Et c'est pour cela que je vois autour de moi ces jours-ci autant de fronts soucieux.

18 décembre

J'avais oublié ce que c'est que d'avoir froid. Partie en catastrophe, juste après avoir expédié le dernier enfant en classe, pour Hambourg, où j'avais une série de rendez-vous, je suis arrivée habillée à la parisienne. Dès l'aéroport, mon erreur m'est apparue : à –10°, le froid s'est refermé sur moi comme une carapace asphyxiante — faisant surgir l'image de Saint-Petersbourg.

Heureusement, les grands taxis Mercédès jaunes m'offraient leur refuge.

Comme Hambourg est belle ! Même dans un froid gris, humide et brumeux, la ville a une élégance réservée, un chic strict qui n'enlèvent rien à l'impression de puissance qu'elle donne.

On la crédite aussi volontiers de Sankt-Pauli et de la Reeperbahn avec leurs dockers et leurs marins que de la BinnenAlster et de l'Elbchaussee où indéfiniment des jeunes femmes blondes en chaussures vernies noires et les cheveux impeccablement coupés se rendent chez leur belle-mère prendre le thé tandis que lentement passent les bateaux sur l'Elbe.

Hambourg vote socialiste, un socialisme extrêment bien élevé ; et c'est la ville des journaux : *Die Zeit, Der Spiegel, Der Stern, Die Bildzeitung*...

La Zeit est dans un immeuble ancien près de l'hôtel Vier Jahreszeiten qui conserve un peu de l'atmosphère de Visconti filmant Thomas Mann. Des bureaux modernes du *Spiegel*, on a une vue impressionnante sur les entrepôts, la forêt de grues du port autonome... et sur les clochers vert-de-grisés de la ville : Petri, Jakobi, Michaelis...

Pour combien de temps encore tout cela ? Une fois le gouvernement à Berlin, l'attraction fatale y amènera-t-elle tous les journaux ? Ou bien le Transrapid, ce train à suspension magnétique, qui devrait mettre Berlin à un peu plus d'une heure de Hambourg, suffira-t-il pour stabiliser la situation, comme l'espèrent certains ?

Si les journaux partent, les chantiers navals déjà disparus (à l'exception de Blohm & Voss) — le chômâge croîtra-t-il encore à Hambourg ? Les activités portuaires suffiront-elles ? Hambourg avait un peu hérité de l'atmosphère prussienne ; aujourd'hui Hambourg a un peu peur de Berlin.

19 décembre

Chez les N., à Hambourg, il fait bon. La troisième bougie d'Avent est allumée. Nous bavardons en prenant le café avec un morceau de *Christstollen*. La rue, le quartier tout entier ont l'air d'une immense carte de vœux de Noël avec les bougies en arc de cercle posées au bord des fenêtres.

Ces temps-ci, lui, est très libre — aléas politique —, elle, un rêve de femme allemande, est enseignante et spécialiste d'Anna Seghers. Ils sont liés depuis longtemps avec Günter Grass et c'est chez lui que nous allons dîner ce soir. Si toutefois l'*Eisregen*, la pluie glacée ne couvre pas les routes de verglas.

Mais nous avons de la chance.

Le patriarche des lettres allemandes, auteur de mythologies puissantes autour de l'histoire allemande de ce siècle, fondatrices de l'Allemagne moderne, semble être beaucoup plus en paix avec le monde qu'il n'en a la réputation. L'âge, le succès, le charme de sa femme ? Il vient de faire une série d'aquarelles qui achèvent de sécher par terre dans l'atelier où il peint, grave et dessine. Colorées, gaies, directement inspirées du Portugal, elles tranchent avec les gravures sombres dont il est coutumier.

Son discours du prix des Libraires ? Non, il n'a jamais eu l'intention de choquer — et il était triste que, du coup, on ait davantage parlé de son discours que de l'œuvre de Yacher Kemal ; il n'a fait que répéter ce qu'il dit partout et toujours — pas du tout que les Allemands en général sont xénophobes, attaquant bien davantage les ventes d'armes à la Turquie — à cause des Kurdes — de même que les conditions d'arrestation et de détention des gens qui doivent être expulsés : c'est antidémocratique, scandaleux ; renseignez-vous, vous verrez...

Il est surtout insupporté par la conception ethnique de la nationalité en Allemagne. Comment intégrer ? Sans double nationalité ? Comment oser dire que l'Allemagne n'est pas un pays d'immigrants quand on a 30 % et plus d'étrangers dans certaines classes allemandes ?

Et son livre, si décrié, *Ein weites Feld*, oui, a été mieux reçu en France qu'en Allemagne, sauf par le *Figaro*. C'est vrai que les Allemands de l'Est, eux, l'aiment beaucoup, ce livre : ils s'y reconnaissent. Et lui, Günter Grass, est bien le seul à souligner certains aspects moins plaisants de la Réunification : les trafics de la Treuhand, l'argent de Bruxelles donné pour l'Est et restés à l'Ouest comme dans le cas des chantiers navals de Brême Vulkanwerften... Quant à ces énormes transferts de 150 milliards de DM par an, dont se targue le gouvernement, combien de contrats pour les grosses entreprises de l'Ouest ont-ils signifié ? Non, non, il ne choque que parce que les autres ne parlent pas.

Si, aujourd'hui, il écrirait la même chose ? Debout, bourrant sa pipe, haussant les épaules : il n'y a pour l'instant rien de commun entre l'Est et l'Ouest qui ne soit délibérément voulu. Rien ne se fait spontanément ensemble. « *Es wächst nicht zusammen* », pas encore en tout cas. Oui, Willy Brandt avait raison avec sa formule[1] : « Il faut refondre ensemble les parties d'un même tout. » et pour la politique à l'Est aussi bien sûr.

Manifestement, l'Est, la Pologne, est le sujet qui lui tient le plus à cœur, et si le dîner n'avait pas été servi dans la maison, nous serions resté longtemps dans l'atelier.

Devant la soupe brûlante, nous parlons de Paris, Paris où il a passé quatre ans mais pense n'avoir jamais été invité par des Français. Il voyait des étrangers.

Récemment, il est retourné en pèlerinage à son appartement de l'avenue d'Italie et a été touché d'entendre le concierge lui expliquer que dans cet immeuble avait habité un écrivain allemand très célèbre. Il écrivait *Le Tambour*. Peut-être fallait-il cette distance avec l'Allemagne justement pour réussir à figer dans l'encre ce torrent d'histoire allemande.

Est alors arrivé le plat principal, comme pour passer en même temps à l'œuvre suivante, au fameux Turbot : une énorme et délicieuse carpe, traditionnelle à l'époque de Noël, sortie tout droit de l'étang d'à côté.

Je me délectais du spectacle que j'avais sous les yeux : une pièce chaleureuse, solide et acceuillante dans ce froid, cinq convives autour d'une table ; sur le mur en face de moi, la célèbre gravure du Turbot qu'embrasse la femme, et à côté de moi, Günter Grass

1. « *Es muß zusammenwachsen, was zusammengehört* ».

debout en train de découper cet énorme poisson fumant, en bavardant.

La France, oui, il a adoré la littérature romantique française, Alain-Fournier, *Le Grand Meaulnes* ; dans *Katz und Maus*, « *Le Chat et la Souris* », le personnage de Mahlke lui doit beaucoup, il s'en est directement inspiré. Ce garçon que tout le monde admire... cela n'a jamais frappé aucun critique.

Mais sinon, les Français ? Politiquement, il a beaucoup admiré Mendès France ; mais leur mœurs de cour... leur idée de nation... Ils ont de la chance d'avoir réussi. L'Allemagne n'a jamais su en faire autre chose qu'une catastrophe — mais est-ce la voie de l'avenir ? L'affaiblissement de Bruxelles et le développement des régions est tout ce qu'on peut espérer — avec un Parlement européen qui ait de vraies compétences.

Un rapport charnel, affectif à la nation ? Un « J'aime la France » pour l'Allemagne ?, un canon littéraire qui crée une unité ? Impossible ; impossible surtout d'y créer une continuité historique.

Mais pourtant son amour de Fontane dont un portrait est appuyé sur les montants de la cheminée. Ah Fontane, oui, s'éclaire-t-il, il faudrait en parler plus... Bien sûr, il n'a jamais eu aucune véritable préoccupation sociale. Il connaissait Zola pourtant, mais il jugeait tout cela épouvantable : la condition d'ouvrier, la pauvreté... Mais on y trouve une reflexion politique et une description sociologique. Et quel trait d'union entre la France et l'Allemagne — surtout aujourd'hui où tout ce qui fut sa vie, terres, châteaux, villes du Brandebourg, est à nouveau accessible ! Là il y a effectivement une continuité à recréer... Faisons quelque chose... C'est sur ces promesses que nous nous sommes quittés. Dehors, dans la brume de la nuit, les arbres nus et la maison avaient l'air d'émerger d'un tableau de Balthus.

22 décembre 1996

« L'immédiateté »

« *Es weihnachtet sehr* », dit-on en Allemagne à cette époque de l'année ; cela sent Noël partout, jusque dans le supplément du samedi de la *FAZ* — les feuilles glacées glissées au milieu des petites annonces — où un texte me fascine. Il s'agit d'un petit livre publié au tout début du siècle dernier à Halle par le philosophe allemand Schleiermacher. Il l'a publié de manière anonyme pour mieux observer les réactions ; mais Henriette Herz l'a tout de suite reconnu. Caroline Schlegel l'a beaucoup aimé, Schelling, en revanche, s'est dit scandalisé. Voici pourquoi.

Le soir de Noël dans une maison bourgeoise, des amis discutent du sens de cette fête : « Il faut reconnaître, dit l'un d'eux, que le personnage du Christ est très insuffisant pour servir à fonder une Église, ou créer une nouvelle religion mondiale ; les Évangiles synoptiques donnent peu de certitude sur... ce pieux prédicateur ambulant... Il faut donc compenser ce manque d'historicité par l'enracinement dans la tradition...et comme nous n'avons pas les saints de l'Église catholique... nous devons développer une culture... de la fête de Noël. Or, Noël est avant tout la joie, et la joie a pour principe la Rédemption.. c'est-à-dire pour l'homme la fin du déchirement de la conscience entre le paraître et l'être, le temps et l'éternité, le contingent et le nécessaire ; mais une telle expérience, la fin de l'écartèlement de la conscience entre ces contradictions... ne peut être due qu'à un être d'essence divine... l'idée même de Rédemption implique l'enfant divin.

« D'ailleurs quand l'Évangile de Jean dit que le Verbe s'est fait chair, il signifie la même chose : la pensée (*Denken und Erkennen*) a habité la nature limitée de l'homme. La tâche de l'humanité est d'introduire la raison, de marquer du coin de la raison ce monde irrationnel et Christ, ce Verbe fait chair, est la représentation idéale de ce à quoi nous sommes appelés : cette réunion du divin et de l'humain.

« Dans ce sens, l'église est le lieu où chacun est pour son prochain un Christ, où on est homme, sans distinction de rang, de sexe, de nationalité ni de race : Noël, la fête de la véritable humanité. »

Ses amis l'ont écouté avec la patience qui caractérise les conversations allemandes, mais Joseph le reprend un peu plus brusquement que les autres : « Cessons de parler, lui dit-il à peu près, il aurait mieux valu demander aux femmes de chanter. Il y aurait eu dans leurs chants bien plus de piété profonde que dans tous nos discours, car la réflexion est l'instrument de la division. Réfléchir ne permet pas de saisir le sens de Noël. La musique est le seul moyen d'exprimer l'unité de Dieu et de l'Homme. Ma joie, ajoute-t-il est sans paroles, comme l'enfant qui vient de naître : elle ne peut que sourire et "jubiler".

« Enfin, "termine Joseph", laissons là ce débat et ouvrons-nous tout entier à cette *Unmittelbarkeit* qui est finalement ce dont il s'agit à Noël. »

Et voilà — voilà le grand mot lâché. La *Unmittelbarkeit* sans laquelle il est si difficile de comprendre la culture allemande : « L'immédiateté ».

On la retrouve bien sûr, cette non-médiation, dans le Protestantisme ; cette manière de regarder Dieu en face, sans le secours du prêtre ni des saints, ni — presque — des sacrements ; ou dans ce goût privilégié pour la musique parce qu'elle touche l'âme sans l'aide du discours.

Mais, la religion, la musique, c'est surtout le passé, dira-t-on. Ce texte date de 1806 et depuis il a coulé beaucoup d'eau sous les ponts. Quelle pertinence aujourd'hui ? Peut-être... mais il n'en reste pas moins que vivre en Allemagne aujourd'hui signifie toujours d'une certaine manière vivre sans médiateur, « plus exposé » qu'en France.

Vos amis vous poseront des questions plus directes,

ils ne comprendront ni n'accepteront votre pudeur, votre non-dit, vos faux-fuyants au « second degré » qu'ils ne saisiront pas pour ce qu'ils sont. Notre culture de Cour est aux antipodes de la *Unmitelbarkeit* : Peut-être est-ce la raison pour laquelle les amours allemandes laissent si souvent des traces indélébiles, comme l'expliquait déjà Charles de Villers à Mme de Staël dans un texte où il plaçait l'Amour en Allemagne à cent pieds au-dessus des sentiments banals qu'on expérimentait en France.

Est-ce la raison aussi pour laquelle la poésie allemande possède cette force dérangeante, cette capacité à vous mener abruptement, facilement du banal au sublime sans avoir peur des écueils du ridicule et par là vous toucher au plus profond ?

Finalement, cette *Unmittelbarkeit*, cette non-médiation, peut être une façon d'accepter de n'être protégé par rien, ni ironie, ni regret, ni doute, une manière de se donner, s'offrir, croire.

Toucher à l'absolu... et parfois se brûler les ailes ?

23 décembre

A la télévision ce matin, une publicité pour de l'électronique en promotion.

Attention, dit la voix, très marketing télévisuel, cette offre spéciale ne vaut que jusqu'au quatrième dimanche d'Avent.

24 décembre

En fait je suis à Genshagen mais j'ai un rendez-vous auquel je tiens à Berlin et j'en profite pour courir dans la bonne pâtisserie de Berlin Leysieffer.

D'origine provençale, je ne m'imagine pas Noël sans les traditionnels « treize desserts », ses pâtes de coing, nougats, mendiants secs et parfumés comme la Provence elle-même. Mais je ne peux plus l'imaginer non plus sans deux pâtisseries qui me semblent contenir toute l'Allemagne : le *Christstollen* et surtout les *Elisenlebkuchen* de Nuremberg. Avec leur pâte lourde, compacte, épaisse, pétrie d'épices, de fruits confits, d'amandes, ces gâteaux contiennent des odeurs de Moyen-Age, des saveurs de Mitteleuropa, des effluves de cuisine chaude et éclairée, de ville illuminée dans le froid de l'hiver ; ils rassasient et sont une invitation au voyage, une exhortation à l'imagination de vagabonder : ils combinent tous les plaisirs d'être à la maison et de se croire en pays lointain.

En un mot, l'un des très grands moments de la gastronomie allemande.

25 décembre

Le Temps allemand

L'année touche à sa fin. Au-delà de Noël, on voit se profiler la Saint Sylvestre, toujours bruyante en Allemagne, à base de pétards et de feux d'artifice. Les rétrospectives de l'an passé envahissent les journaux.

Et comme chaque fois, en pareille période, à regarder vivre l'Allemagne, un sentiment curieux m'envahit.

Je sens comme un mystère — quelque chose qui m'échappe, qui se cache dans les reflexions de mes amis, quelque chose qui est dans leur tête et pas dans la mienne, quelque chose qui existe en dehors du comportement qu'ils adoptent ou peut-être le détermine aussi en partie, quelque chose de très fondamental, que je sens confusément, et qui n'est pas dit.

Je me demande si ce n'est pas tout simplement la question du temps ?

Depuis 1945, 50 ans se sont écoulés, je trouve beaucoup d'Allemands totalement impavides devant cette constatation.

« Comme le temps passe... » Ou, disent-ils plutôt : « Comme le temps avance... »

Bien sûr, une même évidence nous prend à la gorge : l'irrémédiable fugacité des choses humaines, l'incapacité à ne rien retenir contre le torrent du temps. Chez nous comme chez eux, les fleurs se fanent, la beauté passe et la mort nous attend.

Mais cela s'exprime différemment et surtout les réactions à cette donnée humaine fondamentale sont différentes.

On ne voit pas dans la littérature allemande autant de femmes arqueboutées contre le temps, lui disputant pied à pied leur capacité à séduire : on ne rencontre guère de Sanseverina regardant tour à tour en se mordant les lèvres son image dans le miroir et par la fenêtre Fabrice del Dongo dans le parc.

Intriguée, je me suis mise à compulser les anthologies — surtout celles qui offrent des classements par thèmes — manière agréable de passer le temps.

Et j'ai constaté justement que ce temps qui passe n'est pas un sujet qui inspire beaucoup les poètes allemands. Leur préférence irait plutôt à ce qui est éternel : l'Amour, le Beau, le Vrai, la Lune, la Nature, la Mort, etc... Lorsqu'ils s'intéressent au Temps, c'est sur un mode bien autre. Si souvent les poèmes constatent avec tristesse que tout est menacé, c'est pour terminer par la joyeuse certitude de retrouver le Ciel : « *in den himmlischen Garten, freue dich schöns Blümelein* » (Petite fleur, réjouis-toi, tu te retrouveras au ciel) ou bien « *Du fandst dich längt nach Haus* » chez Eichendorff après la mort de son fils : tu as trouvé le chemin de la maison (du Père).

Quand une foi profonde ne procure pas la résignation, ce qui est le cas le plus courant, l'acceptation est d'un autre genre : « *Auch ein Klagelied zu sein im Mund der Geliebten ist herrlich* » : Etre une plainte douloureuse aux lèvres d'êtres chers est déjà superbe pour Goethe. Hoffmannstahl se console de la mort parce qu'il n'est lui-même qu'une étape de cette humanité à laquelle il participe dans les siècles des siècles : « *daß ich auch vor hundert Jahren war... und meine Ahnen... mit mir verwandt sind wie mein eigenes Haar.* »

Et puis bien sûr « *alles stirbt, alles stirbt gern. Nur die ewige Mutter bleibt, von der wir kamen* » : « tout meurt, tout se plaît à mourir. Ne reste que la mère éternelle dont nous venons », chez Hesse et bien d'autres.

L'attitude la plus courante dans la poésie française vis-à-vis de cet impitoyable arrachement à nous-mêmes, celle de la plainte, de la révolte est pratiquement absente. On trouve bien chez Storm « *das kann ich nicht ertragen...* », ce que je ne peux supporter (c'est que la vie continue sans toi) ; mais on ne trouve nulle part de « Ô temps, suspends ton vol », on ne supplie pas « encore cinq minutes, monsieur le bourreau », et surtout, surtout, on ne tire nulle part la conséquence : « de l'heure fugitive, hâtons nous, jouissons... Vivez si m'en croyez... n'attendez à demain... ceuillez dès aujourd'hui les roses de la vie. » Du moins, pas dans les anthologies à l'usage des premières années de faculté. Mais dans la vie, au dehors, on ne chante pas non plus : « Il suffirait de presque rien... peut-être dix années de moins... » ni toutes les autres maladies d'amour. Le temps n'est pas comme en France une obsession avec son cortège d'âge et d'amours menacées.

On dirait que le temps ne fait pas peur aux Allemands. L'attitude qu'on trouve dans *Faust* serait plutôt la leur : « *Gebraucht die Zeit, sie geht so schnell von hinnen, doch Ordnung lehrt euch Zeit gewinnen* », utilisez le temps, il passe si vite, mais l'ordre nous enseigne à en gagner.

Pas de précitation donc, pas de presse ; et chaque Parisien devra considérer son aéroport d'arrivée en Allemagne comme un sas de décompression, passé lequel il ne trouvera personne en train de téléphoner sur son portable tout en hélant un taxi, pas de femme en train de rédiger une note de burau chez le coiffeur, pas d'imprudent qui traverse au feu vert ni de resquilleur dans les queues : en Allemagne, on attend, on ne s'impatiente pas. On fait les choses en ordre, l'une après l'autre.

C'est encore plus marqué chez les Allemands de l'Est qui avaient pris l'habitude de vivre pratiquement sans téléphone, sans fax, sans photocopie, sans guère de voiture, sans rien de ce qui accélère le temps.

Et à l'Est comme à l'Ouest, on fête en grande pompe les anniversaires.

Si vous vous épanchez avec un ami philosophe, et lui faites part de votre étonnement, il sourira : bien sûr, le temps ne terrorise pas les Allemands, c'est pour eux un facteur intérieur plus qu'une puissance extérieure. Le temps chez Kant est compris comme une suite d'états d'âme.

On comprend bien que s'il ne s'agit que de la transformation interne du sujet, on puisse envisager d'ôter au temps sa cruauté : le mythe de l'Eternel Retour ou le concept de la « roue du temps » vont tous deux dans le sens de cet apprivoisement. Il faut donc, semble-t-il, en Allemagne acquiescer à l'ordre des choses, accepter que le temps passe, et considérer que c'est une donnée secondaire. Faust sera définitivement damné lorsqu'il prononcera les mots interdits : « *verweile, Augenblick, du bist so schön* » ; arrête-toi, instant. Tu es si beau.

Enfin s'il est exact que la littérature allemande ne s'apitoie guère sur les barbons amoureux d'Agnès, ni sur les dames mûrissantes amoureuses de leur neveu, si la poésie allemande ne se révolte pas vraiment contre la fuite des plaisirs et des jours mais accole plutôt l'amour et la beauté au désir d'éternité... d'une éternité profonde, profonde, comme l'écrit Nietzsche, si la philosophie allemande ôte au temps sa dimension absolue, irrévocable en le voyant plus intérieur qu'extérieur au sujet, il est normal que la politique, à son tour, ne le considère guère comme une valeur intrinsèque, une puissance à respecter.

Les écoliers allemands apprennent pourtant comme nous quand ils font de la philosophie (ce qui n'est pas toujours le cas) qu'on ne se baigne jamais deux fois dans le même fleuve...

Alors, est-ce un hasard ? Deux petits mots français sont restés bien ancrés en allemands, qui, eux, expriment toute la nostalgie des choses définitivement disparues. En allemand, pour constater qu'une chose est révolue, on dit bien souvent « es ist perdü » ou « es ist passé ».

Comme cette année 1997.

Cet ouvrage a été composé
par Nord Compo, Villeneuve-d'Ascq, Nord
et achevé d'imprimer
sur presse Cameron
dans les ateliers de **Bussière Camedan Imprimeries**
à Saint-Amand-Montrond (Cher)
en janvier 1998
pour le compte de la librairie PLON

N° d'édition : 12892. N° d'impression : 1/110
Dépôt légal : janvier 1998
Imprimé en France